KB239549

왜 조선 유학인가

왜 조선 유학인가

한형조 지음

문학동네

자책: 조선은 왜 망했는가 고혹, 하버드 다산학 국제학술회의 시선, 21세기 실학 너머의 유교 이야기를 방법, 동양 철학은 왜 이리 어려운가? 대화, 인간 존재의 우주적 의미와 책임에 대하여 · 주자 심학性을 논고, 시론, 스펙트럼, 퇴계, 혹은 유교적 은자의 길 · 해강 최한기의 과격한 실용주의 지도, 조선 유학의 지형도

머리말

그것이 정말 조선 유학이었을까.

조선 유학을 두고 떠든 그 무성한 훤화諠譁들은, 실은 우리 자신의 상처와 은밀한 욕망이 아니었을까. "너에게도 님이 있느냐. 있다면 님이 아니라 너의 그림자니라."

이 책은 '조선 유학'을 향하기 전에, 우리가 누구인지부터 묻는다.

식민의 상처는 아물었고, 근대의 욕망은 성취되었다. 그런 후 우리는 어떤 간절함으로, 무슨 꿈을 담아, 조선 유학의 이름을 부를 것인가.

나는 21세기, 편만한 소외와 의미 망각의 시대에, 조선 유학의 도저한 조언과 지혜를 구한다. 내 접근은 비관습적이고, 성찰은 시대착오적이다.

그때 응답할, 도둑같이 올 손님을 맞이하고 대화하는 법을 일러두었다. 그가 들려줄 신선한 이야기, 믿을 수 없는 이야기도 몇 꼭지 마련해보았다.

여기 당연히, 내 개인적 관심과 무의식적 편견이 틈입되어 있다. 이 책은 결국 조선 유학을 읽는 내 사적 이야기임을 인정해야겠다.

이력을 보태자면, 나는 유교 전통의 바깥에서 성장했다. 유서 깊은 학통과 가문에 연루되지 않았고, 한학도 서당이 아니라 학교에서, 거의 인디indie로 독학했다. 아니었으면 전통의 퇴락한 무게를 감당하지 못했을 것이다. 유학의 르네상스는, 아마 있다면, 유교 문화권이 아니었던 곳에서, 혹은 전통의 격세유전을 통해서 기지개를 켤지 모른다.

더 많은 사적 이야기들이, 편견과 독단을 무릅쓰고 풍성해지기를…… '조선 유학'의 실체는, 만일 그런 것이 있다면, 현란한 언설들 사이에서, 무성한 변증과 격돌의 현장에서 피어날 것이라고 나는 믿는다.

객관성의 잣대로 받는 핍박이야 각오한 바인데, 다만 공감하는 사람들이 많았으면 좋겠다. 그 와중에 삶이 조금이라도 바뀐다면? 그거야말로 조선 유학이, 그리고 조선 유학의 이야기를 더듬거리며 전해주는 내가 진정 바라는 것이다.

2008년 9월
가을의 초입에, 북재北齋 연구실에서
한형조 적다

자
책

2003년 노무현 대통령의 참여정부가 출범할 때, 경계의 뜻에서 조선의 망국, 그 지난 아픔을 돌아다본 글이다. 통념에 이야기 몇을 보탰을 뿐, 새로운 내용은 없다. 식민의 비극은 권위와 저항의 대치를 경영이 돌파하지 못한 데서 생겼다고 썼다. 그런데 그 권위의 성채는 누가 만들었나. 유교인가, 주자학인가, 아니면 조선조인가, 조선 후기인가. 그도 저도 아니고 단지 당금當今 우리의 처지이고 시선인가.

1. 조선은 왜 망했는가

　전통은 기억의 다른 이름이다. 새로운 경험과 함께 새로운 지각이 생기고, 그것은 나중을 위해 두뇌 어디엔가에 기록된다. 우리는 그런 기억에 의해 욕구를 성취하고, 위험을 피해간다. 개인에게 그가 살아온 이력과 기억이 있듯이 집단 속에도 나름의 이력과 기억이 있다. 집단의 이력을 역사, 집단의 기억을 전통이라고 부른다.

　역사야 흘러간 과거이지만, 전통은 아직도 살아 있는 과거이다. 그것은 기억이기 때문에 '붙들면 보존되고, 놓으면 사라진다'. 사람의 손길이 가지 않으면, 전통은 먼지 덮인 목판의 글자처럼 점점 희미해지다가, 이윽고 두꺼운 망각의 먼지 속으로 사라질 것이다.

　우리의 근세사는 전통으로부터 단절되었다고들 말한다. 그만큼 집단적 기억의 변화가 충격적이고 급격했다. 이전의 기억 가운데 많은 것이 사라졌고, 새로운 기억으로 대체되었다. 그것이 자연스럽다. 기억은 '삶의 도구'이기 때문에 환경이 바뀌는 데 따라, 상황이 요구하는 바에 따라 그 지도地圖를 바꾸어야 그 기억의 주체가 살아남을 수 있다. 그러지 못하면 개인이든 집단이든 쇠락하거나 도태할 것이다.

전통, 망국과 더불어 잊혀진 기억

　일본의 식민지로 떨어지면서, 조선의 전통 전체가 몰수되었다. 이것이 좀 부당했을 수도 있다. 그러나, 당시의 식민지적 현실, 닥쳐온 외압적 강제가 조선의 전통의 허실을 차분히 살피도록 여유를 주지 못했다. 당시 모든 판단은 '나라가 망했다'는 급박한 사태 위에서 이루어졌다. 누구도 이 절박한 토대의 밖을 건너다볼 수 없었다. 그리하여 '반전통'이 시대의 대세가 되었다. 처음에는 식민지적 울분으로, 이어서는 근대화의 요청으로 하여 이 추세는 더욱 강화되었다.
　전통의 망각은 자연스런 과정이고 현명한 선택이었다. 19세기 말 제국주의의 시대, 전쟁과 폭력이 발언하던 시대에 조선의 문치적 전통은 적절한 대응을 하지 못했던 것이다. 신채호는 "일찌감치 육경六經을 불 싸질렀어야 했다"[1]고 외쳤다. 그는 "창칼을 놓고 글을 닦았다偃武修文"라는 유학의 자랑스런 캐치프레이즈를 그토록 혐오했다. "강

---

　1) 「서분書憤」. 심경호, 「단재 신채호의 한시」, 『국학연구』 창간호, 한국국학진흥원, 2002에서 재인용.

권強權만 있고 인의仁義는 없는 세상에, 선비들이 다 떨어진 멍석으로 대문을 가리면서도 도덕을 외치고 있는데, 왜 벌떡 떨치고 일어나 칼을 휘두르지 않느냐席門談道眞适士. 手劍斬人是快兒"고 울분을 토했다. 그는 조선의 전통에 절망하고, 상고사에서 울음을 삼켰다. 그러나, 그곳은 너무 멀었고, 위안이 되지 못했다. 그는 이 땅을 떠나 해외로 망명했고, 유교를 폐기하고 아나키즘으로 향했다.

나라가 망했다는데, 무슨 할 말이 있겠는가. 조선의 유교는 곧 침묵했고, 조선의 지식과 문화, 권력의 중추였던 선비들 또한 울울히 서재로 물러날 수밖에 없었다. 식민지의 중심에는 급격한 사회 문화적 변동이 일어나고 있었다. 우선 언어가 바뀌었다. 일상의 언어가 전통한문과 고전어에서 일본어와 서구 문물의 번역어들로 대체되었다. '사회'는 농경을 중심으로 하던 공동체에서 상공업의 발전에 따른 이익집단의 면모를 강화시켜나갔다. 한편에서는 신분제도의 붕괴를 통탄했지만, 대부분 식민지의 교육과 제도를 기회로 삼아 신분의 상승을 꾀해나갔다. 이런 식민체제 하에서의 '근대화'의 진행과 더불어 전통의 기억은 희미해져갔다.

해방과 분단, 전쟁을 거치며, 1960년대에 군사정부가 들어섰다. 그 경제적 실용적 근대화의 노선은 이선의 어느 때보다 전통의 기억에 위협적이었다. 박정희 대통령은 전통 자체를 '불살라버리고' 싶어했다. 그는 퇴영적이며, 소극적이고, 의존적이며, 소모적인 문약文弱의 자포자기적 전통을 버려야 한다고 생각했다. 그는 무인답게 영웅을 기렸으며, 무인답게 '닫힌 도덕'을 내세웠고, 무인답게 실용적 목적에 철저하고자 했다. 한국 경제의 도약은 그 상무적 기상과 실용적 마인드가 결합한 결과이다. 그것은 근본적으로 탈유교적 반전통적 노선의 성취였다.

辨 | 한때 '아시아의 네 마리 용' 가운데 하나로 불리던 한국 경제의 눈부신 성장을 유교적 에스프리의 결과라고 보는 시각이 있었다. 유교의 교육열이 다양한 전문 분야의 지식과 기술을 습득하게 했고, 집단에 대한 복종과 헌신이 기업문화에 적응하고 생산성을 향상시키는 동력이었다는 것이다. 일면 그럴 수도 있겠다. 그러나, 나로서는 유교가—아니 보다 정확하게는 '조선의 유교 전통'이—근대화를 용인하고 촉진시킨다기보다, 그 반대쪽으로 더 큰 저항력을 행사한다고 생각한다. 그렇지 않았다면, 우리는 일찌감치 일본과 더불어 자주적 근대화의 길로 나아갔을 수도 있다.

근대화는 이미 확장된 세계, 즉 산업혁명을 통해 국제적 교역과 소통이 활발해지고, 군사적 힘의 역학의 장이 코끝에 다가온 시대의 불가피한 선택이다. 또한 그것은 인간 내부에 숨겨진 오랜 생물학적 욕망의 소리에 직접 응답하는 적극적 선택이기도 했다. 그것을 무턱대고 비난하거나 부정하는 것은 쉽게 자기기만이나 위선으로 떨어진다. 길을 막고 물어보자. "다시 한말로 돌아갈 것인가?" 긍정적인 대답이 많지 않을 것이다. 혹, 내게 물어본다면, 세종조라면 돌아가고 싶은 생각이 있다고 말하겠다. 물론, 조건을 좀 따져보아야겠지만……

전통론자들이 알아야 할 것이 있다. 근대화는 전통의 기억을 지운

원흉이지만, 그 기억을 되살리게 한 은인 또한 근대화라는 사실이다. 근대화의 성공과 자신감이 없었다면, 전통은 여전히 굳게 봉인된 채, 열어서는 안 될 상자 속에 갇혀 있을 것이다.

인간의 욕구와 관심에는 위계가 있고 순서가 있다. 가장 우선하는 것이 '생존'이다. '문화'는 그 다음의 사치이다. 환경이 급격하게 변할 때는 기존의 습속과 관행, 사고와 행동이 한순간에 적응력을 잃는다. 이를테면 전시의 규율이 평시와 같을 수는 없는 법이다. 한말의 제국주의와 식민주의의 세계 질서는 고요한 아침의 나라의 오랜 평화와 고유한 질서를 일거에 깨뜨렸다. 새로운 도전에 대한 적응은 이전과는 전혀 다른 원리를 필요로 했고, 우리는 식민의 억압과 전쟁의 고통, 그리고 불리한 정치 경제적 여건 속에서 힘겹게 근대화와 산업화, 민주와 자유의 길로 나아갔다.

의식이 족해야 예절을 아는 법이고, 위험을 벗어나야 부끄러움을 알게 된다. 근대화의 성공은 새로운 세계 질서 속에서 일정한 생존의 안정성을 보장했고, 그와 더불어 문화적 자아와 정체성의 체면을 돌아보게 했다. 그리고 아울러 전통이 갖고 있는 경제적 가치를 의식하게 되었고, 그리하여 전근대 조선은 지금 새로운 조명을 받고 있다.

정직하게 돌아보자. 동양철학이란 것이 어디 이름이나 있었던가. 대학이나 사회에서 무시되고 미아리의 사주관상 비슷한 것으로 여겨지던 것이 주목을 받고 가치를 인정받게 된 것이 최근의 일이다. 그리고 전통문화와 예술 또한 그렇다. 고등학교까지 내가 학교에서 배운 것은 서양의 음악이었지, 국악의 음계를 익히거나 전통악기를 접해보지 못했다. 전통의 학문과 문화가 재고되고 다시 인정된 것은 경제적 성장과 정치적 안정을 기반으로 한 근대화의 선물이다. 나는 그 말살의 폭풍우 속에서도 전통의 가닥들을 지키고 키워온 분들의 영웅적 고집을 기리지만, 또 한편 그분들을 지금 양지로 이끌어낸 경제 발전과 산업 부흥의 피땀에 대해 깊이 감사한다. 이를테면 국악의 공연들이 해외에 나가서 얻는 호응과 찬사, 감동은 높아진 국력, 달라진 신인도에 크게 빚고 있다. 그렇지 않았다면, 사물놀이는 아프리카 어느 토인들 부락의 시끄럽고 이그조틱한 타악 소리 이상의 의미를 가지지 못했을지 모른다.

전통을 이렇게 경제적 물질적 측면에서 읽는 것은 전통론자들을 언짢게 할 것이 틀림없다. 그러나 천하에 '그 자체로' 소중한 것은 없다. 그것은 모종의 경제적 가치를 갖고 있고, 실용적 목적을 함축하고 있다. 그것은 두루 삶을 위한 도구이다. 전통 또한 '지금'의 관심과 요청이라는 '상황'에 의지하여 다시 불려온 것이다. 그리고 그것이 지금의 삶을 풍부하고 윤택게 하는 데 기여하지 않는다면, 그것은 다시 돌아볼 필요가 없다. 그리고 돌아보자고 아무리 외쳐도 공허한 메아리가 되어 빈 골짜기를 울릴 것이다.

다시 말하지만 근대화를 거치지 않으면 전통의 재고는 없다. 이 점은 동아시아 3국, 특히 뒤늦게 근대화와 산업화를 향해 약진하는 후발 중국의 경우를 보더라도 알 수 있다.

　중국은 전통을 돌아보지 않는다. 중국은 제국주의 열강의 시대에 민족적 수치를 겪으며 전통을 전면 비판하고 도전한 경험을 갖고 있다. 5·4운동 이래 중국의 지식인들은 공가점타도孔家店打倒를 외치며 중국 문화의 유교적 기반을 철저히 버려야 할 것으로 부정했다. 사회주의 중국 또한 전통적 가치와 관행에 호의적이지 않다. 유교는 계급과 신분 위에 선 귀족주의 체제이기 때문이다. 개혁과 개방을 말하며 자본주의 체제를 받아들이기 시작한 최근에도 전통에 대한 인식은 그다지 달라지지 않았다. 한국에서 만난 중국인 학자들은 중국이 시장과 산업의 경제군사대국으로 나아가는 데 있어 전통과 유교는 오히려 걸림돌이라고 말했다. 물론, 이런저런 유교 학술행사에 온 중국인들은 인의仁義와 도덕道德의 유교적 가치의 접목을 낙관하지만, 사석에서는 그렇게 말하지 않았다.

較 | 불과 5년 전인데, 이 진단은 벌써 지난 얘기가 된 듯하다. 최근 중국은 급격한 변화를 겪고 있다. 개방과 자본주의로 비약적 경제 성장을 이룩했고, 세계의 군사대국으로 거듭났다. 이와 함께 자신의 문화적 정체성에 대한 관심이 커졌고, 전통에 대한 적극적 접근이 뚜렷해졌다. 『삼국지』 강의로 열풍을 일으킨 이중톈易中天 교수는 진시황의 통일을 위대한 사업으로 선양했고, 위단于丹 교수의 『논어』 강의는 6백만 권 넘게 팔리며 '봉건사상가' 공자를 언제 그랬냐 싶게 다시금 중국의 영웅으로 복권시켰다. 이 현상을 급속한 자본주의의 확산으로 도덕과 신념이 무너진 세상에 대한 분노와 좌

절감의 표출이라고만 볼 수 없다. 중국이 자신감을 회복한 것이다. 역시 근대의 성취 이후에, 전통의 적극적 회고가 있다. 중국은 이 경제 군사적 자신감을 바탕으로 세계에 문화적 영향력을 확대하고 있는 중이다. 2004년 11월 한국을 시작으로 독일, 미국, 이집트, 호주, 러시아 등 51개국에 125개의 '공자학원'을 설립해 중국어와 중국 문화를 전파하고 있는 것도 그 일환이다. 2010년까지 5백 개를 목표로 하고 있다고 한다. 중국의 기세는 무섭다. 아직 잠을 깨고 있는 중이지만, 중국이 경제 군사적 파워를 업고 중원의 문화적 자부심과 사상적 전통을 본격 글로벌화하겠다고 나설 경우, 우리는 무슨 자원과 역량, 그리고 비전으로 이에 맞설 것인가. 그게 걱정이다.

유학의 죄는 유학의 잘못이냐, 조선 사람의 잘못이냐

지금까지의 사설을 다시 이렇게 정돈할 수 있다. "근대화를 위해 전통이 부정되었고, 근대화 이후에 전통이 다시 조명되고 있다." 나는 이 사실이 부당하지 않고 자연스럽고 적절하다고 생각한다. 이 지점이 우리가 전통을 어떻게 접근해야 하는가에 대한 단서를 제공해준다. 전통은 한편 부정해야 하고, 한편 재고해야 하는 어떤 것이다. 그런데 지금까지 이런 절충折衷과 취사取捨의 균형감각은 늘 각 진영에서의 주장들이 부딪치는 서슬과 소음에 묻히기 일쑤였다. 서구화론자들은 전통을 일방적으로 부정하고, 전통론자들은 전통을 일방적으로 찬양한다. 두 주장이 부딪칠 때, 진실은 언제나 가운데쯤 있다. 전통은 한칼에 쓸어버려야 할 어떤 것이거나, 무조건 감싸안아야 할 어떤 것이 아니다. 그것은 한편 부정해야 할 어떤 것이면서, 한편 복응服膺 해야 할 어떤 것이다. 여기 관건은 대체 무엇을 버리고 무엇을 보듬을 것이냐이다.

출발은 버려야 할 전통에서 시작하는 것이 좋겠다. 그 진단이 분명 하면, 처방은 저절로 드러나는 법이다. 여기서 전통을 유학의 이름으로, 보다 구체적으로 주자학으로 대표시키기로 하자. 신라와 고려는 너무 먼데다 문헌부족징文獻不足徵, 기억을 확인하기가 쉽지 않다.

현상윤은 해방된 이후 『조선유학사』를 쓰면서 그 마지막에 '유학의 죄'를 몇 가지 적어두었다. 1)문벌을 중시하여 인재를 경시하고 계급을 고착시킨 점. 2)가족공동체의 결속과 화해를 강조한 나머지, 배타적 가족주의로 흐른 점. 3)당쟁의 격화로 하여 학문적 대화와 토론이 막히고, 국정에 있어서도 공정하고 건설적인 제안이 채택되기 어려웠다는 점. 4)무武, 즉 국방과 군사를 경시하고 문약에 흐른 점. 5)가난을 자랑하고 상공업을 천시한 점. 이리하여 한말에 이르러 풍속은 무너지고, 국정은 문란하여, 강자가 약자를 수탈하는 무도가 일상화되었다. "나라가 있으되 주인이 없고, 주인은 있으되 국민이 없었다. 국민은 또한 원수와 도적뿐이데다 무지하고 유약하고, 나태하고, 신뢰가 없어 국맥國脈을 유지하고 외모外侮를 막지 못했다"고 한탄했다. 그러면서 이렇게 책을 끝맺었다. "우리는 그 책임을 유교의 말폐에 돌리지 않을 수 없다. 그러나 오호嗚呼라, 유학의 말폐는 과연 유학 자체의 잘못이냐, 또는 조선 사람의 잘못이냐."

현상윤의 지적은 대체를 망라한 것이다. 그의 말을 지금도 깊이 새겨야 한다. 한 치도 그른 바 없다. 내가 지금 적을 글도 어찌 보면, 그의 진단의 부연설명일 뿐이다.

다만, 토를 단다면, 나는 그 죄가 유학의 죄라기보다 조선의 주류 유학의 죄라는 쪽에 기운다. 조선 유학의 주류, 특히 양란 이후의 그 것은, 유학의 근본정신과 적응력, 그리고 조선 유학의 변경과 비주류의 목소리와는 매우 다르다. 나는 이 근본과 변경의 지점이 앞으로 유학의 활로이고 의미라고 생각한다. 요컨대 현상윤의 물음에 답하자면, 조선 유학의 비극은 유학의 잘못이라기보다 사람의 잘못이다. 공자의 말을 빌리면, "도道가 사람을 넓히는 것이 아니라 사람이 도를 넓히는 것人能弘道, 非道弘人也"[2]이기 때문이다. 유학을 묵수하는 것도 사람이고, 유학을 혁신하는 것도 사람이다. 유학은 시대와 상황에 따라 변화함으로써 그 생명을 유지해왔다.

그래서 유학은 하나의 이름이 아니다. 공자의 유학이 있고, 맹자의 유학이 있고, 순자의 유학이 있다. 주자학과 양명학이 있고, 퇴계의 유학과 허균의 유학이 있다. 정약용의 유학이 있는가 하면 박지원의 유학이 있다. 송시열의 유학이 있는 한편, 최한기의 유학이 있다. 그렇게 이미 있었던 유학과 '아직 오지 않은 유학'이 있다. 그들은 너무나 달라서 이들을 유학의 이름으로 한데 묶어서 좋을지 주저될 정도이다.

---

2) 『논어論語』, 「위령공衛靈公」 15 : 28.

철학이나 종교는 시대와 상황의 요청에 따라 적절히 적응하여 변모함으로써 생명력을 유지해왔다. 거기 실패하면 도태되고 사라지느니, 그것이 생명을 가진 모든 것들의 운명이다. 이는 모든 철학과 종교의 일반적 패턴이다. 그런데, 조선의 주류 유학은 이 적응과 혁신에 안타깝게도, 분통 터지게도, 실패했다.

補 | 조선 유학의 초기 적응력은 정도전의 개국과 문물제도의 정비, 그리고 태종과 세종 대의 번성을 가져왔다. 중기에 철학적 심화가 있었고, 곧 외세의 침탈이 있었다. 그 이후 새로운 적응에의 노력이 주자학의 재편과 영정 시대의 정치 문화적 개혁으로 나타났지만, 충분한 현실적 적용을 얻지 못하고 침체와 혼란이 계속되었다. 그 어마지두에 제국주의 열강의 침범을 받았다. 운도 따라주지 않은 셈이다. 중국이 강희 건륭 때였다면, 서구 열강에 그리 쉽게 밀리지 않았을 것이다. 우리에게 시간이 좀더 있었다면 사상과 문화제도의 자생적 정비를 해나갈 수 있었을 것이다. 위기는 항상 기회를 만들어주니까. 그런데 이런 역사의 가정이 무슨 쓸모가 있겠는가.

선비, 그 직업 없는 사람들

조선의 유학에 무슨 문제가 있었을까. 현상윤이 지적한 코드를 묶는 중심적 취약점은 어디 있을까. 나는 이렇게 생각한다. 나라의 중추인 지식인이자 예비 관료들인 유생儒生들이 직업이 없었다! 이 말이

지나치다면 직업에 정직하지도 철저하지도 않았다는 편이 낫겠다. 명색 선비들은 장사를 할 수도 없었고, 물건을 만들어 팔 수도 없었다. 농사도 사대부의 할 일은 아니었다. 율곡이 해주에서 생계를 위해 호미를 만들어 팔았을 때 손가락질을 하는 사람이 많았다. 율곡의 선택은 그만큼 예외적이었고, 체모가 손상되는 일이었다.

補ㅣ맹자가 군자라면 항산恒産이 없어도 항심恒心을 잃지 말라고 단단히 을러놓았기 때문에 선비들은 내놓고 다른 '직업'을 구할 수도 없었다. 논밭이 있고, 노복이 있으면 좀 나았을 것이다. 퇴계는 고향에서 물려받은 전답과 부인이 가져온 것을 알뜰하게 경영하고 키워 상당한 부를 일구었다. 율곡은 형편이 좋지 않았다. 시골로 그를 찾아온 고관이 밥상을 받았는데, 도저히 숟가락을 댈 수가 없을 지경이었다. 머뭇거리고 있는 고관을 향해 율곡은 "해가 지고 난 다음에 느지막이 먹으면 맛이 있느니……" 사람들은 율곡의 청빈과 극기를 칭송하겠지만, 그러나 얼마나 쓸쓸하고 눈물겨운 이야기인가. 조선 유학의 최고 학자이며, 뛰어난 정치가였던 천재가 세끼 밥을 온전히 못 먹었다면, 나머지 백성들의 곤궁과 비참이야 더 물어볼 필요도 없다. 연암이 누이를 보내며 지은 만사는 볼 때마다 눈물을 부른다.

"(자형) 백규가 그 어진 아내를 잃고 나서 가난하여 살길이 막막하여, 어린것들과 계집종 하나, 솥과 그릇, 옷상자와 짐궤짝을 이끌고, 강물에 배를 띄워 산골로 들어가려고 상여와 더불어 떠나가니,

내가 새벽에 두포豆浦의 배 한가운데서 이를 전송하고 통곡하며 돌아왔다."3)

　대체 얼마나 가난했으면 상여를 메고 가는 길에 이사를 한단 말인가. 살림의 품목 또한 초라하기 이를 데 없다. 그런데, 그동안 남편은 살림을 온통 아내에게 의지해왔다고 한다. 이 사례는 연암 누이의 예외적 케이스만이 아니었다. 선비들은 빈부유명貧富有命이니 화리貨利에 유정留情하지 말라는 가르침을 자기 검열과 사회적 시선으로 의식해온 사람들이었다. 그 빈자리는 아내들이 감당해야 할 몫이었다. 바느질과 길쌈, 이덕무는 눈에 띄지 않게 생계에 필요한 활동을 하라고 『사소절士小節』에서 권하고 있다. 식구들의 밥을 벌기만 했는가, 봉제사 접빈객에 가정의 경제를 도맡아 하느라, 주부들의 수명이 단축되었을 것이다. 아내가 죽으면, 상실의 그리움보다, 고생시킨 회한 플러스, 앞으로 식구들 데리고 살 일이 막막하여 슬퍼 운 사람들이 많았다. 그것을 스스로 부끄러운 줄 모르고 적어놓은 기록들도 숱하다. 식솔을 팽개치고 세운 도덕이 뭐 그리 대단하겠는가. 그 무기력하고 위선적 행태를 연암은 「양반전」「호질虎叱」에서 눈에 밟힐 듯 그려주고 있다.
　선비들도 직업을 가졌어야 했다. 다산은 헛기침을 접고, 학당이라도 열어 아이들 한문이라도 가르치라고 권했다. 혜강은 안빈낙도安貧樂道 등의 전통적 가치를 우습게 알며, 염빈廉貧은 하등下等의 인

---

3) 박지원, 「백씨증정부인박씨묘지명伯氏贈貞夫人朴氏墓誌銘」, 정민, 『비슷한 것은 가짜다』, 태학사, 2003.

간들의 자기 위안이라면서, 제자들에게 장사와 의술, 수공업의 노하우를 생계를 위해서라도 적극 가르쳤다. 그 학숙의 이름이 다름 아닌 긍업재肯業齋, 즉 '네 직업에 필요한 기술을 익히는 곳'이다.

사대부들의 유일한 직업은 정치와 행정, 즉 관료가 되는 것이었다. 그런데, 기이하게 들릴지 모르지만, 관료가 되는 것도 떳떳한 직업이지 않았다. 우선, 누구도 거기 취직할 자격을 갖추기 힘들었다. 경전에 대한 지식이나 문장을 통한 과거시험이 정당성을 부여해주는 것은 아니다. 거기 사적 관심과 이해를 철저히 배제한 성인聖人의 인격을 갖추어야 했는데, "내가 그렇다"고 나설 파렴치가 어디 있었겠는가. 그리고 당연한 일이지만, 사람들은 또한 그 높은 기준으로 다른 집안, 다른 지역, 다른 당파 사람들을 쉽사리 인정하지 않았다. 그리고 관직에 임하는 그 포부의 스케일이 자못 컸다. 사대부가 정치라는 직업을 맡는 취지는, 자잘한 사무를 처리하고 제도를 가다듬는 데 있지 않고 "이 땅에 인의가 강물처럼 흐르는 요순의 시대"를 재현하는 데 두었다. 이 험준함 때문에 자부가 심하고 명망이 무거운 사람일수록, 정치라는 직업을 택하기를 꺼렸고, 물러나 비판에 주력하는 것으로 책임을 대신했다.

그런 부끄러움을 무릅쓰고 '정치'에 취업한 사람들은, 정작 그 직책에 걸맞은 지식과 기술이 부족했다. 이 실무적 노하우는 주자학이 가르쳐주지 않는다. 주자 자신 짧은 기간 남강南康의 행정 책임을 맡은 적이 있지만, 그는 주로 재야에서 당대의 군사적 정치적 현실에 대한 '비판'으로 일관한 사람이다(건설에 필요한 학문과 비판에 필요한 학문은 서로 다르다). 그는 한 인간이 우주 시민cosmopolitan으로서 자연과 운명을 대하는 태도를 가르쳐주기는 했지만, 실제 그 우주적 직분을 사회와 역사 속에서 분수分殊와 기국氣局으로 어떻게 실현해야 하느냐에 대한 구체적 실질적 노하우는 거의 가르쳐주지 않았다. 그것은 주자학 밖에서 '스스로' 일구어야 할 열린 격물格物과 새로운 습득의 지평이었다.

그런데 조선의 주자학은 각자의 분수, 즉 서로 다른 사회적 기능과 역할에 대해 충분히 유의하지 않았고, 깊이 존중해주지 않았다. 농사는 천하의 대본이라 하여 존중했지만 스스로는 꺼렸고, 수공업의 생산은 아랫것들에게 맡겨놓았으며, 장사는 생산 없이 이득을 취하는 천한 것들, 파렴치한들로 보았다. 실학의 중심이었던 성호 이익조차 유통의 편의를 위해 동전을 만들자는 제안에 도학적 목소리로 반대했다.

補┃주자학은 인간의 보편적 가치에 주목하느라, 그것의 개별적 개성에 대해서는 소홀하거나 부정적이다. 그들은 본연지성本然之性을 그리워하고, 기실지성氣質之性은 두려워한다. 기질지성을 개성적 표현으로 보는 유희 정신도 부족했고, 그것을 사회적 기능으로 추인한 실용적 마인드도 부족했다. 그들은 모든 사람을 성인과 금수禽獸의 극단 위에 놓고 생각했다. 그리하여 지상에서의 인간의 책무를 금수를 고쳐 성인을 만드는 데 두었다. 주자학의 성학聖學 제일주의의 구호는 행정과 기능의 실무적 인재를 양성하는 것을 근본적으로 제약했다. 정조는 모든 사람을 성인으로 만들겠다는 발상에 이의를 제기하면서 이렇게 말했다. "사람의 성품은 각자 다르니 억지로 합치시키려고 하는 것은 천성을 온전히 하는 것이 아니다."

사대부들은 본령인 정치에 나아가서도 군사나 재정, 생산에 관련된 업무를 맡기면 체모를 깎는다 하여 화를 냈다. 그들이 선호한 직책은 세자의 교육이나 임금과의 학문 토론, 그리고 정무政務에 관한 비판이었다. 그 교양과 학문, 조언 들은 대개 경전과 주자학의 선배들이 닦아놓은 것들이었다. 현장 밖에서 훈수하기는 얼마나 신나겠는가. 밖에서는 천하를 들었다 놓을 수 있지만, 안에서는 반걸음을 떼기도 험난하다. 내성외왕內聖外王은커녕, 현군賢君에도 못 미치는 국왕들이 이런 '밖에서의 원칙론과 이상론'에 진정 귀를 기울이기는 어려웠을 것이다. 신하들이 주창하는 책 속의 이상과, 군주가 부닥치는 정치의 현실 사이, 그 괴리에서 정치적 음모와 파당적 혈투가 활개 칠 자리가 마련되었다.

그 진흙탕에서 뜻있는 사람들은 혹은 다치고 혹은 절망하여 한사코 물러나고자 했다. 물러나면서 그들은 위인爲人의 벼슬길에 기웃거리지 말라는 선유先儒들의 교훈을 다시금 떠올리며 자신의 선택을 자랑스러워했다. 정이천은 "나이 열대여섯에 여남汝南의 주렴계가 도道를 논하며 마침내 과거지업科擧之業을 싫어했다는 것을 듣고, 개연慨然히 구도求道의 뜻을 가졌다".[4] 선비들의 문집은 본시 과거에 뜻이 없었음

---

4) 「성현도통聖賢道統」, 『근사록近思錄』.

을 변명하고 정당화하며, 혹 나아가더라도 결국은 산수山水에 뜻을 두었노라며 아닌 척을 했고, 주변에서는 칭송을 보냈다. 고봉 기대승이 과거에 급제하여 환로宦路에 나서면서도, 아무래도 물러가야겠다고 운을 떼자, 퇴계는 그러려면 애당초 나서지 말 것이지, 이제 와서 딴소리냐고 핀잔을 주었다. 환로에 아예 나서지 않는 처사處士야말로 주자학의 이상적 인간이었다.

그렇지만 내가 보기에 이같은 '은둔 권위주의'는 그들이 추앙하는 만세의 성인 공자의 지향과는 아무래도 다른 것이다. 그들은 "조수鳥獸와 동군同群할 수 없다"는 스승 공자의 충고를 잊은 듯했다. "내가 쓰이지도 못하고 말라비틀어져가는 오이 같아야 되겠느냐. 나는 팔리고 싶다. 나는 나를 좋은 값에 사갈 장사꾼을 기다리고 있다."

그리하여 조선의 도통은 항거자와 은둔자를 축으로 하여 이어져왔다(조선에 널려 있는 사당들은 두 부류이다. 은隱 아니면, 충忠이다. 은거도 불행한 자기 위안이고, 충절 또한 애절한 영웅주의이다. 어느 것이든, 그것은 조선의 쓸쓸하고 안타까운 상징물들이다)! 왕조의 건설자요 설계자인 정도전은 이 계열에서 부당하게도 철저히 소외되었다. 세종의 성세를 열었던 황희의 정치나, 동국東國의 사체史體라는 평을 받은 정인지 등의 학술, 과학기술을 위시한 실용적 학문의 성세를 주도한 관학官學의 인물들은 정당한 평가를 받지 못했던 것이다.

사림士林들은 관학에 대한 안티 세력으로서 새로운 기풍을 창도했지만, 그 이면의 그늘 또한 숨길 수 없다. 특히 임진 병자의 전란 이후에는, 결신潔身과 염퇴恬退를 숭상하는 분위기를 타고, 과거科擧를 넘볼 수 없는 주제들도 군자연하며 헛기침을 할 수 있었다. "무능과 도덕은 자주 이웃하고 있다." 산림山林이란 이런 재야 군자들의 집합적 이름이었다. 조정은 그들에게 합당한 대접과 벼슬을 내려주며 초빙하는 것으로 예를 표해야 했다. 그것은 실무적 경영의 재능보다도 상징적 효과를 노린 것이었고, 거기에는 늘 정치적 고려가 개입되었다. 국왕은 그 초빙을 통해 은일隱逸의 선비들을 대접한다는 이름을 얻을 수 있었고, 아울러 정치적 파당과 문벌들의 미묘한 세력 사이에서 균형을 잡을 수 있었다. 이때 도덕은 정치적 목적을 위한 도구였다.

이상을 외치고 도덕을 선점한 사람들이 정치에 개입하게 될 때, 그 폐단은 상상외로 심각하다. 장사꾼들이 사람들을 등치고, 도둑이 물건을 훔치는 정도에 비할 수 없다. 지금도 큰 도둑들은 정치와 이념 주변에서 설치지 않던가. 무능한 '군자'가 권력을 쥘 때의 위협과 혼란을 직접 겪은 정조는 이렇게 말했다.

"소인은 물정物情에 익숙하지만, 군자는 사리事理에 어둡기 쉽다. 사람들은 소인이 나라를 그르친다고 알지만, 군자가 더 큰 병폐를 끼친다는 것을 모른다. 소인이 나라를 그르치는 것은 바로잡을 수 있지만, 군자가 재주도 덕도 없이, 당면한 현실에 어둡다면 나라에 독을 끼치는 것이, 누구나 알 수 있는 소인의 폐단보다 더 심하다."5)

---

5)「일득록日得錄 12 인물人物 2」,『홍재전서弘齋全書』권172.

정조는 조정을 둘러보아 인물이 없다고 늘 한탄했다. "3, 40년 둘러보니 쓸 만한 인재가 없다." 그는 신분과 지역, 관행의 벽에 갇혀 있는 재주 있고 능력 있는 선비들을 발굴하고 등용하고자 했다. 「일득록」에는 그가 행한 인물평들이 다양하게 실려 있다. 기준은 철학적 논변이나 고전에 대한 박식이 아니라 원칙과 비전, 그리고 실무계책과 추진력이었다.

도덕, 의義와 이利는 그토록 빙탄불상용인가

사림이나 산림, 그리고 나아가 선비로 자처하는 사람들은 '현실에 매몰되지 않고, 도덕을 지키려는 사람들'로 정의할 수 있다. 그들은 현실, 즉 경제적 이득이나 정치적 지위로부터 한발 물러섬으로써, 자신의 도덕적 정당성과 우월성을 쉽게 확보할 수 있었다. 정치의 현장은 그래서 그들의 비판의 표적, 손쉬운 먹잇감이었다. 현실이 요순이었던 시절은 한 번도 없었기에 누구도 그들의 중구삭금衆口鑠金 앞에 온전할 수 없었다. 그리고 사실 그들이 비판했던 것만큼, 그들은 현실의 제반 가치에 대한 관심이 컸다. 그렇지 않은가. 지금도 그렇다. 우리는 대체로 우리가 비판하는 바로 그 사람이다. 험담이 많고 비판이 장할수록, 그는 그가 문제 삼는 바로 그 사람이 되고 싶은 것이다. 그래서 불교가 시是와 비非를 동시에 넘어서지 않으면 해방이 없다고 그토록 역설하는 것이다.

여기 언필칭 도덕의 함정이 있다. 노장老莊은 그래서 인의의 구호와 선전을 위험하게 생각하고, 그것을 권위로 삼는 사람들의 위선을 혐오하는 것이다. 불교는 그래서 자신의 진리마저 부정하라고, 그것을 부정하지 않으면 진정 붓다의 진실을 배반하는 것이라는 역설을 고구정녕 가르친다. "수보리야, 내가 설하는 진리는 진리가 아니다. 그래서 진리라고 한다須菩提, 所謂佛法者 卽非佛法: 須菩提, 說法者 無法可說, 是名說法."6)

도덕이란 그 자체 가치를 갖는 것이 아니다. 그 덕목은 상황과 현실을 떠나 절대적 권위를 행사할 수 없다. 도덕은 전체에 대한 부분의 협력이다. 다시 말하면, 그것은 전체에 대한 개인의 실질적 기여로서 자격과 가치, 권위를 얻는다. '은둔' 그 자체가 도덕적 권위를 확보해주는 것은 아니다. 정약용은 일찍이 '사람 사이'에 걸치지 않는 개인적 은둔과 고결은 도덕의 이름에 값하지 않는다고 역설한 적이 있다. 도덕이란 한 인간의 사고와 감정, 행동이 타인에게 끼친 '이익'으로 계산되는 어떤 것이다. 물론, 여기 이익이 물질적 교환만 의미하는 것은 지나치게 협소할 것이다. 지식을 주고, 정보를 주며, 감동과 친교를 나누고, 재미를 선사하는 모든 가치 생산을 포함한다. 조선의 유학은 이렇게 도덕의 캐시 밸류를 계산하는 것을 달가워하지 않았다. 그것은 거의 금기에 가까운 일이었다.

그 관념의 연원은 공자라기보다 맹자이다. 『맹자孟子』의 첫머리를 펼치면, 맹자가 "하필왈리何必曰利잇고"라며 양혜왕을 꾸짖는 장면부

---

6) 『금강경金剛經』, 「제8 의법출생분 依法出生分」 ; 「제22 비설소설분 非說所說分」.

터 나온다. 통쾌했을 것이다. 포의의 선비가 군왕을 향해 질타하는 목숨을 건 행동은 선비들의 내적 스트레스를 대리해소시키는 통쾌한 집단 카타르시스였을 것이다. 지나치게 역린逆鱗을 건드려 낙명落命하지 않는다면, 용의 코털을 뽑는 용기는 주변의 중망을 일거에 끌어모으는 정치적 효과를 발휘했다. 조선의 선비들도 이 전략을 배웠다. 열거하자면 수도 없다. 그들은 한결같이 의義는 이利와 병행할 수 없다고 외친다. 이는 주자가 일찍이 진량과의 본격적 논쟁을 겪으며 의를 이의 오염으로부터 막았던 것을 그대로 반복한 것이다. 이같은 비타협적 순수주의는 사적인 이기심의 발로를 지나치게 경계한 것이지만, 이 태도가 자연스런 욕망의 충족이나 건전한 부의 축적, 그리고 공적인 복지와 생산력의 향상에는 치명적 장애로 작용했다.

정조는 의와 이를 빙탄불상용氷炭不相容으로 두기보다, "의를 앞세우고, 이를 뒤로 하는 것이 어떻겠느냐"[7]고 제안했다. 그렇게 하면 "경중輕重의 구분이 생기고, 본말本末의 순서를 얻을 것이니 성인도 물리치지 않을 것이다"라고 하자, 정만석이 나서서 "앞세우거나 뒤세우거나 간에 이利에 관련되기만 하면 곧 의리義理의 올바름이 아닙니다"라고 받았다. 정조는 한숨을 쉬면서 이렇게 타일렀다. "맹자가 양혜왕에게 하필왈리로 받아친 것은 지나쳤다. 그는 제선왕에게는 멋진 누대와 정원을 백성과 함께 즐기라고 권했다. 그렇다면, 양혜왕에게도 이익을 공유하고 진작시킬 수 있는 방책을 일러줄 수도 있었다. 그런데 그는 그렇게 하지 않았다."

---

7) 「경사강의經史講義16 맹자4」, 『홍재전서』 권79.

"먹으면 살고, 안 먹으면 죽는다. 이 중대한 문제를 어떻게 구복口腹
이라 무시하면서, 합당한 주의를 기울이지 않는가."8)

한말의 실학자인 혜강 최한기는 한 걸음 더 나아갔다. "인간에게 선
험적 도덕 본성은 없다. 그는 자신의 생존을 타인에게 의존해야 하고,
그러기 위해서는 자신의 유용성을 입증해야 한다. 그 도구성의 교환
위에 인간의 군집群集생활이 자리잡고 있다. 그런 점에서 개미나 꿀벌
의 사회와 인간 사회가 다를 바 없다. 도덕이란 다른 것이 아니라 재
화와 용역을 매개로 한 '인간 사이'를 합리적으로 조정하고 침탈을
방지하는 화협和協의 도구이다."

"중정인의中正仁義의 도道는 일체一切의 재용財用 위에 깃들어야 한
다."9)

혜강은 이 원리에 투철해야만, 도덕과 이익이 분열되지 않고, 조선
의 오랜 병폐인 위선과 배타의 명분론과 권위주의를 벗어던질 수 있
고, 또한 지식이 구체적 의미를 가질 수 있게 된다고 했다.

도덕은 인간 사이의 태도이다. 전체를 위한 부분의 협력은 두 방향을
갖는다. 사회에 더 많은 기여를 하는 것, 그리고 사회에 더 적은 피해를

---

8) 같은 곳.
9) 김수실,「재교후財敎後」,『증보 명남루총서增補 明南樓叢書』제5책, 성균관대 대동문
화연구원, 2002.

입히는 것. 주자학의 도덕은 나중의 소극적 방향에 주력했지, 처음의 적극적 측면에는 소홀했다. 아니, 공업功業은 아예 고려 밖이었다. 가령, 생민生民에 적극 기여한 바가 많다면, 행검行檢 같은 소극에서 좀 흠이 되더라도 감안해주는 형량衡量과 관용寬容이 있었어야 했다.

양녕대군은 난잡과 방종의 혐의를 받아 14년의 세자 자리에서 쫓겨났다. 그때 양녕은 아버지 태종에게 이렇게 항변했다. "한漢 고조는 산동山東에 있을 때 재물과 여자를 탐했으나 종내 천하를 평정했고, 진왕晉王 광廣은 현자라고 이름났으나 즉위하여서는 몸을 위태롭게 하고 나라를 망쳤습니다. 전하께서는 제가 결국에 커다란 효를 이루게 될 줄 어찌 아십니까." 태종 자신, 아버지와 형을 내쫓고 왕위를 거머잡았다. 그리고 건국의 원로와 정난의 공신들은 물론, 아내 민씨와 며느리 심씨의 집안까지, 외척들을 모조리 쓸어냈다. 그 기반 위에서 세종 대의 안정과 번영이 이루어졌다. 엄격한 개인 도덕의 잣대를 들이대면, 더구나 주자학의 금욕적 순수 도덕을 정치에 적용하면, 군주는 아무 일도 할 수 없다. 아무 일도 하지 않는다면, 민생은 도탄에 빠지고, 그 틈을 타서 온갖 삿된 무리들이 우르르 일어날 것이다.

유생들은 소극적 측면에서도 어차피 이 땅에 발을 붙이고 있는 한, 제 밥벌이는 했어야 했고, 적극적 측면에서는 사회의 생산과 재화를 늘리고, 부조리와 불공정을 제거하는 데 더 많이 기여하도록 노력해야 했다. 이 두 길은 사실 하나이다. 그런데 조선의 유학은 '이익' 자체를 아예 입에 올리지 못하게 했다.

補 ┃ 예를 들면, 조선의 양명학자인 원교 이광사의 부인은 원교로부터 "청렴하고 결백하기가 여인네 중에 제일"이라는 평을 듣던 사람이다. 평소 교육이 삼엄했다. 아이들이 이利에 대해 뻥끗만 하여도 반드시 몹시 책망했다고 한다. "어린것들은 오로지 효제孝悌와 몸가짐만 알아야 하거니, 이利라는 한 글자가 어쩌자고 마음에 싹터서 입에서 나온단 말이냐, 이 마음이 자라서 장차 무슨 짓을 안 할꼬." 아이들이 어쩌다가 노리개라도 칭얼대는 소리가 있으면, 매섭게 꾸짖기를, "사대부 집안 자제가 어찌 가히 '나 좀 줘' 소리를 입 밖에 낸단 말이냐. 세상에 탐욕스러운 불법자不法者도 이 버릇에 점점 배어든 데서 멀 것 없느니라"고 했다. 그 여인은 원교가 쓴 글이나 편지를 꼭 보여달라고 졸랐다. 일일이 살펴보고 글씨가 정갈하지 않거나 하면, 다시 쓰게 했다. "몇 푼 안 되는 돈이니 비용 걱정은 하지 마시라"면서. 원교가, 친구나 편한 사람에게 보내는 글에 무슨 그리 까탈이냐고 툴툴대면, "당신은 재고명중才高名重하니 더욱 분발하여 최고가 되어야 할 사람 아니냐. 남 하는 대로 해서는 안 된다"고 잘랐다.[10] 다들 이런 교육의 엄격함과 고결함에 대해서 찬탄한다. 그러나, 여기에도 명암이 있다. 나는 어려운 살림에 어머니의 결단과 희생으로 대처로 유학 가고 대학을 다녔다. 나는 그것을 너무나 당연하게 여겼다. 내가 그것이 얼마나 한 희생이며, 얼마나 한 고마움인지를 알게 된 것은 내가 가족의 생계를 책임지게 된 이후의 일이다. 아이들에게, 그들의 먹고 입는 것이 부모들의 땀과 노력

---

10) 정양완, 『강화학파의 문학과 사상』 2, 한국정신문화연구원, 1995.

으로 이루어진다는 것을 알게 하는 것이 좋다. 그래야 현실에 대한 이해가 자라고, 자신의 삶을 스스로 감당하려는 책임감이 자란다. 거기서 건전한 정치적 판단이 자랄 수 있다. 젊은이들을 너무 오랫동안, 내 젊은 시절처럼, 낭만과 이상에 젖게 두어서는 안 된다. 하루빨리 이들 성향들을 건전한 합리성과 현실감으로 균형을 잡게 해주어야 한다. 공부하는 데 방해된다고, 또 아이들 기죽이지 않으려고, 아이들을 집안의 현실로부터 격리시키는 것이 능사가 아니다. 우리 아이들에게 건전한 경제교육부터 시키는 것이 좋다.

이익을 혐오하고, 욕망을 두려워함으로써 "귀천貴賤이 분열되었다". 거기서 헛기침과 체면치레가 자랐고, 번잡한 허식을 절대의 이름으로 고수하는 완고를 키웠다. 이 폐단은 지금도 계속되고 있다. 지배의 정치든 저항의 언론이든 도무지 실질 이득을 존중하지 않고 그 양을 계산하는 데 서툴기 이를 데 없다. 인간의 존엄과 가치를 외치긴 하나 그것이 무슨 의미인지, 그것을 구현하는 실질적 기반이 무엇인지에 대해 진지한 성찰이 부족하다. 그렇게 마련된 빈자리에서 뻔한 일반론으로 명분을 외치는 사람들이 설친다. 그 구호는 '사랑'과 '평화'와 '평등' 등의 선한 가치들이기 때문에 얼핏 듣기에 숭고하고, 또 누구도 다치지 않는 듯해 보인다. 나는 그 무책임을 역설하는 것으로 입지를 세우는 사람들을 위험시하고, 그에 필요한 작고 구체적인 행동에는 인색한 사람들을 경멸한다. 자기 안이든 밖이든 그 기만과 태만을 용인하지 않아야 우리에게 희망이 있다.

주자학은 이익을 경멸했기 때문에, 직업에 필요한 지식과 기술을 가르치지 않았다. 이 시작은 공자에게 연원이 있다. 제자 번지가 밭 갈고 채소 가꾸는 법을 묻자, "그런 것은 나이 든 농부에게나 물어라"고 언짢게 생각했던 것이다. 사마천이 『사기史記』의 마지막에 「화식열전貨殖列傳」을 실은 것을 두고, 선비들은 세리勢利를 숭상하고, 빈천貧賤을 부끄럽게 여긴다면서 화를 내고 조롱했다. 조선 유학은 이를 비난하는 데 더욱 쇳소리를 냈다. 안타까운 일이었다. 조선의 유학은 사마천의 현실주의를 깊이 학습해야 했었다.

"농부들은 곡식을 생산하고, 어부와 사냥꾼은 어육을 공급하며, 기술자는 물건을 만들고, 장사꾼은 상품을 유통시킨다. 이런 일이 어찌 정령이나 징발, 혹은 약속에 따라 행해지는 것이겠는가. 사람들은 저마다 능력에 따라 일을 하고, 원하는 것을 얻는다. (…) 각자 생업에 힘쓰고, 즐겨 일하는 것이 마치 물이 낮은 곳으로 흐르듯 한시도 쉬지 않는다. 물건은 부르지 않아도 절로 모여들고, 강제가 없어도 백성들은 재화를 만들어낸다. 이것이야말로 도道의 증거이고, 자연自然의 역사役事가 아니겠는가. (…) (농사, 사냥, 제조, 유통은) 백성들이 먹고 소비하는 재원이다. 재원이 풍부하면 삶이 윤택하고, 재원이 쪼들리면 삶이 곤고해진다. 위로는 나라를 부강시키고, 아래로는 가정을 넉넉하게 한다. (…) 그래서 왈, '곳간이 차야 예절을 알고, 의식이 족해야 영욕을 의식한다'. 예禮는 가진 게 있어야 생기고, 그게 없으면 사라진다. 그렇기에, 군자가 넉넉하면 덕을 행하고, 소인이 넉넉하면 여유를 즐긴다. 연못이 깊어야 고기가 살 수 있고, 산이 깊

어야 짐승들이 오갈 수 있으며, 사람은 넉넉해야 인의仁義가 따라붙
는다."11)

만일 맹자의 권유대로 선비는 손발이 아니라 머리로 하는 직업이라
면, 생산을 합리화하고 효율적으로 개선하는 기획이나, 사회적 교환
의 질서를 보장하는 제도와 법률, 내외의 침범을 방비하는 경찰과 군
사를 갖추는 데 자신의 역할을 기여하는 데 노력했어야 했다. 그리고
그 '경영'에 대한 반대급부로서 정당한 보수가 주어져야 했다(율곡은
벼슬 떠나는 중봉 조헌에게 "녹봉을 정기적으로 고정액으로 지급 받을
수 있는 방도를 찾아보라"고 당부했다).
  그렇지 않다면, 그 원리를 캐고 지식을 축적하는 '구체적 학문'을
통해 이 목적에 간접적으로 기여했어야 했다.

補 | 연암 박지원의 아들 박종채는 이렇게 적고 있다. "아버지는 늘
우리나라 사대부들이 대부분 이용후생학利用厚生學, 경세제국학經世濟
國學, 명물도수학名物度數學 등의 학문을 소홀히 한다는 점, 그리하여
잘못된 지식을 그대로 답습하고 있으며, 그 학문이 몹시 거칠고 조
잡한 점을 병통으로 여기셨다. 담헌(홍대용)공의 평소 지론도 이와
같았다. 그래서 매번 만나면, 며칠을 함께 지내며, 위로 고금의 치
란治亂과 흥망興亡에 대한 일로부터 옛사람들이 벼슬에 나아가거나
물러날 때 보여준 절의節義, 제도의 연혁, 농업과 공업의 이익 및 폐

---

11) 사마천, 「화식열전」, 『사기』 권129.

단, 재산을 증식하는 법, 환곡還穀을 방출하고 수납하는 법, 지리, 국방, 천문, 음악, 나아가 초목草木, 조수鳥獸, 문자학, 산학算學에 이르기까지 꿰뚫어 포괄하지 아니함이 없었으니, 모두가 외워 전할 만한 내용이었다. 정철조는 문예적 교양이 높았을 뿐 아니라, 뛰어난 기예를 지녔다. 그래서 기계로 움직이는 여러 기구, 이를테면, 무거운 것을 들어올리는 기구, 물건을 높은 데로 나르는 기구, 회전 장치를 한 방아, 물을 퍼올리는 기구 따위를 능히 마음속으로 궁구하여 손수 제작해냈다. 모두 옛날의 것을 본떠 현재에 시험하여 '세상의 쓰임'에 이바지하고자 한 것이다. 이덕무, 유득공, 박제가는 모두 박학하고 견문이 넓은 선비였는데, 매양 고증할 일이 있으면, 말이 떨어지자마자 박식한 지식을 쏟아냈다. 이들은 아버지를 깍듯이 섬겼다."[12]

조선 후기 사대부들은 경영과 학문이 부재한 정치의 마당에서, 그들만의 과일을 나눠 먹거나, 거기 끼어들지 못하거나 좌절하면 비판의 목소리를 높이거나, 시골에서 조용히 책을 읽으며 지냈다. 결국 그들은 지배 아니면 저항 사이에서, 부패 아니면 무능 사이에서 흔들렸다.

---

12) 박종채, 『나의 아버지 박지원』(『과정록過庭錄』), 박희병 옮김, 돌베개, 1998.

지식, 진신서즉불여무서 盡信書則不如無書

도덕이 재용 위에 서 있듯이 '지식' 또한 사태를 이해하고, 사물을 다루는 '이익의 기술'이다. 학문 또한 이같은 테크닉의 집적과 발전이다. 성현의 말씀 또한 그 자체로 진리인 것이 아니라, 현실의 문제를 설명하고, 적절한 행동에의 조언일 때 비로소 의미를 갖는다. 사물에 대한 지식은 시간이 지남에 따라 발전되고 축적되며, 상황이 다르다면 선택에 필요한 지침 또한 달라져야 한다. 지식이 있기 이전에 현실적 '관심'이 있고, 그를 둘러싼 '문제'가 있다. 구체적 지식은 그 문제를 형성하는 계기와 역동, 근본과 지엽, 원인과 결과를 파고든 결과물이다. 모든 지식은 그런 점에서 문제 해결에 필요한 기술과 노하우로서 그 가치는 상황에 대한 적응력과 효율성으로 매겨진다.

작은 생활의 팁에서 종합적 학문에 이르기까지 이 원리는 동일하다. 혜강은 지식이 고리대금업자가 돈을 빌려줄 때의 긴장과 우려, 불확실한 선택 등의 '절실한' 과정에서 생기는 것이라고 말한 적이 있다. 고리대금업자는 돈을 빌리러 온 사람이 돈을 갚을 만한 사람인지를 알아야 한다. 그 목적 하에 그의 일상의 심성과 행동, 사람을 대하는 태도, 사업의 성패 등등을 체크한다. 거기 남의 평판과 소문을 참고하여 허실을 살핀 다음, 확신이 설 때에야 비로소 돈을 빌려주는 것이다. 그러므로 지식이란 구체적 사물과 현실적 인간에 대한 것이어야 실질을 갖는다.

그러므로 책을 그대로 믿어서는 안 된다. 책의 가치는 권위나 이름이 아니라 현실과 구체를 통해 검증될 때 비로소 존재한다. 말이 옳다면 나무꾼의 말도 귀담아들어야 할 것이고, 쓸모가 없다면 성현의 말도 돌아보지 않아야 한다. 경전을 읽지 않았더라도 사물을 통해 경험과 지식과 인품을 갖춘 사람이 더 훌륭하다.

조선의 유학은 감히 경전을 밟고 지나가지 못했다. 일자일구도 고치지 못하게 했다. 그 야만이 학술을 죽이고, 인재를 죽이고, 나라를 망하게 했다. 그리고 '이름'을 그토록 중시했다. 공자와 맹자, 이후 천년이 끊긴 도통 道統을 북송의 선현들과 주자들이 이었다면서, 그 단일한 계보를 신성시하고, 누구도 여기 이의를 달지 못하게 했다. 조선의 유학자 가운데 누구를 그 도통의 '이름'과 '권위' 속에 끼워줄 것이냐를 두고, 목숨을 걸고 끝없는 사회적 정치적 투쟁을 벌였다.

辨 | 이단 異端은 말할 것도 없다. 주자학의 반은 불교이다. 그런데도, 그토록 불교를 미워했다. 조광조가 궁중의 소격서 昭格署를 허는 일이 민폐 하나라도 없애고, 민생에 도움될 제도를 만드는 것보다 어째서 더 중대하다고 생각했을까. 왜 선비들은 불교와 노장에 노닐면 안 되는가. 율곡이 어머니의 죽음 앞에서 불교로 향했던 실존적 고민이 어째서 평생을 따라다닌 실절 失節의 낙인이 된단 말인가. 그게 문제가 된다면 주자 또한 이단의 이름으로 단죄되어야 한다. 그는 불교와 선에 깊이 빠졌을 뿐 아니라, 자신의 사유 속에 불교의 흔적을 아주 깊이 새겨두었기에 말이다. 그의 학문은 불교의 형이상학과 노장의 자연론, 그리고 유가 인문주의의 창조적 일탈이자 종합이다. 주자학을 알자면 불교를 겪고 노장을 거쳐야 한다. 그런데 주희는 자신이 건너고 난 다음에는 그 다리를 치워버렸다. 왜 그

랬을까. 기이하게 들릴지 모르지만, 너무 가까웠기 때문이다. 퇴계는 양명이 만든 새 다리조차 치워버렸다. 율곡은 두려워하지 않고 새로 나무를 놓아 불교의 다리를 건넜지만 조선의 누구도 감히 이 금지된 다리를 건너보려고 생각하지 않았다. 그랬던 사람들은 혹은 죽고 혹은 다치고, 귀양을 가야 했다. 다산은 새로운 금제인 서학西學을 좋아했으나 곧 포기각서를 써야 했다. 그는 주자학을 싫어했지만 분명히 내색할 수 없었고, 서학을 좋아했으되 원시 유학의 이름을 빌린 곳이 많았다. 그런 풍토 속에서 학문의 자유와 창조가 활발히 꽃필 수 없었다.

그런데, 지금 전통을 말하는 사람들도 이 이름과 권위에 집착한다. 문중의 이름으로, 학통의 이름으로 자기 조상과 선현을 모시고 존경할 뿐, 왜 무엇이 그토록 위대한지, 혹은 배우지 말아야 할 점은 무엇인지에 대해서는 별로 묻는 바가 없다. 조선시대의 배타적 학통과 문벌의 당파적 전쟁이 개명한 21세기에도 계속되고 있다. 누가 누구와 동류이며, 누가 누구를 비판했고, 누가 누구를 모함했으며, 누가 누구에게 설치雪恥했다는 등의 이력과 은원恩怨이 발목을 잡아, 한쪽에서는 정당화가 또 한쪽에서는 억울함에 대한 항변이 또다른 파당과 정쟁에 불을 지피고 있다. 이 지리한 소모는 이제 그만 그쳐야 한다.

책과 사람의 권위는 묵수되어야 할 것이 아니라 검증되고 회의되어야 하는 것이다. 주자학 또한 그랬어야 했다. 정조는 "주자를 잘 배워야 한다"면서 이렇게 말했다. "경전을 존중하려면 주자를 존중할 줄 알아야 한다. 주자를 존중하는 데 요령이 있다. 그것은 의심이 없는데 의심을 가지고, 의심이 있는데 의심하지 않는 데에 달려 있다." 독서는 아는 것과 모르는 것, 텍스트와 현실, 그리고 권위와 주체와의 싸움이다. 학문은 이 전투를 거친 승리의 전리품이다. 전투가 없는 노획은 사이비이고, 그것은 거의 틀림없이 위험하거나, 쓸모없다. 정조의 권유에 비추자면, 정통 주자학자들이야말로 가장 비주자학적이라는 역설이 성립한다. 의심, 그 함영涵泳의 과정에서 텍스트는 소화되고, 낯설어지며 걸러지고, 밝아진다. 그 정련의 과정은 다른 텍스트와 경험을 부르고, 이들이 결합하고 재배열되는 과정에서 구체적 지식이 모양을 갖추어나간다. 그 형성은 '개인적' 과정이면서 또한 대화와 설득을 통해 집단적으로 만들어가는 과정이기도 하다. 학문과 사상뿐만 아니라, 문화와 전통 또한 이 생生과 성成을 거쳐가는 변증적 산물이다.

補 | 퇴계는 기고봉과 논쟁하면서, "자신의 견해를 받쳐주는 전적을 뒤지는 일이 우스우니 그만 논쟁을 접자"고 했다. 사단칠정론四端七情論조차 거기 퇴계와 고봉의 고민의 직접적인 흔적이 인색하다. 그들의 경험과 사고는 추상적 개념과 전통적 논의의 틀 속에서 이루어지고 있다. 철학적 논변의 구체성의 맥락을 확인하기 위해 그 이후 엄청난 지적 노력이 투입되었고 오해와 혼전이 계속되었다. 왜 그들은 자신의 '경험'을 말하기를 그렇게 주저했을까. 그리하여 논의를 순전히 인용으로, 권위의 각축으로 만들어버렸을까. 이 의양依樣적 태도가 학문을 추상으로, 소모적인 논쟁으로 밀어붙였다. 퇴계는 말을 아끼느라 그랬지만, 양란 이후, 자신의 경험과

현실은 제쳐두고 주자의 책갈피에 절대적으로 의존하는 행태가 더욱 심각해졌고, 그것을 선점하여 자신의 권위로 삼는 파렴치도 확산되었다. 고통스럽지만 인정해야 한다. 현실이 책을 참고하지 않고, 책이 현실을 재단하는 시절! 나는 이 주객이 역전된 것을 조선의 비극이라고 생각한다. 그리고 그 비극은 아직 끝나지 않고 망령처럼 우리 주변을 배회하고 있다. 나는 이것을 '구체적 사고의 결여'라고 부른다.

그런데 조선의 사대부들은 제 손으로 책을 고르지 못했고, 주어진 책은 도무지 버리지를 못했다. 맹자는 "책을 다 믿을 양이면, 차라리 책이 없는 것이 낫다"고 말했다. 이 말을 깊이 새겼어야 한다. 책은 그 자체 우상화되어야 할 것이 아니라 현실의 필요와 요청에 따라 끊임없이 취사선택되고 개조 재편되어야 하는 것이다. 경전의 한 글자를 회의하고, 주자의 주석에 손을 댔다 하여 사람을 죽이고 귀양을 보내는 야만적 행태가 멀쩡히 자행되어서는 만만 안 되는 일이었다. 정조는 "진시황의 분서갱유가 학문을 살렸고, 이후의 활발한 주석이 학문을 죽였다"고 안타까워했다.

어찌 경전의 마디마디가 진리이고, 영원하겠는가. 유교 자신 자신의 바이블을 끊임없이 재구성하고 재편집해온 역사를 갖고 있다. 주자 또한 이전의 주석들을 참고하고 자신의 견해를 보탰을 뿐이다. 그의 방대한 문헌들은 그의 '문제의식'과 해결의 모색 과정에서 생산된 것이다. 조선의 문제의식이 그것과 꼭 같을 수는 없다. 그렇다면, 당연히 주자학의 집성은 달라지고, 대화의 과정에서 면모를 달리해갔어야 했다.

이미 주자학의 집성이 대부분 불교를 의식하고 씌어진 것이다. 만일 불교가 문제가 되지 않는다면, 비판보다 건설이 중심에 선다면, 주자학의 '체계'는 매우 단순하고 간략한 형태를 띠게 된다. 틀림없다. 조선 초기에서 중기까지는 그랬다. 정도전이 『불씨잡변佛氏雜辨』을 쓴 이래, 불교가 사회 문화적 카운터파트로서의 힘을 상실하자, 조선의 유학자들은 주자학의 정면의 가치를 재구성하는 데 주력했다. 절요節要의 경향과 도설圖說의 유행이 조선 유학의 특징이 된 것도 그 때문이다. 첫 시발은 『천명도설天命圖說』이다. 주자학의 핵심을 간결하게 정리한 이 그림은 주지하다시피 사단칠정론을 촉발했고, 이로 하여 '조선 유학'을 있게 했다. 퇴계는 주자학의 이념과 방법을 열 폭의 그림으로 요약한 『성학십도聖學十圖』를 선조에게 올렸고, 이것이 너무 간명하다고 생각한 율곡이 『성학집요聖學輯要』를 편집했다. 나는 딱 이 정도면 좋았다고 생각한다. 주자학의 기본 교재는 사서四書와 『심경心經』 『근사록』 『성학십도』와 『성학집요』면 족하다. 나는 여기까지가 창조적 '해석의 시대'였다고 생각한다.

그 다음부터는 이같은 주자학의 근본 사유를 개인적 집단적으로 습득하고 적용하면서 적실성을 검증 받는 '비판의 시대'가 열렸어야 했다. 철학자라면 자신의 해석을 통해 자기의 개성적 목소리를 발하고, 나아가 주자학의 너머에서 사고하는 과감한 혁신을 이끌었어야 했다. 주자학을 구체적으로 '해석'했더라면, 그 체계는 습득과 동시에 해체되어 새로운 종합으로 나아갔을 것이다. 주자학의 방대한 체계는 간명화되고, 그 단출한 골격 위에 이질적 사고의 살과 피가 풍부하게 접목되었을 것이다. 주자학은 인간의 우주적 위상과 의미를 근원적으로 자각하기를 깨우친다. 그러나 그것만으로 인간의 문제를 다 해결할 수는 없지 않은가. 여기 주자학이 빠뜨린 사물에 대한 지식을 확장하고, 경영에 대한 기술을 존중해야 했다.

補 | 율곡은 주자학을 『성학집요』로 간명화시키고, 그 행유여력行有餘力으로 시무時務의 경영에 힘을 쏟았다. 그는 죽기 전해에 병든 몸을 이끌고 병조판서를 맡았다. 그해 겨울 북방에 여진족들이 군사를 몰고 변방을 어지럽혔다. 북도병사北道兵使 이제신이 북방을 방비하기 위한 전략 20여 개조를 진언하자 선조는 이를 검토해보라고 조정에 보냈다. 모두들 어찌할 줄을 몰랐다. 군사에 대한 식견이 없었던 것이다. 당대의 문장이요 천재라는 유성룡도 붓만 끼적거릴 뿐 종내 초안을 잡지 못했다. 박순이 나서서, 병조판서를 불러 의논해보자 하니 모두들 그게 좋겠다면서 가슴을 쓸어내렸다. 율곡이 들어와 붓을 잡으면서, 모두들 의견을 개진하면 요약 정돈하겠다고 했으나 아무도 입을 떼는 사람이 없었다. 율곡은 이제신의 건의를 조목조목 차례로 따지면서 가부를 결정, 바로 초안을 잡아내려갔다. 일은 금방 끝났다. 그 초안을 돌려보면서 아무도 말이 없었고, 한 글자의 수정 없이 그대로 임금에게 전해졌다. 선조는 한눈에 율곡의 작품임을 알아보았다. 박순은 그날 일기에 이렇게 적었다. "누가 율곡을 뜻은 크고 재주는 소활하다고 했는가. 그 재주를 써보지

도 않고 어떻게 함부로들 평하는가. 내가 그 시행하고 조처하는 것을 보니 지극히 어려운 난제라도 조용히 밀고 나가는 것이 구름이 허공을 밟고 가는 듯 흔적이 없으니 참으로 희귀한 자질이다." 그는 안타깝게도 마흔아홉의 한창나이에 붕당을 조정하고 학풍을 현실로 돌려놓는 큰일을 못다 하고 죽었다. 거기 다가올 왜란을 걱정해서일까, 이틀 동안 눈을 감지 못했다고 한다.

정치, '권위'와 '저항'의 대치를 넘어

조선은 그러나 현실보다 과거에 집착했다. 그리하여 당면한 문제의 직접적 해결을 아득한 시절의 유토피아에 대한 그리움으로 대체했다. 요순의 시대와 성현의 말씀은 경전의 이름으로 신성시되었다. 현실과 이상의 갭은 실질적이 아니라 상징적 장치를 통해 해결을 모색했다. 이같은 복고적 유토피아적 기획은 실질적 해결책이 아니기 때문에 아래층으로부터의 저항과 불만을 불러올 수밖에 없고, 이것을 누르기 위하여 권위주의와 명분주의는 더욱 공고화할 수밖에 없다.

이 노선이 임진의 왜란倭亂과 병자 정유의 호란胡亂을 거치면서도 지배층이 택한 선택이었다. 여기가 결정적 패착이었다. 철학적으로 주기론主氣論이 더욱 경직화하면서 대내적 신분제를 정당화하고, 대외적 배타의식을 공고화해나갔지만, 아래로부터의 실질적 요청이 그 처방의 기반과 미봉을 간파하고 있었다. 예의禮義를 외치고 향약鄕約을 강제하는 등, 규범적 제약을 더 엄격하게 처방했어도 현실의 고통과 문제는 여전히 남았다. 삼강행실三綱行實의 채찍에 당근으로 충신과 효자, 열녀에게 관직을 주고, 정문을 세워주며, 곡식과 밭을 내리고, 부역을 면제시켜주었어도 그것은 근본적 대책이 되지 못했다.

그것은 기본적으로 강제였지 해결이 아니었다. 그것은 지배의 논리였지 요익饒益의 대처가 아니었다. 그것은 사대부들의 지위와 위상, 권위와 권력을 중심으로 한 대처였지, 민생의 곤고에 대한 실질적 대응일 수 없었다. 조선의 파당과 당쟁은 식민사관이 부당하게 준 이름이 아니다. 그것이 조선 후기의 어김없는 현실이었다! 그리고 그것을 정치적 균형으로 호도하거나 미화할 생각을 말아야 한다.

그렇지 않았다면, 두 차례의 전란을 겪으면서도 현실의 군사적 방비와 생산의 확대, 기회의 개방에 적극 노력하지 않았던 것을 이해할수 없다. 이같은 노선이 지배층의 선진에서, 그리고 몰락한 양반들 사이에서 다양하게 '실학'의 이름으로 제안되었지만, 실질적 중심을 얻지 못했다.

補 ㅣ 허균은 전쟁의 참상을 겪으며, 신분과 예교의 벽을 뛰어넘은 곳에 길이 있다는 것을 알았지만, 그의 행동은 비극적 실패로 끝났다. 다산은 주자학의 학문을 단순화하고, 그 힘을 내면과 교양으로부터, '인간 사이'의 기여와 실무에로 돌리려 했지만, 그의 학문은 강진의 학동들에게 묻혔고, 정치적 실험은 오랜 유폐로 시들었다. 정조 또한 주자학의 혁신을 기획했던바, 경학經學의 번쇄함을 버리고, 문치 위에 무비武備를 얹으며, 신분과 지역을 넘어 구체적 지식과 능력을 갖춘 인재들을 선발하여 국정을 운영하려 했지만, 그의

전방위적 건국의 노력은 당파와 통념의 거친 물결 앞에서 의문의 이른 죽음으로 안타깝게 막을 내렸다. 연암 주변의 백탑白塔그룹은 사물의 구체성에 대한 실사적實事的 지식을 중시했고, 자연스런 감정과 정서가 허세와 위선, 권위의 벽을 넘어 교통되는 세상을 꿈꾸었지만, 그들 또한 핍박과 실의 속에서 사회의 아웃사이더로서 지냈다. 최한기는 심학心學의 번쇄함과 도학道學의 명분주의를 비판하고 '지식'의 집성을 새로 구성했는데, 사물의 과학은 서구의 자연과학을 축으로, 그리고 인간의 과학은 인간과 인간의 현실적 교환 속에서 얻었다. 그 또한 서재의 실험으로 끝났다. 제자 김수실은 그 아까운 재주를 쓰지 못했고, 쓰기는커녕 그의 저술을 알아주는 사람도 없다며 한탄했다.

그리고 아래층에서는 지배층의 비현실적 이기적 처방에 대한 다양한 형태의 저항이 일어났지만 대체로 소극적이었고, 홍경래 난 등의 적극적 혁명은 좌절되었다. 이 '권위와 저항의 대치'가 조선 후기를 끌고 갔다. 이 틈을 메우려는 노력이 영정조의 개혁으로 나타났지만, 정조의 의문의 죽음으로 잠깐 보이던 빛이 다시 꺼졌다. 그리하여 대치는 다시 이어졌고, 그 빈 속으로 삭아내린 나라는 외세가 잠깐 건드리자 힘없이 무너졌다. 그래서 나라가 망했다.

일제에 대한 원망, 미국에 대한 배타 이전에 우리가 깊이 새겨야 할 것은 이 모든 책임을 다름 아닌 '우리'가 져야 한다는 사실이다. 누구를 원망하는가. 우리가 못나서 망한 것을. 우리가 못나서 임진왜란의 토붕와해土崩瓦解를 맞았고, 오랑캐에게 국토를 유린당하고, 누이들을 화냥녀로 만들었다. 우리가 못나서 우리 백성들을 징용으로 정신대로, 식민지적 수탈과 강제로 신음하게 하고, 결국 전쟁과 분열의 오랜 비극을 이어가게 했다. 억울하고 원망스럽지. 욕을 퍼붓고 당한 대로 돌려주고 싶지. 그러나, 그게 무슨 대책이겠는가. 정면의 대책은 냉정하게 왜 그렇게 되었는지를 반성하고, 다시 그런 꼴을 당하지 않으려면 어떤 일을 해야 할지 머리를 맞대고 고민하고, 필요한 행동을 취하는 일이다. 『중용中庸』이 이르듯, "화살이 맞지 않으면 쏜 나를 돌아보아야지, 과녁을 탓하겠는가子曰, 射有似乎君子, 失諸正鵠, 反求諸其身". 그렇게 한 다음, 비로소 상대방에게 책임을 물을 수 있고, 용서 또한 베풀 수 있고, 화해의 손길 또한 건넬 수 있다. 그것이 지혜이고 용기이다. 진정한 극일과 미국으로부터의 독립, 그리고 한반도의 통일은 결코 구호로 오지 않는다. 오직 실력으로만 온다.

힘은 억지력이 없으면 분출된다. 그리고 힘이 없는 나라는 짓밟힌다. 그것이 역사의 진실이다. 힘이 없으면 남의 힘을 빌리거나, 아니면, 맹자가 말한 대로, "작은 것이 큰 것을 섬기는以小事大" 현실적 지혜를 가졌어야 했는데, 조선은 이 가운데 하나도 변변하지 않았다. 허균은 밀려오는 왜군을 피해, 만삭의 아내를 데리고 북쪽으로 피난길에 오르다가, 길 위에서 아이를 낳고, 며칠 후 핏덩이와 아내를 한꺼번에 잃었다. 나는 그가 왜 서얼들과 어울렸고, 예교禮敎를 싫어했으며, 한사코 지방관을 자청했는지, 그리고 마침내 혁명을 꿈꾸었는지를 이해할 수 있다. 허균은 다음번엔 전쟁이 북방을 통해 들어올 것을 예감했다. 남쪽으로 오는 것은 시간을 벌 수 있었지만, 북쪽으로 기마를 타고 들어오는 적은 서울까지 한달음이었다. 인조 일행은 미처 강화도로 들어설 틈도 없이 길이 막혀 남한산성으로 들어섰다가, 추위와 기아, 두려움을 이기지 못하고 송파의 삼전도에서 무릎을 꿇고 아홉 번 머리를 땅에 찧는 굴욕적 항복을 했다. 그 와중에도 전쟁을 고집하는 사람들을 향해 지천 최명길은 이렇게 말했다. "오늘날 계책은 주화主和가 아니면, 주전主戰인데, 싸우려 해도 믿을 군사가 없고, 화和는 모두 싫어하니 일편고성一片孤城에 군부君父를 모시고, 종사 일을 장차 어찌하리까." 대신들은 항복서를 찢는 포즈를 취했고, 최명길은 그 종이를 다시 붙이면서 이렇게 말했다. "아아, 세상 사람들이 숭상하는 것은 이름名이지만, 그러나 신臣이 힘써 노력한 것은 실질實입니다."

補 | 평화는 전쟁의 막간interlude이다. 그래서 문화와 학문뿐만 아니라, 군사적 억지 능력이 상비되어 있어야 한다. 정조는 이렇게 탄식했다.

"문무文武를 병용하는 것이 국운國運을 장구長久케 하는 계책이다. 우리 동방도 의관衣冠의 찬란함에 있어서는 중국에 견줄 만하다. (…) 그러나 남북의 오랑캐는 서로 봉홧불로 놀래키니 군병軍兵을 단련하며 무략武略을 강론하여 불의의 사태에 대비함을 어찌 조금이나마 소홀히 할 수 있겠느냐. 그런데도 문인文人은 안일만 추구하고, 무인武人은 게으르고 잔약하다. 재상은 장부나 문서로 작록의 자료로 삼고, 장수는 훈련을 하잘것없이 여기니, 문한文翰이 땅에 떨어지고 도道가 상실되었다는 탄식을 한 지 하루이틀이 아니다. 만약에 변방의 독수리가 다시 오고, 바다의 고래가 또 움직여 사납게 날뛰기를 저 임진 병자의 때처럼 한다면, 지혜로운 자가 있어도 어떤 계책을 세워야 할지 모를 일이다. 생각이 이에 미치면 어찌 한심하지 않겠느냐."[13)

정조의 뜻을 존중하고 문무, 상하가 합심하여 대책을 강구했더라면, 서구 열강의 침범과 일본의 식민 지배를 막을 수 있었을 것이다. 카이사르의 말처럼, 진정 평화를 원한다면, 전쟁을 대비해야 한다. 우리는 준비 없이, 허균의 한탄처럼 '우연의 평화'를 믿다가 왜적에게 강산을 유린당했고, 망해버린 명을 업고 정치적 이득을 챙기느라 오랑캐로부터 만고의 치욕을 당하고 백성을 어육으로 만들고, 이후의 역사를 혼란과 부패, 무능과 무질서로 끌고 갔다. 이 교훈을 잊지 않아야 한다. 독일 다카우의 유대인 캠프에는 현대 철학자 조지 산타야나의 뼈아픈 경구가, 당시의 정황을 보여주는 끔찍한 사진들 위에 박혀 있다. "역사의 교훈을 잊는 사람들에게는 그것을 상기시켜주기 위하여 똑같은 일이 다시 한번 일어날 것이다."

아주 망하고 오랑캐의 식민지 노릇을 했으면 정신을 차렸을지도 모른다. 인조는 볼모의 수치 속에서도 청의 문물과 제도를 배우고 온 아들 소현세자에게 몰래 독약을 처방했다. 왕위를 아들에게 뺏길 것 같은 두려움과 권력욕이 천륜의 자식과 며느리, 손자까지 도륙하는 만행을 저질렀지만, 명분은 그럴듯했다. "우리를 도와준 명나라의 은혜를 저버리고, 원수의 나라에 호의를 보이는 패륜을 저질렀다"는 것이

---

13) 「문무文武」, 『홍재전서』 권48 책문策文 1 ; 『국역 홍재전서』 6, 민족문화추진회, 1998, 89쪽.

었다. 그 아우 효종이 아버지의 유지를 받아 북벌을 내걸면서 이미 망해버린 명나라를 만세의 정신적 지주요, 상징적 고향으로 삼았다. 그리하여 명분적 예교는 더욱 강화되었고, 신분제는 더욱 고착되어갔으며, 주자학의 독점적 권위 또한 삼엄하게 보호되었다.

이 상징적 해결, 복고적 지향, 당위적 억압의 길이 상층과 하층 사이에 의사소통을 불가능하게 했다. 위로 비합리적 권위가 공고화하는 그만큼, 아래에서는 저항적 분출력이 집단화하고 있었다. 이것은 불행한 대립이다. 그 사이를 이어주는 매개, 혹은 화해적 중추가 부재한 것이다. 신분과 문벌이 사회 경제적 특권을 보장하고 그 파이를 위해 그들만의 싸움을 계속하는 동안, 아래에서는 생존과 권익의 보호를 위해 배타적으로 결속하고, 비합리적 수단을 동원하게 되었다. 조선의 불행은 이렇게 권위와 저항이 정면 대립하고 충돌한 데 있었다. 거기 완충지대가 없었다. 위로는 경영이라는 기능을 통해 합리적 권위를 승인 받지 못하고, 아래에서는 시장의 자연 교환을 통해 적절한 보상을 받지 못하는 사이, 서구 열강은 강대한 무력과 증폭된 생산력으로 조선을 압박해 들어왔다. 우리는 당연한 귀결이지만 그 싸움을 감당하지 못했다.

더욱 불행한 것은 식민 지배가 내부의 분열을 더욱 극단적으로 심화시켰다는 사실이다. 그 시절 사람들은 저항 아니면 순응의 두 길 가운데 하나를 선택해야 했다. 모든 죽은 자는 영광이었고, 모든 살아남은 자들은 죄인이었다. 일제에 항거하여 혹은 죽고 혹은 다치고, 혹은 망명한 독립투사들은 민족의 영웅으로 추앙되었고, 그 불리한 체제

안에서 개인의 발전과 가족의 복지를 위해 노력한 소시민들은 해방이 되자 부끄러움에 시달렸다. 좌와 우의 분열은 이 연장선에 있다. 우는 매국노와 소시민들로 구성되어 있었고, 좌는 저항인과 소외인들을 대변했다.

6·25전쟁은 좌의 저항을 누르고 우의 권위를 높였다. 박정희 정권은 재야의 저항을 억압하고 관료와 상공인들을 축으로 경제적 성장으로 방향을 잡았다. 그 성공으로 인한 불평등의 심화가 저항적 민주화의 동력을 주었다. 과격은 안정의 사치이다Radicalism is the luxury of security. 권위가 무너지고, 주변이던 저항의 목소리가 중심을 장악했다. 김대중 정권은 마침 맞닥뜨린 경제적 위기로 하여 그 역전의 깃발을 충분히 올리지 못했다. 노무현 정권은 변화과 탈권위의 이름으로 얻은 저항의 목소리의 승리이지만, 그 열매를 누리기도 전에, 내외의 실사적 문제 해결의 요청 앞에, 어떻게 적응해야 할지 몰라, 당황하고 있다.

근세사는 식민과 해방, 정부 수립과 전쟁, 군사정권과 민주화정권의 굵은 굴곡을 거쳐왔지만, 그 패턴은 권위와 저항의 대립이라는 조선의 그것을 반복하고 있다. 다시 말하면 우리는 양반 귀족과 농민 봉기, 전체주의와 사회주의, 군사정권과 노동자의 힘의 두 극단을 오가고 있는 것이다.

저항에서 다시 권위에로 회귀할 수는 없다. 그것은 역사의 퇴행이고 불행한 반복일 것이다. 새로운 길은 그 둘 사이의 시계추를 반복하지 않고, 제3의 중도中道에 있다. 그 협화協和의 브리지는 합리적 실용적 사고의 지평에서 마련될 수 있다. 위의 권위를 경영으로 합리화하고, 아래의 저항을 생산으로 실용화하는 길이 그것이다. 이것은 진부하지만 새롭고, 근본적이면서 자연스러운 길이다.

그리고 다들 위기라고 하지만, 거시적으로 보아, 5천 년 이래 이만한 기회가 없었다. 근대화의 성공 위에, 권위의 억압은 가고, 저항의 시대는 지났다. 권위나 저항의 마인드로 지구촌 시대의 코드에 적응할 수는 없다. "말 위에서 천하를 통치할 수는 없다." 우리가 고민해야 할 것은 개인의 자유와 권리를 억압하지도 않고, 혁명으로 기존의 질서와 안정을 뒤엎지도 않고, 사람들의 삶을 향상시킬 수 있는 현실적 점진적 길을 찾는 일이다. 거기 몇 가지 원칙을 이렇게 말할 수 있다. 1)인간의 욕망을 두려워하지 말고 존중할 것. 2)지식은 도구이며, 실용적 목적을 위해 취사되고 개발 습득될 것. 3)사회의 도구적 목적에 자신의 능력과 기술, 정성을 제공하고, 그 반대급부를 정직하게 기대할 것. 거기서 오는 다양성과 차이를 인정할 것. 그리고 4)사회제도와 체제가 이 원칙에 따라 정비되고 구성될 것 등이다.

그런데, 그런데, 이 단순한 원칙을 받아들이기가 정말 어렵다. 지식인과 학자들은 2)에 약하고, 사회적으로는 특히 3)이 삶의 원칙으로 설득되고 체화되기 어렵다. 이 준비가 아니 되면, 4)의 장치가 효율적으로 마련되기 어렵다. 이 길을 내딛자면, 우선, 생각부터 일신해야 한다. 개인이나 집단, 정부와 민간이 이념이나 선입견 등의 '추상적 정신'을 걷어내자. 그런 다음 각자의 역할과 사무에 충실하자.

사람들은 언필칭 평등을 말한다. 다들 잘살게 되면 좋겠지. 그러나, 자연의 모든 것은 비대칭적이다. 인간세 역시 미시적 관계에서의 평등은 영원히 불가능한 꿈이고, 바람직하지도 않다. 인재를 아끼고, 능력을 존중하지 않는 나라는 희망이 없다. 그 안정과 성장의 여유가 약자와 소외자를 돕고, 사회의 어두운 구석을 비춰나갈 것이다. (나는 유교나 불교, 노장 등이 이 '객관성'에 필요한 기초 훈련, 즉 무사無私와 공정의 태도와, 전체를 보는 시각을 습득시키는 데 절실한 자원이라고 생각한다. 이 애기는 다음으로 미루어야겠다.)

실사구시實事求是에 우리의 미래가 있다.

물론, 나 역시 가난하지만 이웃과 정을 나눌 수 있는 세상, 지식보다는 지혜가, 경쟁보다는 친교가, 위계보다는 평등이, 이익보다는 정의가 강물처럼 흐르는 세상을 꿈꾼다. 그러나, 문제는 어떻게 그런 대동大同의 세상을 만들어갈 것이냐이다. 대동은 역사와 더불어 이미 깨어졌다. 공자도 그것을 알고 있었다. 우리가 기대할 수 있는 최선의 세상은 소강小康이다. 그곳은 각자가 자신의 분수에 따라 전체에 협력하고, 사적 일탈과 침탈에 대한 적절한 제도적 법률적 군사적 제어가 살아 있는 그런 세상이다. 이미 깨어진 세계에서 대동의 꿈은 소강의 튼튼한 바탕 위에서만 조금씩 피어나는 가녀린 꽃이다. 그것이 현실이다. 정전庭前에 백수자柏樹子, 그 선명한 현실을 우리가 환상이나 편견 없이 보게 될 날은 언제인가.

고혹

실학은 20세기 백 년, 망국의 위안이자 근대화의 동반자였다. 그 중심에 다산의
학문이 있다. 이 글은 2003년 11월에 하버드 옌칭에서 열렸던 제2회 다산학 국제학
술회의를 리뷰한 것이다. 발제들은 통념을 따르지 않고 있다. 그들은 지성사적 관점
에서 다산이 과연 근대를 지향한 지식인인지를 회의했고, 나아가 현재적 관점에서,
'다산이 21세기 환경과 생태의 시대에 제공할 수 있는 철학적 자원은 무엇인가'를
점검했다. 그동안 익숙했던 다산이 낯설어지고 있다.

2. 하버드 다산학 국제학술회의

2003년 11월에 하버드에서 제2회 다산학 국제학술회의가 열렸다. 이틀간의 발표와 토론을 거치면서, 이 대회의 리뷰를 해두면 좋겠다는 생각을 했고, 돌아오는 비행기 안에서 그 얘기를 꺼낸 것이 벌써 반년이 지났다. 시간이 흐르면서 발표의 내용도 희미해지고, 토론의 열기도 아득하여 그때를 재연하기는 힘들 것 같다. 커피 브레이크와 저녁식사에서의 사적인 이야기들, 학계의 뒷얘기며 연구의 고민들이 더 생생하고 흥미진진했는데, 안타깝게도 그런 것들은 지금 손가락 사이를 빠져나간 기억의 모래들이 되어버렸다.

그럼, 이제 어떻게 하나. 리뷰를 어떤 식으로 하는 것이 좋을까. 지금 남아 있는 것은 공식대회의 발표와 논평, 그리고 종합토론이다. 발표된 논문들은 『다산학』 제5호(다산학술문화재단, 2004)에 실려 있다. 주로 영문으로 실려 있어 우리말로 요약하고 정돈해주는 친절도 필요하다. 나는 거기 내 비평을 곁들이기로 했다.

대회에 참석한 사람들의 관점은 서로 다르고, 때로 충돌했다. 정통적 해석과 창의적 관점이 부딪치고, 지성사적 접근과 미래 전망적 평가가 엇갈렸다. 여기다 안에서 익힌 국학과 밖에서 보는 지역학 사이에 미묘한 갈등이 드러났다.

역시 이번에도 해결된 것은 아무것도 없다. 그러나 그 혼란스러움이야말로 풍요로움의 증좌이다. 내가 할 일은 그 목소리의 '차이'들을 정리해보는 일이다. 혼란스럽다고 그만 손 놓고 접어둘 수는 없지 않은가. 어디가 문제인지, 어떻게 다른지는 짚어주어야 하지 않겠는가.

다른 사람이면 이 리뷰를 다르게 쓸 것이다. 내가 새롭다고 생각한 관점과 흥미 있게 여긴 논지를 중심으로 이야기를 풀어나가고자 한다. 그러므로 이 글은 지극히 주관적인 것이다. 그 점을 숨기지 않으려 한다. 당연한 일이지만 내가 새롭다고 생각한 관점이 다른 사람에겐 심드렁할 수도 있고, 내게 인상적인 이야기가 다들 익히 알고 있는 정보일 수 있다.

장소는 하버드 대학 구내의 미국예술과학아카데미 1층 홀이었다. 넓게 라운드테이블만 놓여 있을 뿐, 일반 청중들을 위한 자리가 없었다. 발표자 토론자 사회자가 강당 앞줄에 도열하고 대중들이 두루 운집한 익숙한 풍경을 기대한 나는 처음에는 좀 놀랐다. 그런데, 이 배치가 전문가들이 논의를 집중적으로, 방해 받지 않고, 충분히, 심도 있게 하도록 해주었다.

배교와 유배—다산 1791~1801년

이 다산학 대회는 크게 두 파트로 나눌 수 있다. 1부는 지성사적 접근이다. 그 안에 세부 주제는 셋이다. 하나는 그의 신학이고, 다른 하나는 그의 과학이며, 하나는 그의 정치학이다. 이 셋은 서로 얽혀 있고, 발표자들도 그들을 연관시켜 다루고 있다. 2부는 미래 전망적 접근이다. 다산의 학문은 지금도 유효할까를 따진다. 근대 실학의 집대성자인 그는 이 포스트모던의 시대, 환경과 생태가 화두로 떠오른 지구촌 공동체 시대에 어떤 메시지를 전해줄 수 있을까.

다산의 '신학'을 본격 다룬 논문은 둘이다. 하나는 돈 베이커Don Baker 교수의 「다산, 가톨릭과 유교 사이 Tasan Between Catholicism and Confucianism: A Decade Under Suspicion, 1791~1801」이고, 다른 하나는 성태용 교수의 「계시 없는 하느님 The Heavenly God without Revelation in Tasan's Philosophy」이다. 여기서부터 얘기를 시작하는 것이 좋겠다.

베이커 교수는 다산이 유교도냐 가톨릭이냐에 대한 오래된 문제를 다루고 있다. 공식적인 배교 이후에도 그는 여전히 '비밀스런 가톨릭 secret Catholic' 이었던가, 아니면 '유교적 유신론자 Confucian theist' 였는지를 묻는다. 베이커 교수는 자신의 가톨릭적 배경에도 불구하고 다산을 그쪽으로 무작정 끌고 가려 하지 않는다. 그의 접근은 실증적 긴장 위에 있다. 논문의 초점은 그동안 잘 다루어지지 않았던 시기, 1791~1801년 사이에 다산과 그 주변에 실제 무슨 일이 일어났는가에 맞추었다. 이 논문은 위대한 철학자 다산 정약용보다 현실의 격랑에 부딪힌 한 지식인의 고뇌와 선택을 인간적으로 그려주고 있다. 그런 점에서도 새롭다.

1791년은 알다시피 윤지충의 분주폐제焚主廢祭, 신주를 불태우고 제사를 폐한 사건이 일어난 해였다. 인륜人倫과 강상綱常의 근본을 뒤흔든 이 사태는 교황청이 제사를 반기독교적이라고 판정함으로써 밀려온 해일이 조선 반도를 덮친 것이라고 할 수 있다. 교황청은 신의 대리인으로서 그 결정은 곧 천주의 명령이었다. 만일, 진정한 믿음을 가지고 있다면 그는 신주를 불태우고 제사를 폐해야 했다. 이 땅의 자생적 가톨릭 교도들은 아버지를 따를 것이냐 아니면 하느님을 따를 것이냐는 가혹한 선택에 직면하게 되었다. 사대부들은 대체로 하느님을 버리고 아버지를 따라 익숙한 유교와 그 관행으로 돌아갔다. 그런데 그렇지 않은 순금의 신자들이 있었다. 윤지충도 그 가운데 한 사람이었고, 그의 선택은 조선사회에 엄청난 충격을 몰고 왔다.

윤지충은 다산의 외사촌이었다. 그는 순교했지만, 다산은 그 파장이 자신에게도 미칠 것을 예견하고 있었다. 그의 젊은 시절 친구이던 이기경이 문제를 일으켰다. 베이커 교수는 처음 이기경은 그럴 의도가 없었다고 했다. 그의 다른 친구인 홍낙안이 관가에 발고하기를, "내 친구 이기경에게 듣자니, 그가 젊은 시절, 성균관에서 서학西學 책을 읽는 사람들이 많았다고 하더이다". 이에 불려온 이기경은 그것이 사실이며, 자신도 서학책을 여러 권 보았다고 증언했다. 누구누구가 그랬느냐는 심문에, 그는 이승훈의 이름을 거명했다. 다산이 이 소식을 듣고 불같이 화를 냈다. 이기경은 다산의 힐난을 오히려 억울해하며 이렇게 말했다. "나는 말을 신중하게 가려 했다. 여러 사람 이름을 댈 수도 있었지만, 다만 이승훈 하나만을 흘렸을 뿐이다. 내가 너를 빼주었다. 오히려 고마워해야 하지 않을까." 다산은 이 충정과 배려를 납득하고 일이 더이상 확대되지 않기를 바랐다. 그래서 이승훈의 동생 이치훈을 불러 타일렀다. "모든 것을 이쯤에서 다 털어놓고 용서를 비는 것이 좋겠다." 이치훈은 반대했다. 그는 자신과 형제에게 닥친 이 일을 어떻게든 피해가고 싶어했다. 그는 이 일을 임금이 이미 알고 있으며, 거짓으로 둘러대는 것이 그에게 누를 덜 끼치는 것이 된다고 오히려 다산을 설득했다.[1]

이승훈은 당연히 다산보다는 동생의 제안 쪽을 택했다. 그는 자신이 그런 삿된 책을 본 적이 없으며, 이기경이 자신을 모함했다고 증언했다. 결국, 이승훈의 전략이 먹힌 것처럼 보였다. 이기경은 북쪽 함경도로 귀양을 가게 되었다. 다산은 이 표면적 일시적 승리가 나중에 더 큰 화를 불러오리라고 예측했다. 그의 예측은 정확했다. 그는 이기경이 귀양 가 있는 동안, 가끔 그 집을 들러 생활을 살피고 제사에 쓸 비용을 보태주기도 했다.[2]

---

1) 아마도 이치훈은 사실대로 털어놓을 경우, 자신과 가족들이 받을 형벌이 두려웠을 것이다. 사실을 밝히는 것은 죽음은 아니더라도 파멸을 의미하기 쉬웠다. 그렇다고 다른 사람을 함께 엮어 들어갈 수도 없었다. 그것은 죄를 경감해주지도 않고, 사대부 사회의 비난과 추방을 감당해야 할지 모르는 일이었다. 그는 사태를 덮는 것이 자신과 가족을 위한 최선의 선택이라고 판단했을 것이다. 이 선택을 누가 나무랄 수 있겠는가.
2) 그러나, 북쪽 끝에서 찬 바람을 맞으며 분을 삭이고 있는 이기경의 원한과 울분을 달래주지는 못했을 것이다. 그는 4년 후 1795년 조정에 복귀하게 되었고, 당연하게도 당시 연루된 사람들을 고발하고 박해를 선도해나갔다. 그의 노력은 자신의 친위 지식인들을 보호하려는 정조의 바람벽 앞에서 자주 좌절했으나, 1800년 여름 정조가 죽고 나자, 본격적인 피바람을 몰아가기 시작했다. 다산의 예견이 적중했던 것이다.

이 10년 동안 다산은 유학적 지식을 과시하고, 정치적 능력을 입증하는 외에, 자신에게 씌워진 서학의 '혐의'를 벗기 위해 다양한 노력을 했다. 정조가 그를 금정찰방으로 보내, 그곳의 서학 교도들을 교화시키고 유교적 의례를 가르쳤다는 것은 잘 알려진 사실이다. 이 노력에 감복한 지방 유림이 1795년, 그를 한 불교 암자에 초빙하여 유교 의례와 철학적 문제를 강론하게 했다. 베이커 교수는 "여기서 다산은 자신이 다른 유생들과 마찬가지로 정통 유교도임을 분명히 하겠다고 나섰다"고 적었다. 이 시기에 다산은 이삼환과 더불어 성호 이익의 『주자가례朱子家禮』 가이드를 정리하는 등, 유교식 의례에 깊은 관심을 갖고 연구에 몰두하고, 그 성과를 공개해나갔다. 이 행동의 의미는 의심할 바 없어 보인다. 베이커 교수는 여기 또다른 증거를 보탠다. 이 무렵 다산은 아버지의 상을 당했는데, 이 일은 그의 정체성을 테스트할 분명한 시험대였다. 그는 맏이가 아니었지만, 공직에서 물러나 상례를 유교의 정통적 예식에 따라 3년 동안 경건하게 치렀다.

"다산은 아버지가 돌아가시자, 공직에서 물러났다. 다산이 만일 활동적 가톨릭 교도였다면, 아버지의 죽음은 그를 매우 위험한 지경에 처하게 했을 것이다. 그는 장자가 아니라서, 제사를 주관할 책임은 없었지만, 그 의식에 참여는 해야 했다. 그 의식 중에는 한국의 가톨릭 교도들이 영원한 저주를 받지 않으려면 해서는 안 된다는, 신주 앞에서의 절도 포함되어 있었다. 다산이 가톨릭의 순교자인 그의 외사촌 윤지충을 본받으려 했다는 기록은 없다. 그리고 가톨릭의 권위(교황청)가 금지한 유교적 상례를 꺼렸다는 기록도 없다. 그의 아버지의 죽음은 우연

찮게 그로 하여금, 그가 정통 유교도임을 증명할 기회를 제공했다."

나는 베이커 교수의 이 기술이 매우 균형 잡혀 있다고 생각한다. 이 점은 계속되는 혐의와 비방에 대해 다산이 그동안의 경위와 곡절을 적어 임금에게 올린 이른바 「자명소自明疏」에서 더욱 분명히 드러난다. 몇 가지를 감안하더라도, 이 글은 비교적 솔직하게 쓰였다. 거기 골자를 요약하자면 이렇다.

"나는 서학서를 읽고 거기 깊이 빠졌다. 그것이 파멸의 길인 줄 모르고, 진정한 도를 발견했다고 착각했다. 그때 나는 젊었다. 사리 분간이 아직 분명치 않을 때 아닌가. 그리고 그 당시 서학서들은 유행이었다. 천문, 역학, 농경, 수리에 대한 신기한 정보들을 많이 담고 있었기 때문이다. 다들 치기에서, 똑똑하고 박식하다는 소리를 들으려고 그 책들에 몰두했다. 과학기술뿐만 아니라 다른 측면에도 혹했는데, 삶과 죽음 이후의 약속, 엄격한 종교적 수련 등은 또다른 형태의 유교인 줄 알았다. 그런데, 나중 이런 것들이 정작 과거시험에는 별 도움이 되지 않는다는 것을 알았고, 알곡과 쭉정이를 가리지 않고 무조건 몰두하는 것은 대단 위험하다는 것을 알았다. 그리고 조상 제사를 폐하라는 얘기에 이르러 나는 깜짝 놀랐다. 내가 몰두하던 시절에는 그런 파천황의 반인륜적 교설은 없었다. 내 뼛속에는 한기가 돌았다. 1791년 윤지충의 분주폐제는 이 모든 사태를 선명히 해주었다. 거기서 말하는 사후의 약속 등은 불교의 혹세무민이었고, 거기서 말하는 자기 컨트롤은 도교의 신선 같은 엉터리였다. 그 이후 나는 서학과 손을 끊었고, 거기 물든 사람들을 적으로 돌렸다. 요컨대, 젊어 한때 거기 물든 적은 있으나 8~9년 전 무렵 나는 그것과 완전히 절연했다."

나는 이 고백을 의심할 이유가 없다고 생각한다. 그의 행보가 이 고백을 그대로 증거하고 있지 않은가 말이다. 그는 적어도 교황청이 인정하는 가톨릭 교도는 아니다. 그리고 당대 조선의 가톨릭 교도 집단에서도 분명 이탈한 사람이었다. 어느 편이냐 하면, 오히려 비판자에 가깝다. 이 전향이 그를 살렸다. 이 지점이 석연치 않았다면, 그 엄혹한 박해와 조작적 문초를 견디지도, 마침내 목숨을 부지하지도 못했을 것이다.

형 정약종이 주문모를 숨겨준 주동이라는 것이 밝혀지면서 그는 의금부로 끌려갔다. 베이커 교수는 여기서 다산이 "완전히 정직하지는 않았다"고 적었다. 형의 편지에서 나오는 '정약만'이 누구냐는 물음에, 그는 "모른다"고 대답했다. "15년 전 자신이 요한Yohan, John이라는 이름으로 세례를 받은 적이 있다는 것을 기억하면서도……"

다산은 며칠 뒤, 다시 심문을 받았다. 중인 계층의 가톨릭 교도 하나가 1780년대 다산과 더불어 서학 공부를 했다고 증언했다. 다산은 81년 이후에는 그런 적이 없다고 발뺌했다. 그 점을 설득하는 과정에서 그는 당시 사람들의 이름을 거명했다. 초기 가톨릭 지도자들의 이름들이 불려나왔는데, 거기, 다산의 매형 이승훈이 있었다.

이승훈이 불려와 취조를 받았다. "네가 서교에 오염되어 있다는데, 사실이냐." 이승훈은 거꾸로 다산을 걸고넘어졌다. "서교에 물든 것은 정약용 자신이고, 그가 원하길래 1780년대에 내가 세례까지 주었다." 베이커 교수는 이것을 이승훈의 '복수'라고 적었다. 얼마 후, 이 승훈과 정약종은 처형당하고, 다산은 유배되었다. 그는 "18년 동안 가족들과, 그리고 그가 그토록 갈망하던 서울에서의 관직으로부터 격리되어 있었다".

베이커 교수는 이렇게 결론짓는다. 서학과 유학이 본격 충돌하게 된 1791년에서 피비린내의 탄압이 시작된 1801년까지 다산의 말과 행적을 검토해보면, "1791년 이후에도 다산이 성실한 가톨릭 교도로 남았다는 주장에 훼손적이다". 그 근거로 그는, 1)다산이 젊은 시절 가톨릭에 몸담았던 것을 뉘우치고, 그것을 사학이라고 비난하는 것, 2)제사와 가례를 존중하고, 그 가이드를 직접 편집하는 데 나아간 점, 3)형제와 친척과의 절연까지 감수하며 가톨릭 교도들과 거리를 둔 점 등을 들었다.

그럼 다산은 "진짜 젊은 시절의 종교적 믿음을 완전히 버렸는가". 베이커 교수는 그렇지는 않다고 적었다. 그 증거로 그는 다산의 '유교 경전에 대한 유신론적 有神論的 주석 theistic commentaries on the Confucian Classics'을 들었다.

"그는 가혹한 심문 과정에서 살아남기 위해 안간힘을 쓰는 그 와중에서도, 초월적 인격으로서의 신이나 그를 보좌하고 있는 정령들에 관한 믿음을 비난하지 않았다." 다산은 가톨릭의 영향이 분명한 목소리로 재래의 주자학의 초석인 태극太極과 음양오행설陰陽五行說을 비판하고, 이기론理氣論의 프레임워크를 버렸다는 것이다. 베이커 교수는 그런 점에서, 엄밀하게 말하면, 다산이 가톨릭으로 남았느냐 아니냐에 대한 대답은 확실히 "예스 앤 노 yes and no"라고 적었다. 다산이

"조선의 교회 조직과 절연하고, 교황청의 명령인 제사 폐지에 동의하지 않았지만, 젊은 시절에 읽은 가톨릭 교리서들은 그의 삶 내내 지속적인 영향을 주었고, 그 결과, 그의 유교를 유신론적, 분석적, 실체 지향적으로 몰고 갔다. 이같은 다산 사상의 성격을 가톨릭이냐 아니냐로 규정하기는 어렵다. 너무 복잡하고 다면적이기 때문이다. 그는 다만 '다산'이었다".

베이커 교수는 여기서 더이상 나아가지는 않았다. 그는 여기까지는 실증될 수 있는 시기라고 생각한다. 그 이후, 유배를 떠나 18년, 돌아와서 18년의 기간 동안 다산의 심중에 가톨릭과 연관하여 무엇이 오갔고, 무슨 변화가 있었는지 그는 성급한 추론을 삼간다. 다만 그가, '유교 경전의 유신론적 해석'에 매달렸다는 것은 말할 수 있다고 했다.

계시 없는 하느님?

성태용 교수의 「계시 없는 하느님」은 바로 이 문제를 다루고 있다. 베이커 교수가 말한 '유신론적 경학 해석'의 중심에 놓여 있는 상제上帝를 다산은 어떻게 이해하고, 해석하고 있는가. 이 지점은 유교와 가톨릭 사이를 가르는 중심적 논제였기에 그동안 수많은 논란이 있었다. 성태용 교수는 이 까다로운 논제에 다시금 렌즈를 들이댄다.

주지하다시피 다산은 관조하는 삶via contemplativa이 아니라 행동하는 삶via activa을 지향했다. 그는 이 행사行事의 기획에 도움이 되는 것은 과감하게 수용하고, 거치적거리는 것은 신랄하게 치고 나갔다. 그로 하여 유학은 선비의 은둔에서 관료의 참여에로 옮아갔다. 사람들은 묻는다. 다산은 이 프로젝트를 위해 원시 유학을 표방하고 가톨릭의 상제관을 끌어들였을까. 아니면 원시 유학의 본래성을 추구하다보니, 도덕과 정치의 통합적 인간형을 재발견하게 된 것일까. 아니면 가톨릭의 믿음을 변호하고 거기 피와 살을 주기 위해서 원시 유학을 변용해 나간 것일까. 답은 쉽지 않다. 이 모두가 복합되어 있는지도 모른다.

성태용 교수는 다산의 상제관이 '서학의 영향'임을 솔직히 인정한다. "그는 아마도 기독교의 신의 관념을 원시 유교에 포함시키고 싶었는지 모른다." 그렇지만 성태용 교수는 그의 상제관은 기독교와는 다른 특징들을 갖고 있다고 말한다. 그는 그것을 "다산의 상제는 단순히 침묵하고 있다"고 격언조로 말한다. "다산에게 있어 가톨릭이나 계시는 찾아볼 수 없다."

이 단정은 논란이 될 수 있다. 성태용 교수는 이 점에 대한 다산의 입장이 일관되어 있지 않다고 말한다. 실제로 그는 다산의 상제가 "천지와 만물을 낳고 기르며, 인간의 길흉화복을 주관한다"고 하면서, 다른 쪽에서는 상제가 태극을 낳을 뿐, 나머지 천지의 운행과 만물의 생성 변화에는 간여하지 않는다고 하는 등, 애기가 달라진다고 의혹을 제기한다. 그럼 상제가 이 지상에 개입하는 정도는 어디까지인가. 다산은 그의 『주역周易』해석에서, 상제가 무無로부터 천지를 낳으며, 그 다음부터 천지는 물과 불 등의 사상四象을 낳고, 그리하여 팔괘八卦로 나아가는 자연론적 진행을 거친다고 말한다. 그럼, 상제는 우주 진행의 과정에 "직접 손을 대지는 않고 다만, 천지만물이 이 룰을 범할 때만 개입하는 존재인가".

만일 그렇다면, 다산의 자연관은 이신론理神論에 가까울 것도 같다. 하느님은 세상의 태엽을 감아놓았을 뿐, 시계의 톱니바퀴가 어떻게 도는지, 시침과 분침이 어떻게 짝을 맞추어가는지에 대해서는 잘 모른다.

주자학에서 『주역』은 자연의 패턴과 그 유기적 질서를 알려주는 책이었다. 다산은 그러나 기계에 불과한 자연이 인간의 길을 예시해준다는 것을 믿지 않았다. 그에게서 『주역』은 불확정적 상황에서 인간의 행동을 지시하는 초월적 메시지로 읽혔다. 기실 그것이 본래 『주역』이 만들어진 소이였을 것이다. 다산은 『주역』을 근본적으로 '점치는 책'이라고 말했다.

성태용 교수는 다산에게 있어 『주역』이 "상제의 마음을 읽도록 디자인된 예언서"였다고 말한다. "상제는 인간사에 직접 간여하지 않는다. 사람들은 상제에게 직접 물어볼 수 없다. 다만 『주역』이 보여주는 상징과 규칙에 따라 상제의 마음을 읽을 수 있을 뿐이다."

만일 이 말이 사실이라면, 우리는 또다시 곤혹에 빠진다. 실학의 대성자 다산의 입에서 나온 말치고는 너무 유치하지 않을까. 이 말은 승진이나 입학, 국회의원 선거 등 불확실한 사안을 두고 점집을 찾는 것이 당연하다는 말과 크게 다를 바가 없어 보인다. 다산의 일생은 험준하고 신산했다. 끊임없는 혐의와 비난에 시달렸고, 옥중에서 생사를 넘나들다가 겨우 건진 목숨으로 18년간의 희망 없는 세월을 견뎠으며, 몰락한 집안의 부서지고 삐걱거리는 궁기가 싫어 "차라리 유배가 풀리지 않기를 바란다"고 울먹인 그런 처절한 세월을 보냈다. 그런 운명을 감안한다고 해도, 『주역』의 갈피에 상제의 목소리가 실려 있다고 한 것은 너무한 것이 아닐까. 『주역』의 권유가 모호하고 추상적이긴 하나, 참고 준비하며 때를 기다리라는 덕성에의 권고가 주류이므로 굳이 폄하할 것은 없다 치더라도, 다산처럼 엄밀하고 명석한 두뇌가 이같은 비합리적 우연적 숙명론과 초월적 인격의 존재를 동일시하고 있는 것은 좀 곤혹스럽다.

성태용 교수는 다산에게 있어 "상제가 직접 인간사에 간섭하지 않는다"고 썼다. 그런데 이 말은 사실일까. 사실이라면, "상제가 천지와 만물을 창조하고, 키우고, 컨트롤한다"는 것과 배치되지 않는가. 더구나, 인간의 삶을 늘 감시하고 그 선악에 걸맞게 상벌을 내린다는 것과는 서로 모순되는 것이 아닐까.

이 점에 대해 다산은 분명한 얘기를 해주지 않았다. 실제 다산의 주장 속에는 서로 엇갈리는, 화해할 수 없는 것들이 많이 있다. 상제에 관한 주장도 그 가운데 하나이다. 성태용 교수는 다산이 어느 때는 상제가 인간의 도덕적 삶을 위해 '요청'되는 존재라고 했다가, 또 어디에서는 내적 경험을 통해 '확인'할 수 있다고도 하는 등, 엇갈리고 있다면서, 그가 이해한 상제가 도대체 어떤 존재냐고 의문부호를 붙이고 있다.

맞는 말이다. 그러나 그것을 어떻게 분명히 말할 수 있었겠는가. 다산은 말을 아니 한 것이 아니라 하지 못했다는 편이 맞겠다. 이 문제는 평생 자신을 따라다니고, 유배와 몰락으로 이끈 서학과의 혐의와 직접 얽혀 있다. 그는 자유로이 말할 수 없었다. 그는 원시 유교와의 든든한 연계 안에서만, 경전과의 직접적 보호끈이 있을 때만 단편적이고 간접적으로 자신의 상제관의 일단을 조심스럽게 보여줄 수밖에 없었다. 검열과 필화와 감시가 시퍼렇던 시절의 말들을, 지금처럼 종교의 자유가 보장되고, 권위에 대한 도전이 허용되는 현대사회와 동열에 놓고 논할 수는 없다. 안타깝지만 그게 당대의 현실이었다. 그 시대적 환경 속에서 발해진 조심스럽고 단편적이며 모호한 글들을 섬세하게 해독하고 힘겹게 이어붙여야만 비슷한 그림이 만들어질 수 있다.

다산의 상제관에 대한 찢어진 그림 맞추기는 아직도 진행중이고, 시행착오중이다. 크게는 두 방향이 있다. 유학의 밑판에서 작업하는 사람도 있고, 가톨릭의 바닥에서 작업하는 사람도 있다. 두 생각이 부닥칠 때 진실은 그 중간쯤에 있는 법이다. 나는 다산이 이 둘을 독자적으로 '절충' 했다고 생각한다.[3]

---

3) 그가 자신의 학문에 끌어다 쓴 자원들은 이 둘뿐만이 아니다. 공맹의 유학이 있고, 주자학이 있으며, 양명학이 있고, 청대의 실학, 그리고 일본 유학의 성과도 있고, 또 서양의 과학과 기술에 가톨릭의 신앙과 교리가 있다. 한 사상가 안에 이렇게 많은 요소들이 혼재하고 있는 경우, 혹은 종합된 경우는 흔치 않을 것이다. 그래서 다산의 학문에 대한 성격과 특징들을 두고 아직도 논란을 계속하고 있다. 노영찬 교수도 「다산에 있어서의 학(學)의 개념 *Tasan's Concept of Learning as an Anthropocosmic Process*」에서, 다산의 학문이 복합적이고 다多시각적 측면을 갖고 있다고 말했다. 이를테면 그의 학문은 원시 유학, 신유학, 청대 실학, 가톨릭 교리, 근대 서구 과학이 포괄되어 있다. 이와 함께 다산학을 보는 시각도 여럿이다. 그것을 그는 1) 송명 신유학에 대한 반발, 2) 청대 고증학과 실학의 영향, 3) 가톨릭 등 서학의 접촉, 4) 조선 후기의 정치 사회적 환경, 5) 그 자신의 독자적이고 창조적인 사고로 정리했다. 그는 아울러 다산을 주로 근대 실학의 관점에서 읽고 있는데, 포스트모던의 관점에서 읽는 것도 아주 중요하다고 했다. 그는 이 논문에서 다산의 학(學)의 과정이 근대 과학이나 계몽적 이성의 영역을 넘어서고 있다고 말한다.

상제의 성격에 관한 한, 나는 다산이 인격신의 존재를 분명히 믿었고, 그것을 언제나 가까이 느꼈으리라고 생각한다. 그 성격은 유교적이기보다 가톨릭적이다.

주자학은 알다시피 자연의 전체적 시스템, 그 규모와 항상성의 길에 '하늘'의 이름을 붙여주었다. 그것은 결코 인격은 아니다. 다산이 주자학의 체계를 건너뛰어 원시 유학을 표방한 것은 인격신적 믿음을 확보하려는 것이었다. 나는 다산이 원시 유학의 전적에서 인격신적 신의 관념을 유출해냈다기보다, 인격신적 믿음을 바탕으로 '원시 유학을 재구성' 해냈다는 편이 더 진실에 가깝지 않을까 생각한다!

상제에 대한 믿음을 일깨우고 확증시킨 것은 분명히 가톨릭이었다. 나는 그가 젊은 시절, '책을 읽은 정도가 아니라, 서교의 가르침에 혹했다' 는 「자명소」의 진술이 솔직한 고백이며, 그리고 공초 기록이 전하는 대로, 이승훈으로부터 '요한이라는 이름으로 세례까지 받았다' 는 것이 사실일 것이라고 생각한다. 그리고 그는 이 인격신에 대한 믿음을, 베이커 교수가 지적하듯이 공초 도중이나 나중에 부인한 적이 없다는 것을 유의해야 한다고 생각한다.

이 믿음이 어떻게 형성되었는지는 정확히 알려진 바 없다. 『천주실의天主實義』 등 서학서와 이벽 등의 전교에 의한 것일 것이라고 짐작할 따름이다. 그러나 그의 유일신에 대한 믿음은 『천주실의』가 전하는 바와 꼭 같지는 않다. 나는 종합토론에서 이 차이를 이렇게 말한 바 있다.

"다산은 마테오 리치가 『천주실의』에서 신의 존재 증명을 위해 펼친 논변에 대해 별다른 관심이 없었던 듯하다. 그의 믿음은 논리적이기보다 심정적인 것이었다. 다시 말하면, 그는 상제의 존재를 내 속에 존재하는 영성의 존재를 통해 직각적으로 이해했다. 실제 다산의 인간학과 도덕체계는 이 영명靈明, 혹은 도덕적 초월성의 발현을 축으로 구축되어 있다. 다산은 이 지점에서 유학과 가톨릭이 서로 만난다고 생각한 것 같다."

나는 주자학을 폐하려 함이 아니요, 완전케 하려 함이로다

김영식 교수는 이렇게 다산의 서학을 놓고 쩔쩔매는 우리들을 딱하게 생각한다. 「다산의 과학과 유교 전통 Science and the Confucian Tradition in the Work of Chong Yagyong」에서 그는 흡사 "너무 문제를 복잡하게 생각하는 것 아니야? 다산이 말한 것을 그대로 새기면 될 것을 어째서 뒷면을 두고 그리 무성한 소문을 내고 있지?"라고 묻는 듯하다.

그는 다산에 대한 서학의 영향을 과장할 필요가 없다고 말한다. 주자가 한때 불교에 빠졌다가 나온 적이 있듯이, 다산 또한 젊어 가톨릭에 심취했을 뿐이라는 것이다. 실제 다산이 그렇게 말했던 것을 기억한다. 그리고 한때의 그 혐의를 벗기 위해 그토록 애쓴 것도 앞에서 살핀 바 있다.[4]

---

4) 이 글을 쓰다가 다산의 시 한 구절을 만났다. "내 귀한 한 알 야광주를, 우연 오랑캐 장사꾼 배에 실었다가, 도중에 풍랑을 만나, 바다 속에 빠뜨렸으니, 이제 그 빛을 다시는 보지 못하네一顆夜光珠, 偶載賈胡舶, 中洋遇風沈, 萬古光不白."(「우래憂來」, 『여유당전서 與猶堂全書』시문집 권5)

김영식 교수는 다산을 유학적 전통 속에서 읽는다. 한 걸음 나아가, 다산의 학문이 통념과는 달리, 기본적으로 '보수적'이며, 그가 말한 새로운 것들은 거시적으로 '주자학적 전통' 안에 포섭될 수 있는 것이라고 썼다!

"(다산이 주자학적 개념들에 대해 다양한 비판을 하고 있는 것은 사실이다.) 그럼에도 불구하고, 다산은 전통 안에, 즉 주자의 신유학적 Neo-Confucian 시스템 안에 머물러 있다. 다시 말하면, 다산의 새로운 사고는 넓게 보자면, 주자의 체계 속에 통합될 수 있는 것들이다."

이것은 정말 다른 새로운 목소리이다. 다산! 하면, 우리는 금방 반주자학자, 그리고 혁신적 개혁가를 연상하는 데 익숙하기 때문이다.

다산을 어떻게 거시적 주자학의 범주 속에 둘 수 있을까. 김영식 교수는 다음의 세 측면을 제시한다. 1) '신학'의 측면에서, 앞에서 보듯 그의 상제관은 주자학의 전통을 벗어나 있지 않다. 2) '과학'의 방면에서, 다산은 주자학의 태극과 음양오행설 등을 비판하지만, 그에 대치되는 새로운 과학적 세계 인식을 내놓은 것은 아니다. 그는 사실, 과학에 대해 그다지 관심이 없었다. 3) 그의 관심의 초점은 '정치학'이다. 그의 다기한 개혁안에도 불구하고, 그가 생각한 사회 문화적 구상은 근본적으로 보수적인 것으로, 이는 주자학적 전통의 근간을 벗어나지 않는다.

이건 내 방식대로 정리해본 것인데, 그 세부적 이야기를 더 들어보아야 한다.

　신학　다산이 내세우는 상제만 해도 그것은, 성태용 교수가 말하듯이, 기독교적 신성이기보다 유학적 도덕성 위에 있다. 나아가 그 도덕성은 원시 유학에서뿐만 아니라, 주자학의 이理의 개념 속에 포섭될 수 있는 것이다. 다산의 종교적 측면도 어느 정도까지는 주자의 생각 속에 있던 것이다.

　과학　다산이 이전의 음양오행설이나 간지체계, 풍수나 관상술 등을 비판하고, 광학이나 조수 간만에 대한 새로운 관념을 표명한 것은 사실이다. 그렇지만, 다산이 "자연을 합리적 과학적 탐구의 객관적 대상으로 이해했으며, 미래기술과 과학의 진보를 위한 기틀을 마련했다"거나, 그가 "전쟁기술이나 선박 제조, 성곽 축조의 기술을 레벨업했다"는 찬사는 지나치다. 다산은 당대 누구보다 풍부한 서양의 과학지식을 갖고 있었지만, 그 지식의 전체 체계 자체를 심각하게 고려한 흔적은 없다. 그는 서명응이나 정제두처럼 그 과학적 인식의 성과를 전통적 인문, 혹은 경학체계 속에 통합시키려는 노력도 기울이지 않았다. 그는 이렇게 종교든 과학이든, 서학을 '필요하다고 생각한 만큼' 받아들였을 뿐이고, 이 섭취는 표면적이고, 부수적인 수준의 것이었다.

　김영식 교수는 내가, 그리고 우리가 무의식적으로 갖고 있는 '전부 아니면 무all or nothing'의 강박을 타박하듯 이렇게 말했다. "다산은 서학으로부터만 새로운 지식을 습득한 것이 아니다. 더 많은 것들을 선배 유학자들, 반계 유형원이나 성호 이익으로부터 배웠다. 그는 도움이 되는 실용적 기술은 무엇이든 배워야 한다고 생각했다. 이 선별적 취사 자체에는 하등 문제가 될 것이 없다. 누구든 이전의 자원에서 자신의 관심과 시대적 필요에 따라 적절한 자원을 취사선택하는 법이므로, 다산이 왜 서학을 전적으로 받아들이지 않았느냐고 묻거나 비난할 필요는 없지 않으냐."

그는 이런 모든 이질적인 것들의 섭취에도 불구하고, 다산의 과학은 여전히 주자학의 프레임워크 안에 있다고 했다. "비록 다산이 천天과 귀신, 음양오행과 그 관계에 대해 주자와는 다른 견해를 갖고 있지만, 사태와 현상을 보는 그의 견해 자체는 이전과 별로 달라진 바가 없다."

김영식 교수는 이렇게 된 근본 이유를 "다산이 과학에 별다른 관심이 없었기 때문"이라고 진단한다. 이 말은 좀 놀랍다. 사람들은 다산을 근대적 지평에서 읽는 데 익숙하며, 그 근대의 근본 특징으로 근대적 과학과 기술부터 꼽는 데 익숙하기 때문이다. 그런데 다산이 과학에 관심이 없었다? 김영식 교수는 다산에게 있어 과학은 '보충적'인 중요성을 띨 뿐이었고, 주된 관심 분야가 아니었다고 말한다. 의약 분야의 책도 "유배중에 책이 없어 들추어보았다"고 할 정도로 이차적 관심의 대상이었다는 것이다.

정치학 요컨대 그의 문제의식의 중심은 '정치의 실패'였다. 정치적 격변을 겪으며 유배된 몸으로, 백성들의 고통을 날마다 겪어야 하는 다산에게 '도학'이나 자발적 덕성의 실현은 둘째 문제였다. 그 와중에 '과학'이 이 문제 해결에 무슨 큰 도움이 되리라고 생각했겠는가.

김영식 교수는 다산의 학문적 프로젝트를 이렇게 요약했다. "다산
은 1)전통의 근본 바탕을 유지하면서, 2)서구 문화를 선택적으로 수
용하고, 3)다른 개혁안들을 보충하면 그와 시대가 당면한 문제들을
해결할 수 있을 것이라고 생각했다."

김영식 교수는 여기서 다산이 통념과는 달리 '보수적' 사상가라고
말한다. 이를테면 우리는 2)와 3)을 주목하는데, 그는 1)에 초점을 맞
추고 있는 것이다. "전통적으로 중요한 많은 것들이 다산에게 여전히
중요했다." 그가 상례와 제례에 그토록 집착한 것도 기존의 문화적 질
서를 더욱 공고화하려는 노력의 일환이라고 보아야 하지 않을까. 이
같은 진단에 마르티나 도이힐러Martina Deuchler 교수를 비롯, 대회에 참
가한 여러 교수들이 고개를 끄덕였다. 나는 다음의 글에 무릎을 쳤다.

"고립, 박해, 유배라는 추방의 정황에 놓인 사람들은 대체로 중심적
정통적 가치에 대해 비판적 태도를 취한다. 볼테르도 그랬다. 영국으로
추방된 그는 당대 프랑스의 기존 주류 가치를 과격하게 비판해나갔다.
그런데, 정약용은 달랐다. 그는 오히려 중심으로서의 유교적 가치를 옹
호하며, 유교적 토대에 더욱 열성적으로 집착했다. 그는 유배기간에도
스스로를 조선사회의 '아웃사이더'로서 생각하지 않았다! 그는 다른
남인학자들과는 달리, 자신을, 특히 유배기간에 더욱, '조선사회와 문
화의 수호자'로 자임했다. 다산은 전혀 혁명적이거나 우상 파괴적이지
않다. 지적 차원에서도 마찬가지이다."

이용주 교수도 「다산과 청대 학자들의 위인후爲人後론 *Tasan and Ch'ing Scholars' Understandings of Adoption and Succession*」에서, 다산을 섣불리 근대적 지향이나 과학적 선구의 측면에서 읽으려는 시도를 경계한다. "나는 다산의 학문적 작업에서 '직접적으로' 근대성의 여명을 발견하고자 하는 시도에 찬성하지 않는다."

그는 다산의 예학禮學을 다루고 있다. 그동안 실학자들의 예학은 주목되지 않은 분야였다. 아니, 기피되어왔다는 편이 맞는지도 모르겠다. 왜냐하면, 예학은 조선 주자학의 문화적 코드와 동의어였고, 실학은 그 위계적 번문욕례繁文縟禮의 소모와 억압을 쓸어낸 자리에 세운, 평등한 개인들의 법적 제도적 건축물이라는 암묵적 설정이 통용되어왔기 때문이다. 더구나 다산은 그 실학의 대표자가 아닌가. 사람들은 다산의 예학을 정면에서 다루기를 꺼렸다. 자신들의 기대를 여지없이 허물어버릴지도 모른다는 조바심과 우려가 그 논제를 피해가게 했다면 지나칠까. 그런데, 다산은 그의 경학 작업 가운데 누구보다 방대하고 치밀한 예학을 구축해놓았다. 그 범위는 정치적 문제가 된 예송에서, 상례와 제례, 그리고 상속과 입후立後에 이르기까지 광범위하다. 이용주 교수는 이 점을 두려워하지 말고, 정면에서 다룰 것을 권한다.

그는 "예학이 추상적 논변이 아니라 현실적 문제를 해결하기 위한" 현실적 도구이며, 사회적 갈등을 최소화하고 모순을 조화시키는 사회적 장치라고 강조했다.

나는 찬물 바가지를 맞은 듯 정신이 들었다. 조선 후기는 근대의 계약사회가 아니다. 아직 예가 질서의 중심으로 시퍼렇던 시절이었고, 다산 또한 이 현실 너머에서 추상적 유토피아를 꿈꾼 사람이 아니지 않으냐. 이용주 교수는 나를 포함해서 학자들이 무의식적으로 저지르는, 조선 후기의 실학을 서구 근대사회와 같은 지평에서 다루고 있는 태만과 무책임을 경고하고 있었다.

이용주 교수는 왕실의 후계에 관련된 다산과 청대 학자들의 논의를 다루고 있다. 예를 들면, 왕실의 후계가 적장자로 이어지지 않고, 방계에서 추대될 경우, 친부와 왕통이 서로 다른데, 여기서 과연 사적 혈연을 더 중요시할 것인가, 아니면 공적 책임을 더 중요시할 것인가, 이 둘을 조화시킬 방안은 있는가는 중국과 조선에서 늘 제기된 문제였다. 다시 말하지만, 이것은 '이론적' 차원의 문제가 아니라, 구체적 '실천적' 문제였다. 이것은 중국과 한국에서 공히 일어날 수 있고, 실제 일어난 유교 문화의 패러다임적 문제 상황이었다. 이용주 교수는 이 문제를 보는 모기령과 단옥재 등의 청대 학자들의 견해를 정리하고, 이에 대한 다산 자신의 의견을 살펴봄으로써, 다산의 학문이 동아시아 전체의 학문 지평과의 활발한 교류 속에서 형성되어간 것임을 알리고자 했다. 다산이 그 과정에서 참고하고 교류한 학문의 자원은 다양하고 전방위적이다. 송명 유학, 서학, 일본 유학, 청의 신진학술 등등이다.

그런데 이를 통해 귀착한 다산의 학문적 작업들의 목표는 무엇이었던가. 이용주 교수는 그것을 "유교적 세계의 해체 위기 앞에서 유교의 근본적 진리를 천명한 경학 전체를 재검토하여, 올바른 유교적 질서를 재정비하고자 하는 거대한 포부"였다고 썼다.

이 진단은 김영식 교수의 진단과 궤를 같이하고 있는 듯이 보인다. 다만, 이용주 교수는 그 의미를 '진보적으로' 보고 있는 듯하고, 김영식 교수는 '보수적으로' 보고 있다는 차이는 있다.

나는 이렇게 생각한다. '근대'와 '과학'이라는 선입견을 떠나 살필 때, 다산의 예학은 여전, 주자학의 그것과 별다른 차이를 느낄 수 없다. 이에 비해, 그가 정부 조직이나 지방 행정체계를 정비하고, 형법 제도와 국가 방위책을 건백할 때는, 주자학의 공동체주의적 예교 전통을 훌쩍 뛰어넘는 혁신 개혁가의 풍모가 두드러진다.

예학의 보수성 예를 하나 들어보자. 다산의 형님 정약전에게는 정실 부인에게서 난 아들 하나가 있었다. 그 학초學樵가, 아버지가 흑산도에 귀양 가 있는 사이에 그만 요절하였다. 그사이에 정약전은 현지에서 소실을 얻어 두 명의 아들을 두었다. 청상이 된 며느리와 살던 다산의 형수가 양자를 들이고 싶어했다. 그러나 명분이 없었다. 아버지 살아생전에 죽은 자식은 후사를 세우지 않고, 아우가 집안을 이어받는 것이 예법인데, 여기 서자든 적자든 상관이 없기 때문이다.[5] 그러나 형수의 심정은 절박하고 처절했다. 예법을 들어 말리는 학자 시동생에게 이렇게 말했다. "서방님, 살려주시오. 나와 내 며느리가 불쌍하지도 않소. 도와주지는 못할망정, 어찌 차마 내게 이렇게 하시오. 흑산도 그 양반에게는 아들이 있으나, 내게는 아들이 없소. 내게는 아들이 있다 해도 (흑산도의 아이들이 내 배로 낳은 자식이 아니라도 자식은 자식이겠으니) 과부 된 내 며느리에겐 자식이 없소. 이런 참혹한 지경에 예법이나 들먹인단 말이오. 예법에야 있건 말건, 나는 그 아이를

---

5) 정약용, 『뜬 세상의 아름다움』, 박무영 옮김, 태학사, 2002.

데려오겠소." 이 눈물과 원망의 편지에 다산은 물러설 수밖에 없었다. "형님, 저도 딱해 대답할 말이 없었습니다. 예법에는 어긋나지만, 좋은 일이기도 하니, 형님과 알아서 상의하라 했습니다." 집에 있던 다산의 부인이 오금을 박았다. "서방님, 인정을 살필 일이지, 다시는 예법을 운운하지 마십시오. 또다시 막고 나섰다간, 새끼줄 하나에 시어머니와 며느리가 함께 목을 매게 생겼습니다." 다산은 처음 이 입후가 예법에 없다는 것을 알리기 위해 고례와 금례를 치밀하고 상세하게 상고했다. 그 내용은 내가 따라잡기 힘들 정도로 복잡하고 까다롭다. 그런데, 어쨌거나 그 예법이 지금 보듯 별 쓸모가 없는 것이다. 나는 다산이 고증한 예법이 현실적으로 유효하고 적절한 해법이었다고는 생각하지 않으며, 더구나 그것이 모든 사람이 따라야 하는 유일한 정답이었다고는 더더욱 생각하지 않는다. 그가 실학에 보다 철저했더라면, 옛날 책을 그만 덮고, 현실적 정황에 맞는 실질적인 방책을 내놓았어야 하지 않았을까. 이를테면 자식 없는 과부들을 사회적으로 차별하지 않고, 재산 분배 등에서 불이익을 받지 않게 하는 등, 요컨대 그들의 노후의 생계와 위신을 보장해줄 사회적 인식의 전환과 법적 제도적 장치를 모색했어야 하지 않을까.

경세의 개혁성 김영식 교수가 인정하듯이 다산의 학문의 중심 영역은 역시 이 부분이다. 경세학에서의 그의 업적과 새로움은 우리가 익히 듣고 본 바이다. 가와시마Fujiya Kawashima 교수가 이 가운데 「다산의 지방정책 Tasan's Policy Vision for Local Communities: A Preliminary Inquiry」을 다루고 있듯이, 그는 지방의 토호들과 세족들의 전횡을 막고 책임

있는 관료에 의해 국가가 직접 지배하는 행정체제를 구상했다. 서얼들을 허통하고, 지방을 차별하지 않으며, 10개도 안 되는 문벌들이 권력을 독점하지 않고, 능력과 덕망에 따라 인물을 뽑고, 엄격한 인사고과를 실행하는 등, 지금 들어도 고개를 끄덕이게 하는 혁신적 관료체계를 구상하고 권고하고 있다. 이 지점은 '보수'라 하기엔 억울한 바가 있다.

김영식 교수는 그러나, 그것 또한 주자학의 내성외왕內聖外王의 본래 구상을 그리 벗어난 것이 아니라고 말할지 모르겠다. 실제 다산은 주자의 정치적 관심과 행정 능력을 크게 존경했다. 다만, 조선의 주자학이 용렬하고 고루하여, 그 규모와 의지를 충분히 뒤따르지 못하고 있다고 한탄했음도 사실이다.[6] 그렇다면 다산은 그의 탈주의 노력에도 불구하고, 여전히 주자학의 울타리 혹은 자장 속에 있다고 해야 할까, 아니라고 해야 할까.

다산은 생태와 환경의 시대에도 여전히 유효한가

이제 마이클 칼튼Michael C. Kalton 교수의 논문을 살펴볼 차례이다. 그의 논문 「다산과 맹자―현대 동서양의 접점을 향해서 *Chong Tasan*

---

6) 김영식 교수는 아마도, 조선 주자학의 대표 가운데 하나인 율곡을 실학자의 전범으로 보는 사람도 있다는 것을 예로 들고 싶을 것이다.

and Mencius: Towards a Contemporary East-West Interface」의 성격은 이제까지와는 좀 다르다. 그의 말대로 하자면, 그는 다산을 '지성사적' 관점에서가 아니라, '미래 전망적' 관점에서 다루고 있다. 당연, 시각도 독특하고 논지도 복잡하다.

내가 처음 기억하는 칼튼 교수는 20여 년 전 석사논문을 준비하며 찾은 「다산의 인간관 Chong Tasan's Philosophy of Man」(The Journal of Korean studies 3, 1981)이라는 논문의 저자이다. 그는 그후, 오랫동안 주자학 연구에 몸담아왔다. 퇴계와 율곡의 사단칠정에 관한 편지들, 그리고 퇴계의 대표작인 『성학십도聖學十圖』를 오랜 강독과 토론의 과정을 거쳐 영역하는 큰일을 해냈다. 그런데 나는 늘 그게 궁금했다. "그는 왜 다산학에서 주자학으로 관심을 이동해버렸을까." 이번 학술회의에서 나는 그 궁금증을 풀 수 있었다.

리뷰의 구성상, 여기 배치했지만, 실제 그의 발표는 대회의 맨 처음에 있었다. 대회 시작 때의 분위기를 참고 삼아 적어둔다.

대회 인사말에서 뚜웨이밍 교수는 옌칭연구소의 목표와 의미, 그리고 자신의 학문적 관심을 토로한 바 있다. "유교적 가치의 제고!" 그를 위해 다양한 분야의 사람과 다양한 전통의 목소리와 대화를 모색하고 협력을 기해나가겠다는 것이었다. 그런 점에서 이 다산학회는 중요한 의미를 띠고 있다고 했다. "다산은 박학하고 다식한 사람이며, 그 철학은 정치하다. 유교와 기독교의 종합이고, 과거와 현재를 이어간 창조"라고 운을 뗐다.

그러면서 자신의 관심과 연구소의 기획을 셋으로 정리했다. 1)도道,

the way, 유학의 중심적 가치를 발굴 해석하고, 2)학문learning, 유학의 계보학을 연구하며, 3)사회society, 현대사회에 유교적 가치를 구현할 제도와 관계를 구축해나가겠다는 것이었다. "하버드에 와서 동아시아에 귀 기울이도록 여러 노력을 하고 있는데, 다산학 대회가 그 국제화의 일환으로 열리게 되었다. 얼마 전 연구소가 75회 생일을 맞아 사흘을 축하했다. 이 대회는 그 축제의 연장이기도 하다."

이에 대해 다산학술문화재단을 대표하여 정순우 교수가 인사말을 했다. 대강의 취지는 이렇다. "다산학을 국제적 지평에서 논의하게 된 첫 자리라서 감개가 무량하다. 한국에서 다산 연구 성과는 1,500편을 넘는다. 특히 독창적인 경학 해석과 사회 경제적 개혁안에 대해 논의한 결과물들이 많다. 앞으로 비교문화사적 이해가 절실하다. 이를테면 일본 유학이나, 청대 학술, 서학과의 관계 등등. 나아가 다산의 사유가 인류 지성사에 갖는 의미를 살펴야 하는데, 이 대회가 그 점을 살펴주시기를 당부한다. 이번 대회를 계기로 옌칭연구소와 새로운 협력을 모색하고 싶고, 이번 성과도 책으로 묶었으면 좋겠다."

인사말이 끝나자, 첫 발제자인 칼튼 교수는 이렇게 운을 떼었다. "영광이다. 이 자리에 옛 친구도 있고 새 친구도 있다. 한국에서 오신 분들, 어려운 보안 상황 속에서 힘든 검색을 거치며 이 자리에 오셨다. 시차도 그렇고 피곤하실 것이다. 더구나, 남의 나라 말로 발표하고 토론하는 것이 얼마나 어렵겠는가. 나도 그 심정 안다. (…)
내 논문은 꽤 길다. 복잡하고 해서, 취지를 설명해나가기로 하겠다. 내가 다루는 주제는 지성사intellectual history는 아니다. 나는 20년을 지성사 연구에 몰두해왔다. 그러나 지금 내 관심은 '역사'가 아니라 '미래'이다. 구체적으로 지난 10년간, 동아시아의 철학과 현대 과학의 만남에 대해서 연구해왔다. 뚜웨이밍은 사회이론에 관심이 있지만……"

　　그렇다. 관심의 초점을 역사에서 미래로 옮기면, 대상을 보는 관점과 다루는 방법에 있어 큰 변화가 생긴다. 그중 가장 큰 것 가운데 하나가 편협한 계보학과 당파적 호교론을 떠날 수 있게 된다. 그럴 때, 우리는 "그래서 어쨌다는 것이냐"라는 무례한 물음에 대해, "그 현실적 의미와 중요성은 이렇다"라고 대답해줄 수 있다.

　　우리는, 어느 편이냐 하면, 다산의 사상도 또한 그 '지성의 역사'에서 살펴왔다. 그가 살았던 현실에서 그는 어떤 사상을 섭취했으며, 무엇과 대결했고, 그리하여 그는 무엇을 남겼느냐를 파고들었던 것이다. 그 대답들은 "주자학 독존의 풍토에서, 서학의 영향과 청대 고증학, 일본 유학의 영향을 받아 새로운 인간학과 사회과학을 세웠다"라는 프레임워크 속에 있다. 그런데, 거기 근본적인 물음이 남아 있다. "그런데 그 다산의 이야기는 지금도 유효한가, 유효하다면 어떤 점에서 그런가."

　　노영찬 교수와 칼튼 교수뿐만 아니라, 우리가 공히 인정하는 대로, 다산의 기획은 근대적 성격을 갖고 있다. 그것은 육신에 깃든 이성의 기능을 전면에 내세워, 개인의 능동적 선택으로서 도덕을 찬양하고, 사물과 환경을 이용하는 기술을 개발하며, 사람들의 행동을 제어하고 조작하는 사회적 제도와 법률의 제정에 몰두하는 계몽적 기획이다.

이 기획은 이제까지 '실학'의 이름으로 높이 평가되어왔다. 그런 점에서 실학은 분명 있다!

그런데, 그런데, 시대가 바뀌었다. 지금은 근대가 몰고 온 물질문명의 한계와 그 부정적 측면에 대한 우려와 비난이 낭자한 시절이다. "우리는 우리 자신과, 우리 주변을 잘못 생각해왔는지도 모른다." 환경과 소외가 이 시대의 키워드가 되었고, 그것을 야기한 주범으로 계몽적 이성의 폭력이 심문대로 끌려오게 되었다. "자연을 타자로 대상화하고, 그것을 고문함으로써 인간은 거꾸로 자기 자신으로부터도 소외되어버렸다." 니체와 하이데거가 이같은 역설적 인식 위에 근대의 주체를 넘어서는 초인과 존재의 이상을 선포하고 있다. 포스트모던의 이름으로 다양한 코드들이 실험되고 있고, 트랜스버설리티transversality의 다양한 접목이 지구촌에서 일어나고 있다. 칼튼 교수의 논문은 이같은 저간의 사정을 배경으로 깔고 있다.

칼튼 교수는 최근 10여 년간 동아시아의 전통적 사유와 현대의 전체주의적 시스템적 세계관holistic systems world view 사이의 만남을 주선해왔다고 고백하고 있다. 이 시도는 일찍이 조지프 니덤Joseph Needham이 본격적으로 시작했고, 그 성과가 『중국의 과학과 문명Science and Civilization in China』이라는 기념비적 시리즈로 이어진 것을 기억한다. 의아해하는 우리들에게 프리초프 카프라Fritjof Capra는 『현대 물리학과 동양사상 The Tao of Physics』에서 같은 취지를 대중적으로 설파한 바 있다. 우리는 처음 얼마나 놀랐던가. 우리가 탈피하고자 했고 버리고자 했던 그 지긋한 전근대적 사유가 최첨단의 물리학과 나아가 인류의 미래에 빛을 던져줄 사고를 선취하고 있다는 그 전언에…… 지금은 익숙해진 듯하지만, 그러나 그 실험은 이제 시작이고, 성급한 환호는 금물이다. 이 접목은 아직 초보적 단계에 있고, 무엇보다 그 만남의 향연에 들고 나갈 잔치음식을 우리는 아직 푸지게 준비하지 못했다. 전통은 이제 서양보다 더 낯선 무엇이 되어버렸다. 거기 닿기 위해서는 서양을 이해하는 수고보다 더 험하고 굴곡 많은 길을 걸어야 한다.

칼튼 교수는 이리로 난 작은 길을 탐색해왔다. 『퇴계 율곡 왕복서往復書』와 『성학십도』의 영역도 그 도정의 산물이다. 그는 완연히 주자학을 자임하는 선비의 풍모를 하고 있다.

그런 그에게 다산은 곤혹스럽다. 이해가 되겠는가. 그의 고백대로 "다산은 주자학에서 현대 과학과 접목될 수 있는 요소들을 다 걸어내버렸다. 내가 중요하게 여기는 모든 요소를". 이 대목에서 그는 슬픈 표정으로, 우리말로 "마음이 아파요"라고 해서 주위를 숙연히 웃겼다. 칼튼 교수의 말은 이어진다.

"서구에서의 종교적 전통은 이런 포스트모던의 대세를 따라 기본적 교리를 수정 적응해나가고 있다. 그 흐름들은 인격의 유일신으로부터의 탈피를 주조로 하고 있다. 기독교 근본주의자들은 펄쩍 뛸 일이지만, 과정신학이나 환경신학, 그리고 우주의 이야기를 말하는 토머스 베리 같은 사람들은 비유일신적 종교 전통 위에서 예를 들면 불교와 더불어 깊은 지적 대화를 나누고 있다. 이 마당에 사람들은 주자학을 주목하지는 않고 있다. 그 전체적 자연주의와 도道를 매개로 한 자기 조직적 우주라는 사고가 현대의 시스템적 사고에 든든한 다리를 놓아줄 수 있음을······"

각설, 그런데 주지하다시피 다산은 이 흐름에 완연히 역행한다. 다산이 그의 온 힘을 들여 비판하고 있는 타깃점이 바로, 칼튼 교수가 미래의 공유접선이라고 생각하는 주자학의 우주-인간 동형론적 Anthropocosmic 사고였던 것이다. 그럼, 다산은 끝났는가. 그의 사고는 더이상 유효하지 않은가. 그의 의미는 한때 있던 지난 역사의 광휘일 뿐인가. 그는 이제는 봉인되어야 할 골동인가. 칼튼 교수는 여기서 "잠깐!"이라고 외친다. "다산은 그렇게 쉽게 버려도 좋을 사람이 아니다."

칼튼 교수는 다산을 이 곤경에서 건질 시도를 한다. 내가 '라이언 일병 구하기'라고 농담했던 그 시도는 주자학과 현대의 시스템적 사고 사이에 있는 균열을 찾아내는 것으로 시작한다. 칼튼 교수는 그렇게 낸 작은 탈출로 속으로 다산을 밀어넣는다. 그의 전략은 이렇다.

"동아시아의 노장이나 불교, 주자학과 시스템적 사고에는 비대칭성이 있다. 그들은 그냥은 쉽게 만나지 못한다. 노장이나 불교, 주자학은 현대의 물리학과 화학, 생명과학과 직접 만나지 못하고, 또 한편에서 시스템론적 사고는 노장이나 불교, 주자학이 갖고 있는 윤리적 차원과 영적 개발에 있어서 이제 초보 단계에 있다. 둘 다 한계가 있고, 그렇다고 이 둘을 억지로 접목시킬 때 둘 다의 장점을 훼손할 위험도 크다. 이 지점에서 다산을 주목할 필요가 있다. 그는 정주학의 체계는 허물었으되, 윤리학과 영성을 그대로 보존했다. 사람들은 이것을 리치Ricci류의 '유신론적 윤리학과 영성'이라고 말하겠지만, 그러나 이 규정은 상세하게 점검될 필요가 있다."

칼튼 교수는 두 마리 토끼를 다 잡기 위해 『맹자孟子』를 텍스트로 잡았다. 그는 『맹자』가 현대 시스템론적 사고에 결여된 윤리와 영성을 보완하고, 동아시아 사고에 결여된 시스템론적 사고를 발굴하기 위한 좋은 지침이라고 생각하고 있다. 그는 『맹자』가 자연이나 우주에서가 아니라, 사회에서 창발되는 '자기 조직적 시스템'의 훌륭한 예를 보여주고 있다고 말했다. 예컨대, 선함은 선함끼리, 욕망은 욕망끼리 바이러스처럼 가역적으로 다차원적으로 전달되어 전체의 사회 시스템의 성격을 구성한다는 것, 그 감화는 특히나 바람이 불면 풀이 눕듯이 위에서 아래로 빠르고 확실하게 전달되듯이…… 이 해석은 칼튼 교수의 독자적 설명이지만, 우리는 다른 이름으로 교화니 모범이니, 수신제가치국평천하니 하는 재래식 이름으로 익숙하게 듣던 것이라고 할 수 있다. 그런데 그동안 우리는 근대식 분절적 기계적 인과론에 익숙해 있어, 유교가 주창하는 이런 종류의 감응적 사회동력이론에 늘 회의적이었는데, 칼튼 교수는 이 지점의 적극적 의미를 발굴 확장해나가고자 한다.

칼튼 교수는 그러나 다산이 『맹자』의 이 측면에 그다지 주목하지 않았다고 아쉬워한다. 그는 다산의 『맹자요의孟子要義』가 지나간 역사적 사실에 대한 상세하고 복잡한 문헌적 고증과 주석으로 가득 차 있고, 인간의 본성과 기능을 해석할 때도 창발적 자연주의보다 과감한 신학적 설명에 의존했다는 것이다. 그 역시 다산의 이 유신론적 시각은 리치에게서 배운 것이라고 말한다. 그렇다면, 다산은 리치의 아류이고, 숨은 가톨릭의 전파자인가. 칼튼 교수는 그렇지는 않다면서 둘 사이의 차이를 보여주려고 애쓴다. 칼튼 교수는 이광호 교수의 말을 인용하여, "리치가 가톨릭을 유교의 의상으로 감쌌다면, 다산은 유교적 가르침을 유신론적 의상으로 감쌌다"라고 하여 유학자로서의 다산을 보여주고 싶어하지만, 아쉽게도 그가 점검한 대부분의 증거는 리치 쪽에 친화적인 것들이다. 그래서 곤혹스러운 바가 있다. 그는 이렇게까지 말한다.

"다산은 그 자신이 서양에서 영향 받은 해석의 렌즈를 『맹자』에 들이대고 있는 게 아닐까. 주자학의 『맹자』 해석이 인도 불교의 일원론적 영향이라면, 다산은 리치에게서 영향을 받아 이원론적 교설을 창도했다. 초월적 창조주로서의 신, 영혼, 인간에게만 고유한 이성과 자유의지 등이 그것이다. 그런데 이 이원론적 해석이 일원론적 해석보다 맹자의 본의에 더 가까운 것일까. 다산은 주자학이 맹자를 한쪽 방향으로 구부리고 있다고 생각하는데, 그 혐의는 맹자를 자기 식으로 구부리려는 의도가 아닐까. 아니면, 또 혹, 맹자에 대한 선택적 프리즘을 통해 자신이 리치에게서 배운 바를 구부리고 있는 것은 아닐까."

아직, 칼튼 교수는 라이언 일병을 구하지 못했다. 리치와 다산 사이의 차이와 변별을 분명히 지적해내지 못한 것이다. 그가 다산의 상제와 서학의 천주 사이에서 찾아낸 변별점은 하나다. 그는 다산이 인간사든 우주사든 주관자와 책임자가 있어야 질서와 규율이 잡힐 것이라고 한 말을 주목한다. 칼튼 교수는 여기서 다산이 말하는 '주재主宰, oversight'가 가톨릭에서의 신의 권능과는 좀 다른 성격이라고 말한다. 그것은 유대교나 이슬람, 기독교가 말하듯이 인간에게 명령을 내리고, 거기 복종하고 순종하기를 바라는 타자로서가 아니라, 오히려 맹자가 제시하고 주자학이 보여주는 자기 조직적이고 자기 규범 부여적 질서 쪽에 가깝다는 것이다.

그런가? 라고 묻고 있는 사람들에게 칼튼 교수는 다음과 같은 중요한 참고를 제시했다. 다산은 초월적 상제를 말하지만, 그 상제는 기독교의 신처럼 아브라함에게 "너의 아들을 번제로 바치라"는 명령을 내리고, 그 복종을 요구한 적이 없다. 상제는 자신의 불가해한 의지에 무조건적으로 복종하도록 사람들을 내몰지 않고, 어디까지나 개인의 정상적인 선악 판단을 존중한다는 것이다.

칼튼 교수는 이렇게 다산에게서, 우리가 통념적으로 강조해오던, 상제의 초월적 입법자로서의 무게를 상당히 덜어내 그것을 개인의 내면적 규율 쪽에 보태주었다. 그는 이 작은 조치를 통해 다산을 가톨릭의 협의에서 유교의 트랙으로 들어서게 만들었다.[7]

---

7) 지금 우리가 논의를 다산의 상제관 주변, 좀더 나아가면, 기계적 세계관과 계몽적 이성에 관련된 측면들에 한정하고 있다는 것을 유의시켜둔다. 앞에서 보았듯이 다산은 리치의 영향에도 불구하고 근본은 '유학자'이다. 김영식 교수와 도이힐러 교수가 규정한 대로 다산의 사회사상과 문화이념은 도저하게 유학적이고 정통적이다! 나는 이 보수적 지점이 다산으로 하여금 "마음 깊이 혹했음에도 불구하고" 서학에 대해 배교를 선언하게 한 동기라고 생각한다. 도이힐러 교수가 커피 브레이크 때 한 다음과 같은 말을 나는 아직 기억하고 있다. "한국 학자들이 조선사에서 늘 새롭고 특이하고 달라진 것만을 찾으려고 애쓴다. 실제 조선사회와 역사의 근간은 별로 달라지지 않았는데도 불구하고……"

칼튼 교수의 결론은 이렇게 요약될 수 있다. "다산은 신의 초월적 의지보다 개인의 자발적 도덕감에 기초한 사회동력학을 제창했다. 이것은 플라톤 이래의 철학 전통에서 현대 시스템론적 세계관에 이르기까지 고집하고 있는 불변하는 규범, 닫힌 패턴을 넘어 끝이 열린, 창조적 형성의 자기 조직적 시스템 과정의 모형을 제시했다는 데 큰 의미가 있다. 이런 점에서 보면, 다산은 주희의 형이상학은 물론, 신적 감시도 불필요한 제3의 길을 보여주고 있지 않은가 하고 생각한다."

내가 칼튼 교수의 논지를 오해하고 단순화했는지도 모른다. 그러나 분명한 것은 그가 1)다산에게서 가톨릭적 유신신의 의미를 탈색시키고, 대신 2)다산의 사회공학이 지니고 있는 자기 조직적 성격을 부각시켰다는 것이다. 이렇게 칼튼은 전자를 통해 유신론적 신학의 곤혹을 덜고, 후자를 통해 현대 시스템론의 결여를 보충해나가고자 했다.

다산은 역시 근대에 어울리는 합리적 계몽주의자

이 해석은 새롭고 신선하며, 앞으로의 심화와 점검이 필요하다. 그리고 많은 논란이 예상되는 곳이기도 하다.

칼튼 교수의 다산 해석에 대해 나는 이렇게 생각한다. 앞의 논점 두 가지에 한정해서 논의해보면,

1)다산이 '이성이 동의하지 않는 상제의 명령'이라는 관념을 생각할 수 없었다는 칼튼 교수의 판단은 옳다. 그러나 삶의 불확실성과 죄의 개념, 그리고 영육의 갈등을 끝없는 전쟁터라고 생각한 점에서 다산은 완연히 기독교 신학적이다. 어떤 유교도 삶이 그토록 격렬한 도덕적 혈투의 마당이며 여기 휴전은 없다고 말한 사람은 없다. 그 전쟁은 반도이폐半途而廢, 죽어 넘어져야 비로소 끝나는 그런 것이었다. 다산은 공자의 가장 큰 매력 가운데 하나인 유희 정신을 결여하고 있다! 그는 웃지 않으며, 그리고 메마르고 긴장되어 있다. 그의 관심은 늘 '정치'에 있으며, 그 좌절감과 절치부심이 유배의 절망 속에서도 그를 지탱하게 한 힘이다.

그는 흑산도, 그 무섭고 참혹한 이름의 섬에서 좌절하고 있던 형님을 향해 소리쳤다. "형님, 살아남아야 합니다. 들개라도 잡아드십시오. 제가 어떻게 요리하는지 일러드릴게요." 그는 자신을 변호하기 위해, 천주학쟁이의 낙인으로 끝끝내 몰락하는 것이 억울해서, 유학의 경학과 경세학에 매달렸다. 이것은 내 말이 아니다. 아들들에게 써보낸 피맺힌 절규이다. 그의 삶은 가혹한 시험대 위에 있었다. 그는 퇴계처럼 스스로 물러날 수 있는 행복을 누리지 못하고, 강제로 남쪽 끝으로 내동댕이쳐졌다. 집안은 풍비박산되었고, 자식들의 앞날도 참담했다. 그런 그가 퇴계처럼 자연과의 합일을 노래하고, 마음의 본래 고요를 기르는 행복을 누릴 수 있겠는가. 관조적 삶은 다산의 몫이 아니었다. 그의 본래 기질과 성격이 그런데다, 정치적 격변이 그로 하여금 더욱 행동적 삶의 철학을 고취시키게 했다. 그의 사고는 그의 삶의 직접적 투영이다.

안개처럼 불확실하고, 적이 누군지 불분명하며, 가까운 배신과 적
의에 식은땀을 흘리고, 그 자신 본의 아니게든 살아남기 위해서든 친
구와 친척을 고변해야 하는 절망적 죄를 짓고, 그것을 상처로 끌어안
고 회개해나가는 삶의 한가운데에서 위로와 은총, 감시와 징벌의 손
으로서의 초월적 절대적 존재가 그의 가슴속에 있지 않았다면 나는
오히려 그것이 이상하다고 생각한다. 분명 다산은 그분의 존재를 믿
었다.

칼튼 교수는 그런데, 다산이 그 존재를 합리적 상식적 도덕의 명령
자로서만 이해했다고 말한다. 그 점에서 다산의 상제는 기독교의 신
이 아브라함에게 네 아들을 번제로 보내라든가, 욥의 믿음을 실험하
기 위해 그를 극단의 질병과 절망적 고통 속으로 밀어넣는 그런 변덕
스럽고 불가해한 입법자와는 다르다고 말한다. 그러나 그 진단은 '운
명 앞의 무기력한 인간'이라는 종교의 근본 계기를 간과한 것이 아닌
가 한다. 주자학자들은 스토아처럼 자연과 섭리 앞에서 초연하기를
가르친다. 나에게 닥치는 것은 자연의 유기적 질서의 일부이니, 이불
리利不利, 호불호好不好를 따지지 말고 그저 받아들이라고 한다. 그러
나 다산은 자신에게 닥친 불합리한 운명을 그대로 받아들일 수 없었
다. 그는 이 운명의 끈을 쥐고 있는 상제의 뜻이 대체 어디에 있는지
알 수 없어한다. 그의 『주역』 해석에는 바로 이런 의문과 항의가 들어
있다. 그리하여 주자학이 『주역』을 통해 자연과 인간이 엮는 유기적
질서의 위치를 이해하고, 그 상황에 따른 적절한 '머무름止'을 찾고
자 노력하는 데 비해, 다산은 육중하게 침묵하고 있는 저 너머의 숨겨
진 뜻을 읽기 위해 『주역』을 보고 '점'을 친다. 물론, 자신은 그렇게

하지 않는다고 말하지만, 나는 그가 두려움과 절망과 죄의식에서 수 많은 점을 쳤으리라고 짐작한다.

운명에 대한 인식과 대응은 문화와 사상마다 다르다. 그리스의 운명 관은 오이디푸스의 예에서 두드러진다. 니체는 그 운명을 비극적 영웅 주의로 끌어안는 운명애Amor fati를 제안한다. 그러나 합리적 마인드를 가진 동아시아인에게는 선한 사람에게 닥친 불행한 운명을 납득하고 소화시키는 문제는 간단하지 않았다. 불교라면 전생의 죄업으로, 그리 고 우리 모두가 만든 공업共業의 결과로 받아들이길 바라지만, 유학에 서는 그런 아득한 설명이 통하지 않았다. 사마천은 바른 소신에서 고 립무원의 이릉을 변호하다가 죽음보다 더한 궁형의 치욕을 받고, 그 울분으로『사기史記』를 썼다. 그 열전의 맨 앞에 백이숙제가 있는 이유 는 무엇일까. 그가 역사에 던진 물음은 이것이다. "왜 착한 사람들이 불행하게 죽어가야 하는가." 정도전 또한 유배와 영락을 거치며, 하늘 에게 묻는다. "선악의 보답이 왜 거꾸로 뒤집혀 있는가. 어째서 선한 자가 화를 입고, 악한 자가 복락을 누리는가. 도무지 그 이치를 모르 겠다其善惡之報, 亦有顚倒. 善或得禍而惡乃得福. 福善禍淫之理, 有所不明. 상제시 여, 어디 속 시원히 말 좀 해주시오." 이에 대한 정도전의 대답은 거의 스토아적이다. "네가 잘못하면 우주 자연의 전체 시스템의 조화와 안 정이 위협 받는다. 그 이理는 조용하고 느리게 반응한다. 기氣가 한때 발호하는 것 같으나, 그것은 일시적일 뿐 무심인 이理의 자연이 그 일 탈을 평정해나갈 것이다. 음란한 자는 그래서 끝이 좋지 않다. 선인은 나중 반드시 좋은 일이 있을 것이다."

다산은 이理를 믿지 않았으므로, 산이 깎여 골짜기를 메우듯, 인간의 선악이 후세의 역사적 평가를 통해 제자리에 놓이거나, 아니면 세월과 더불어 첨예하던 은원들이 바다로 돌아가는 큰 스케일의 자연론적 믿음이 약했다. 그것은 너무 멀리 있었고, 당대에 자신이 받은 좌절이 너무 억울했고, 아들 손자 들의 앞에 놓인 폐족廢族의 운명이 너무나 참담했다. 다산은 이같은 불합리한 응보가 신의 불가해한 의지, 자신도 알 수 없는 역사役事의 증거라고 믿고 싶어하지 않았을까. 그렇지 않으면 그가 그 절망의 세월을 어떻게 견뎠겠는가.

나는 지금 칼튼 교수의 주장을 반박하기 위해 다산을 다시금 리치쪽으로 끌어당기고 있는지도 모른다. 그가 만일 리치 쪽으로 끌어가려 했으면 나는 그를 유교 쪽으로 끌어갔을 것이다. 노새에 짐을 공평하게 싣는다면, 다산은 그 사이 리치와 유교 사이에, 그 절충 혹은 종합의 독창적 위치를 점하고 있다는 편이 적절하겠다. 그것이 '다산학'이 있는 자리이다. 이 지점을 좀더 섬세하게 살펴야 한다.
아퀴를 지어놓고 가자면, 나는 그럼에도 다산이 리치와 유교 가운데 상제관에 관한 한, 그리고 그의 인간의 실존적 상황에 대한 이해에 관한 한 ― 주자학은 물론이고, 그가 자신의 입각이라고 주장하는 공자맹자에서 보더라도 ― 리치 쪽으로 더 깊이 이동해 있다고 생각한다. 그가 차마 말하지 못하고 있는 심중의 말을 다 꺼내놓으면, 저울추는 틀림없이 리치 쪽으로 더 근접할 것이다. 나는 스스로에게, 그의 유교적 원전의 명료화를 곧바로 그의 마음으로 등치시켜서는 안 된다는 경고를 주고 있다. 그 사이엔 큰 틈이 있다. 그 틈이 다산에게서 자주 감지되는 모호함과 불일치, 그리고 때로 상호 불일치를 몰고 오게 한다.

2) 다산의 사회공학은 과연 창발적 자기 조직emergent self-organizing의 특성을 갖고 있는가. 성인의 교화와 이인里仁의 감응적 공동체는 유교 내부에 늘 있던 특징적 구상이었다. 그 대표적인 것이 『맹자』라고 할 수 있다. 맹자는 인간의 도덕적 본성의 자연성이 가족과 사회, 그리고 국가의 스케일로 확장적으로 유출되고 상호 교감되는 자발적 사회동력의 시스템을 제창했다고 볼 수 있다(물론 이 점에 대한 세부 논란은 열려 있다). 이 성선性善의 구상은 인위적 개입이 필요한 사회적 질서를 나이브하게 개인의 내적 도덕감 위에 세워놓았다는 점에서 후대 순자 이후 격렬한 비판의 표적이 되기도 했다.

몇 년 전 미시간 대학에서 열린 순자 플라자에서, 미국의 여러 학자들이 유가의 정통은 순자라고 말하고, 거기 별다른 이의가 없는 것을 보고, 맹자 정통론에 익숙했던 내가 놀라 이의를 제기한 적이 있다. 한 학자의 대답이 이랬다. "맹자의 성선을 믿는다면 인위적 노력, 법률적 제도적 측면뿐만 아니라 사회적 규범과 관습조차 무의미해져버린다. 제도制度와 예악禮樂이 없는 것이 무슨 유교냐, 공자가 창시한 유교의 중심은 바로 예禮인바, 이게 빠졌다면 이미 유교가 아니다. 맹자는 기실 노장의 자연주의와 별반 다를 바 없다." 그럴듯하지 않은가. 맹자는 특히 「고자告子」편에서 인의仁義가 전적으로 강제가 아닌 자발적 사태로서 내면성의 결과라고 강조했다. 요컨대 '바깥'에 있는 것은 아무것도 없다. "나이 듦을 나이 듦으로 대접하는 것은 강제가 아니라 자발적 승인의 결과이다." 맹자의 사고를 이렇게 '안'으로만 읽는 것은 분명히 편향된 바가 있다. 맹자가 역설한 것은 온 세상이 외면과 강제, 조작과 억압으로 인간의 삶과 공동체의 조화가 무너진 세상을 향해, 인간의 행동과 선택에 '마음'을 담아야 한다는 권고였기에, 그를 전적인 내면주의자, 도덕적 자연주의자로 보는 것은 지나친 바가 있다. 순자는 이 지점을 다시 교정하고자 한 것이었고, 주자학은 이 둘을 새로운 이론체계 속에서 통합했다.

어쨌거나, 이런 점에서 칼튼 교수가 유가 내의 자기 조직적 사유의 텍스트로『맹자』를 선택한 것은 적절했다고 할 수 있다. 그러나 그 특성은 자신의 분석이 보여주는 대로, 차라리 주자학의 것이라고 해야지, 다산의 것이라고 하기는 어렵다. 다산의『맹자』해석의 기조는 칼튼 교수가 언급하고 있듯이 '고대 성왕의 역사와 제도의 복원'을 위한 세부적 고증에 바쳐져 있다. 다산은 어느 편이냐 하면, 사회철학자답게 그 시대의 제도와 법률, 그리고 군주와 관료들의 적극적 행정 조작을 촉구하고 있다. 그의 철학이 인위적 구축을 역설하는 행사의 철학임을 언제나 기억해야 한다. 그리고 그의 독자적 성취가『목민심서 牧民心書』나『경세유표 經世遺表』『흠흠신서 欽欽新書』『민보의 民堡議』등의 행정, 법률, 제도, 국방에 있음을 언제나 기억해야 한다. (물론, 본인은 경세학 經世學보다 경학 經學을 더 쳐주기를 기대하고 있지만……) 이 성취는 인간에 대한 불신과 그에 따른 타율적 접근의 결과이다. 그렇지 않은가.

다산은 '법 없이도 살 사람'이란 말을 믿지 않으며, 사람들의 자발적 도덕감에 오로지 기댈 만큼 순진하지 않다. 그의 정치적 이력, 그 성공과 좌절의 과정이 그 점을 선명히 일러준다. 이 점에서도 그는 근대의 사회 정치 철학의 흐름과 궤를 같이하고 있다. 그에게서 '자연성에 기반을 두어 창발적으로 자기 조직하는 사회'라는 콘셉트는 아주 낯선 것이다. 아니, 그는 이 자연적 낙관에 누구보다 강력히 반발하고 인간의 이성과 판단 능력, 그리고 조작적 인위적 선택을 사유의 전면에 내세우지 않았던가. 그가 주자학의 이 자연주의적 구상을 누구보다 본격적이고 전면적으로 비판하고 해체하려 한, 망치를 든 철학자라는 사실을 잊어서는 안 된다. 그는 조선에서 특이한 계몽적 이성의 전파자이다. "시대를 아파하고 백성을 걱정하지 않는 것은 시가 아니다." 시조차도 그러할진대 나머지는 물어볼 필요도 없다. 나는 칼튼 교수가 다산을 구하기 위해 너무 무리를 했다고 생각한다.

그렇지만 또한 이게 전부는 아니다. 그 반대쪽에서 얼마든지 이의를 제기할 수 있다. 실제 다산이 인간 능력 속에 뿌리박힌 영혼의 성선을 말하고, 그것의 자발적 외현인 효제孝悌가 가족과 씨족공동체의 화목을 불러오고, 이것의 외연적 확대 적용이 바로 국가의 질서라고 말할 때, 다산은 칼튼 교수의 주장에 힘을 실어주고 있는 듯이 보인다. 그의 파격적 『대학大學』 해석에 전형적으로 나타나 있는 이 발상은, 앞에서 적은 인위적 제도적 현실주의자, 근대 실학의 대표자로서의 다산과는 매우 어울리지 않아 보인다.

다산에게는 이렇게 서로 다른 두 가지 길이 공존하고 있다. 이 둘은 때로 서로 엇갈리고 충돌하며, 그의 진정한 주장이 어디 있는지 모호하고 곤혹스럽게 하기도 한다. 다산 자신이라면, 이 두 길은 상호 보충적인 복합적 구상인데, 읽는 내가 단순하고 고루한 두뇌라서 그 양행兩行을 어지럽게 생각하고 있다고 핀잔을 줄지도 모른다.

그 점은 논란에 열어두자. 그럼에도 분명한 것은 이 두 길 가운데 경중을 따지자면, 다산은 칼튼 교수가 긍정적으로 부각시키고자 하는 이 측면, 즉 성선의 자기 조직적 감화를 아주 '미약한 희망'으로 읽었다는 것이다(다산이 인仁을 본래 갖춘 본성으로 보는 주자학을 극렬하게 비판하고, 우리에게 있는 것은 다만 미약하고 부서지기 쉬운 선의 단서端緖뿐이라고 역설하는 것을 눈여겨보라). 거꾸로 그는 인간의 역사가 개시된 이래, 그리고 그가 살던 당대는 더욱, 이기적 욕망의 충돌과 혼란이 극에 달한 시대라고 인식했다. 맹자가 유학의 정통으로 자리잡은 이래, 다산만큼 인간의 욕망과 현실적 모순에 비관적이었던 사람은 드물다. 다산은 주지하다시피 인간 속에 선한 본성과 악한 본성이, 영혼과 육신이, 천사와 악마가 공존하고 있다고 생각했다. "선한 본성은 키우고, 악한 본성은 제어해야 한다. 어느 편이냐 하면 선한 본성은 미약하고 악한 본성은 강력하다. 선한 본성의 발양은 자발적 선의 바람 같은 감화—이것이 칼튼 교수가 말한 자발적 자기 조직에 해당하는데—를 기대할 수 있고, 악한 본성을 제어하기 위해서는 엄격한 타율적 규율과 강제적 억압을 제도화해야 한다."

그러므로 나는 다산이 실제로는 풀 위에 눕는 바람 같은 선의 감화를 그다지 믿지 않았다고 생각한다. 다산 자신 분명히 말했다. "우리는 늘 육신에 지고 마는 죄 많은 인생이다." 그 자신 그의 삶에서 선의를 배반당하고, 또 거꾸로 본의 아니게 남을 지목하면서 살아왔다. 우리는 '현실적으로' 악하다! 그래서 적극적 의지의 판단과 선택을 통해 선을 향해, 의미 있는 유위有爲를 힘겹게 실현해나가야 한다. "자연으로 되는 일은 아무것도 없다." 이 인식 위에 그의 '사회철학'이 자리잡고 있다.

다산은, 평가하자면, 유학의 스펙트럼에서, 순자와 법가 사이에 위치하지 않을까 생각한다. 그 성악 쪽으로 기운 현실과 성선의 미약한 당위가 일으키는 격렬한 긴장의 소용돌이, 그 중심에 그의 유신론적 신학이 자리하고 있다고 생각한다.

칼튼 교수의 논문에 대한 내 논평

이야기가 너무 길었다. 변명하자면, 그의 논문을 내가 논평했기 때문이기도 하고, 또 그의 접근이 다산 연구를 새로운 각도에서, 단순한 학문적 관심에서뿐만 아니라, 그 현재적 가치를 따지겠다는 전환적 시도를 하고 있기 때문이기도 하다. 그렇지만, 나는 실제 논평에서 이런 이야기를 하지는 않았다. 이 분석은 지나치게 복잡하고 까다로우며, 또 그가 꺼리는 '지성사적' 관심이 두드러진 논의라고 생각해서이다.

나는 그 대신에, 칼튼 교수의 현자적 어조를 흉내내어, 전혀 다른 관점에서 다산을 곤경(?)으로부터 건져내줄 길이 있지 않겠느냐고 적었다.

"신학과 계몽적 이성이 꼭 환경론이나 전체적 세계관과 배치되는 것만은 아니지 않겠느냐. 하나의 코드는 단 하나의 코드와 기계적 인과론적으로 결합되어 있지 않다. 기독교 신학이 환경론의 모체가 될 수도 있고 — 예를 들면, 괴테는 『젊은 베르테르의 슬픔』 첫머리에서 자기 주변의 살아 있는 생명체들에 대한 숭고한 경이에 사로잡히면서, 그분의 손길을 느낀다고 썼다. 프란츠 알트의 『생태주의자 예수』는 예수의 복음이 근본적으로 생태주의적임을 선포하고 있다 — 자발적 시스템론을 선포하는 도가가 현대의 소비와 자본주의적 삶에 무비판적으로 순응할 수도 있다. 그러므로 다산이 초월적 상제를 믿는다고 해서, 단순히 그 이유로, 그를 전체적 시스템론에 기반을 둔 미래의 가치에 참여하지 못한다고 말해서는 안 될 것이다."

다음은 그때 읽은 내 논평의 전문이다.

1) 칼튼 교수의 논문은 10년 전에 쓴 내 학위논문 「주희에서 정약용으로의 철학적 전환」을 떠올려주었다. 나는 거기서 주자와 정약용의 윤리 종교적 체계를 다루었는데, 주로 유교의 지성사적 맥락에서였다. 그것이 허전하여, 그것의 현대적 의의를 위해 한 장을 할애해두었는데, 그것은 두 사람의 차이를 현대의 새로운 과학이론과 유비해보는 시론이었다. 아무래도 내 능력을 넘어선다 싶어 초안을 아깝지만 버린 적이 있다.

칼튼 교수는 바로 그 어려운 작업을 시도하고 있다. 그는 동아시아의 철학이, 지금 떠오르고 있는 전체적 세계관의 비전과 창조적 상호작용을 할 수 있다는 전망을 보여주고 있다. 그는 노장과 불교, 주자학이 시스템 이론이나 환경론이 결여하고 있거나 아직 초보 단계인 윤리적 차원이나 영적 개발의 측면을 자극하고 보완할 수 있다고 믿는다. 나도 그 전망에 전적으로 공감한다.

그런데 지금 문제는 이 잔치의 마당에 다산이 기여할 자격이나 가능성을 갖고 있느냐는 것이다. 그는 주자학의 '공리공론', 그 비현실성을 신랄하게 비판하고 현실적 실용적 학문을 세운 '실학'의 리더로서 존경 받아온 사상가이다. 그런데, 아이로니컬하게도, 바로 그의 성취가 이제 그의 약점으로 드러나고 있다. 즉 유학의 중심을 주자학의 자연주의로부터 마테오 리치적 신학으로 옮겨놓은 바로 그 전환이, 이제는 그를 지금은 낡은, 심하게 말하자면 시대착오적인 것이라는 혐의를 불러왔다. 칼튼 교수는 그러나, 이런 순진한 판단에 고개를 끄덕이지 않는다. 그는 전체적 세계관—유신론적이고 인간 중심적인 거만에 의해 야기된 지구적 곤경의 해방자로 자처하는 이 전체적 세계관—의 전면적 공격의 포화에 갇힌 이 '라이언 일병'을 구하고 싶어한다.

그의 전략은 두 가지이다. 하나는 자연주의적 세계관의 약점, 그 윤리적 차원과 영적 개발의 차원의 결여를 강조하고—이를 통해 다산이 뚫고 나갈 탈출로가 열릴 것이었다—하나는 다산의 철학이 갖고 있는 유신론적 측면의 무게를 낮추는 것이었다.

나중의 전략부터 살펴보기로 하자. 다산에게는 "복음주의적 유신론의 멘털리티의 흔적이 없다"는 것은 사실이다. 그리고 서구에서 익숙한, "초자연적 / 자연적, 무한 / 유한, 영원한 / 일시적인, 초월적 / 세속적의 이분법을 표명하지 않았다"는 것도 수긍하기로 하자(이 지점은 논란거리이다. 서구적 맥락과 동일하지는 않지만, 근본 이분법과 그 긴장이 다산 인간학의 중심에 있다). 내가 알기에, 다산은 어떤 형태로든 복잡한 형이상학적 논변에 끼어들지 않으려 했다. 예를 들면, 그는 불교류의 윤회나 니체 엘리아데의 영원회귀 따위의 관념을 도무지 이해하지 못했다. 불교를 몰랐으므로, 그는 당연한 일이지만, 주자학의 인간-우주 동형론적 형이상학을 이해하지 못했다.

칼튼 교수는 이 지점을 긍정적으로 본다. 그는 다산이 형이상학적 사고나 초월적 사고에 익숙하지 않았으므로, 그의 신학에서 보여주는 인간관도 초월적이라기보다 완연히 현세적이고, 본질주의적이기보다 현상학적이라고 옹호한다. "그가 말하는 인간은 세상 속에 있으면서 이 세상에 속해 있다His humans remain quite completely both in and of the world." 다산이 자신을 이 세상에 속한 사람이라고 생각했는지, 아니면 죽음 이후의 저 너머의 세계에도 속한 사람이라고 생각했는지는 잘 알 수 없다. 그러나 칼튼 교수의 지적처럼, 이 세계를 부정적 감옥이나 혹은 임시적 거주라고 생각하지 않았다는 점은 분명하다. 어느 날, 윤외심이 "죄가 다해야 죽을 수 있는 모양입니다"라고 한탄하자, 다산은 웃으며 이렇게 말했다. "아니지요. 복이 다해야 죽는 법입니다."

실제 다산이 리치와 다른 점이 많은 것도 사실이다. 그에게는 무엇보다 복음주의가 없었고, 아리스토텔레스류의 스콜라적 세계관 가운데 일부만 받아들였고, 무엇보다 리치가 그토록 힘을 들인 신의 존재 증명을 심각하게 고려하지 않았다. 그는 다만 신의 존재를 인간의 구체적 양심 ─이리처럼 서로 으르렁거리는 짐승들의 세계에서는 불가해한 의지인 이 양심─의 '직각적' 근거로 찾았다는 점에서 '논리적' 증명을 축으로 하는 리치와는 결을 달리한다. 그렇기에 다산의 신관 또한 초월적이기보다 현상학적이라는 칼튼 교수의 지적은 사태의 중요한 측면을 알려주고 있다.

그러나 그럼에도 다산의 신은 초월적이다. 그분은 이 도덕감의 신비의 배후에 존재하고 그 시원이며, 입법자인 초월적 인격으로 존재한다. 그가 이 세계를 만들고, 키우고, 그리고 규율한다. 그가 인간으로 하여금 만물을 지배하고 이용하고 번성하라는 권리를 주셨으며, 동시에 자신의 뜻을 저버리지 말라는 윤리적 책무를 부과했다.

그 뜻을 구현하기 위해 인간의 삶은 그야말로 도덕적 전쟁터가 된다. 이것은 한가한 놀이가 아니다. 유학사에서 다산만큼 도덕적 갈등과 충돌, 죄와 회개를 극적으로 제시한 사람은 없어 보인다. 그래서 그는 모든 종류의 '자연주의'를 경멸했다. 도덕을 일상의 갈등 없는 자연스러움으로 제시하는 주자의 권고는 도덕적 태만을 부추기며, 그 변명으로 이용될 것이라고 다산은 우려했다. 문제는 자연 自然이 아니라 자작 自作이다!

2)다산은 그 첨예한 윤리 종교적 결단의 고취로 세속에 절어 있는 사람들을 자극 고무할 수 있다. 그렇지만, 지금 문제가 되고 있는 전체적 세계관의 잔치에 끼자면, 그는 많은 것을 혁신적으로 손보아야 한다. 이를테면 기독교 캠프에서 과정신학이나 환경신학이 그랬듯이……

그럼에도 불구하고, 이같은 매몰찬 거절은 칼튼 교수가 유의시키듯이 너무 잔인할 수도 있다. 그 둘을 화해시킬 길이 없을까. 우리는 이둘을 양극적으로 벌려놓았는데, 과연 자연주의적 영성과 유신론적 영성 사이에 있는 실질적 캐시 밸류의 차이는 무엇일까. 그 둘의 차이는 보기보다, 우리가 호들갑을 떠는 것보다 실제로는 더 작을 수도 있지 않을까. 예를 들면, 주자는 이理가 — 니덤이 '자기 조직하는 상관적 역동적 패턴'으로 번역한 이 이가 — 특정한 인격으로 오해되지 않도록 끊임없이 주의를 주지만, 그럼에도 불구하고 그는 제자들에게 언제나 "상제께서 바로 너의 머리 위에서 임하시듯이如上帝之實臨其上 두려워하고 노력하라"고 독려했다. 퇴계 또한 『태극도설太極圖說』을 깊이 체득했으며, 제자들에게 이 글부터 가르쳤다고 한다. 그 어렵고 난해함에도 불구하고, 이 근본을 모르고서는, 공부가 어디를 향해 있는지, 무엇이 목표인지를 알 수 없기 때문이라고 했다. 퇴계는 이 태극, 즉 이理를 진정 '만나기' 어렵다고 강조한다. 그에게서 이理는 사태의 과정적 질서나 합리적 도덕률을 넘어 모종의 인격적 신성을 함축하고 있다. 그가 끝까지 고집한 것이 이발理發인데, 이는 "절대자가 스스로를 현현한다"로 번역될 수 있는 것이었다. 만년에 확정한 이도理到 또한 같은 의미를 함축하고 있다.

에드워드 콘즈Edward Conze는 그의 『불교Buddhism: Its Essence and Development』에서 철학자가 절대자를 다룰 때, 모종의 인격적 함축을 갖게 된다고 말한다. 계몽철학의 중심인 헤겔조차도 그러했다는 것이다. 동아시아에서도 절대자를 '당신You'으로 읽느냐, 아니면 '그것It'으로 읽느냐 사이에 일반적인 모호성과 중첩성이 있다. 노장 철학은 전형적으로 '그것' 위에 서 있지만, 종교로서의 도가는 좀 다르다. 하이데거는 아예 절대에 해당하는 '존재'를 '그것Es'이라고 부르고 있다. 불교는 이 둘을 모두 갖고 있다. 다르마法나 순야空를 말할 때는 '그것'이지만, 여래나 보살을 말할 때는 '당신'의 얼굴을 하고 있다. 불교는 이 둘을 의도적으로 치환하고 중첩시키기도 한다. 『금강경金剛經』은 여래를 육안으로 볼 수 없다고 사람들을 얼떨떨하게 하는가 하면, 대승경전들은 다르마나 공을 인격적 뉘앙스로 그려주기도 한다.

유교 또한 두 얼굴을 모두 갖고 있다. 주자학은 '그것'에 가깝고, 공맹 유교는 '당신'에 가깝다. 그러나 또한 퇴계류의 주자학은 '당신' 쪽으로 가까이 갔고, 공맹 유교도 사실은 장담할 수 없다. '당신' 쪽으로 종교화한 다산보다, '그것' 쪽으로 철학화한 주자 쪽이 공맹의 진의에 더 가까울 수도 있다.

이렇게 가깝고 애매하다면, 그 둘은 실제 서로 경계짓기보다 어울려 화해할 수도 있는 것이 아닐까. 현대의 곤경인 소외와 환경으로부터 우리를 건져줄 새 원리로, 자연주의와 유신론적 비전이 창조적으로 화해하고 종합될 수는 없는 것일까. 나는 원시 유교에서의 그 종합적 비전이 특히 『중용中庸』에서 빛나고 있다고 생각하는데……

현대 물리학과 동양사상을 접목시키려고 애쓴 카프라가 언젠가 불교 경제학자인 프리드리히 슈마허E. F. Schumacher를 만난 적이 있다.[8] 그때 슈마허가, 물리학은 그것이 낡은 것이든 새로운 것이든, 인간 내부의 심원한 영성을 일깨우지는 못한다고 일갈했다. 카프라는 경악했다. 그는 작은 경제학자 슈마허가 자신의 전체론적 시스템관을 전폭 지지해주리라고 기대하고 있었기 때문이다. 의아해하는 카프라에게 슈마허는 이 문제로 집안사람인 하이젠베르크와 오래 논쟁했노라면서, 그

---

8) 프리초프 카프라, 『탁월한 지혜 Uncommon Wisdom』, 홍동선 옮김, 범양사, 1989.

이유를 이렇게 설명했다. "물리학은 존재의 대사슬 the great chain of being에서 가장 낮은 수준의 단계를 다루고 있으며, 세계에서의 존재론적 단절을 의미하는 '수직적 지평 horizontal dimension' 을 결여하고 있다." 이것은 카프라의 입각점과는 근본적으로 상치하는 것이었다. 카프라는 존재의 세계가 비위계적으로 상호 영향을 주고받는 '하나의 체계' 라고 생각하고 있었다. 그리고 그 존재의 전일성에 대한 생태학적 자각과 영성 사이에는 근본적 상관관계가 있다고 생각하고 있었다. 카프라의 생각은 노자와 화담, 그리고 주자학의 근본 비전이었는데, 슈마허는 이 관계를 어떡하든 '인격화' 하고자 했다. 둘의 의견 차는 좁혀지지 않았다. 카프라는 그 난감한 만남을, "나는 불교 경제학자를 만나러 갔는데, 기대치 않게 기독교 휴머니스트와 논쟁을 벌이게 되었다"고 유머를 섞어 얘기했다. 카프라의 기록대로라면, 슈마허는 기독교도이면서 불교도이고, 우주-인간 동형론적 환경론자이면서 인간 중심적 휴머니스트이기도 하다. 두 극단은 음양처럼 서로 반대이지만, 태극 속에 하나로 통합되어 있는 보완적 요소일 수도 있지 않겠는가. 슈마허가 가능하다면, 다산 또한 그리 실망할 필요가 없지 않을까.

『중용』은 이런 소식을 아름답게 그려주고 있다. "만물은 더불어 자라면서 서로를 다치지 않고, 각자가 자기의 길을 가면서 남과 갈등하거나 혼란에 빠지지 않는다. 작은 힘들은 수많은 시냇물처럼 소리를 내서 흐르고, 창조의 큰 힘은 조용하고도 확고하게 자신의 길을 간다. 천지가 위대한 것은 이렇게 전체를 관통하는 통일적 시스템의 존재 때문이다萬物竝育而不相害, 道竝行而不相悖. 小德川流, 大德敦化, 此天地之所以爲大也."

우리가 혹, 다산을 너무 꼼꼼하게 따져온 것은 아닐까. 그리고 서학이든 유학이든 꼭 한쪽에 소속을 시키고야 그만두겠다는 강박에 너무 시달린 것은 아닐까. 완물상지玩物喪志, 혹 다산의 지성사적 위상학이나 계보학적 접근이 오히려 다산의 진정한 의미와 가치를 훼손하고 있지는 않을까. '내적 도덕감'이라는 테제의 기원이 유학이냐, 기독교냐, 원시 유학이냐, 주자학이냐, 양명학이냐를 따지기보다, 그 본체本體가 지금 나에게 무엇이며, 그것을 어떻게 할 것인가를 묻는 것이 더 절실한 것이 아닌가. 그리고 이 물음 앞에서 계보학적 차이는, 지금까지 확인하기 애매했던 만큼, 실제로는 크지 않을 수 있지 않을까. 그렇기에 그런 차이들의 공존이 대체大體를 다치지 않으며, 아니 오히려 그 다양성의 쟁명爭鳴이 더 바람직한 것은 아닐까. 시냇물은 서로 다르게 흐르지만, 그게 서로를 다치지 않으면서 큰 바다로 흘러가듯, 이들 서로 다른 자원들은 보다 큰 문제들 앞에서 지혜를 모아 서로 협력해야 하지 않을까.

『철학 이야기』로 유명한 윌 듀런트는 1968년에 퓰리쳐 상을 받았다. 그 기념으로 부인과 함께 텔레비전 인터뷰에 응하게 되었다. 대담자는 이런 질문을 던졌다. "20세기에 가장 큰 영향을 끼친 사람을 굳이 꼽자면, 그 사람은 마르크스이겠지요." 듀런트는 잠깐 생각하더니, 이렇게 대답했다.

"글쎄요. '영향'이란 말을 좀더 넓은 의미에서 쓰자면, 그 공로는 에디슨 같은 기술발명가에게 돌려야겠지요. 전기電氣야말로 마르크스의 프로파간다보다 더 크게 세상을 바꾸어놓았으니까요. 다만, 사상의 측면에서 영향력을 따진다면, 다른 분야이기는 해도, 저는 다윈의 영향력이 마르크스보다 더 컸다고 생각합니다. 우리 시대의 근본 현상은 공산주의가 아닙니다. 그것은 종교적 믿음의 쇠락입니다. 그것이 도덕은 물론이고, 온갖 종류에, 심지어 정치에 이르기까지 영향력을 행사하고 있습니다. 종교는 정치의 오랜 도구로 기능해왔는데, 그런데 지금 유럽에서는 종교가 더이상 도구가 되지 못하고, 정치적 결정에 거의 영향을 못 미치고 있습니다. 5백 년 전만 해도 교황이 지상의 어떤 민간 지배자보다 우월했습니다."9)

종교적 믿음의 쇠락이라는 점에서, 유교든 기독교든, 양명학이든 주자학이든, 노장이든 불교든 예외가 될 수 없다. 더이상 현자들의 목소리가 사회의 관행과 정치의 운용에 힘을 행사하지 못하고 있다. 그러니, 지금 서로 다른 작은 차이를 붙들고 다툴 때가 아닌 듯하다.

내 논문은 '지금도 유교가 존재할 가치가 있는가'를 다루고 있다. 한쪽에서는 유교를 죽여야 한다고 외치고, 한쪽에서는 유교를 살려야 한다고 야단이다. 죽이자는 쪽에서는 전통의 가부장적 억압과 비현실적 고루함을 비난하고, 살리자는 쪽에서는 유교가 그래도 급속한 근대화와 자본주의의 동력이었다고 옹호한다. 전자를 들으면, '그것뿐

9) Will Durant, *The Greatest Minds and Ideas of All Time*, Simon & Schuster, 2002, p.1.

일까' 싶고, 나중을 들으면, '그게 유교일까' 싶다.

　나는 유교가 근대 자본과 과학기술의 시대에 어떤 메시지를 던져
줄 수 있을까를 생각했다. 칼튼 교수가 다산의 자원을 '환경론적' 시
각에서 접근하고 있는 데 비해, 나는 '소외론적' 시각에서 출발했다.
　지금처럼 물질의 지배와 권력의 억압으로부터 자유롭고, 그리하여
개성과 욕망을 구현하기 좋은 시절이 없었다. 그러나 이런 자부는 환
상인지도 모른다. 보이는 억압은 줄어들었으되, 보이지 않는 감시 ―
푸코의 파놉티콘처럼 ― 가 삶의 전 영역에 침투해 있고, 개인의 의지
와 행동은 권력과 산업, 매스컴에 의해 조장되고 조종되고 있다. 그러
면서도 우리는 스스로 자유롭다고 생각한다. 그것은 스피노자가 비유
한 대로, 돌멩이가 자신의 의지와 힘으로 하늘을 날고 있다고 생각하
는 것과 같다. 이상하지 않은가. 외적 강제와 억압이 줄어들고, 개성
에 무한의 연실을 풀어 먹여주었는데도 우리는 왜 이리 획일적 가치
와 삶의 형태를 벗어나지 못하는가.

　나는 유학이 이 '소외'로부터 벗어나는 '길'을 제시해주고 있다고
생각한다. 유학은 삶의 의미와 가치를 근대 산업사회의 이념과 관행
과는 좀 다른 지평에 설정한다. 유학은 다윈과는 달리 인간이 영악하
게 진화한 침팬지 이상이라고 생각하며, 그래서 욕망과 본성 사이의
거리를 뚜렷이 금그었다. 그에 의하면, 인간은 자신의 유기체에 본래
설정된 성장의 방향과 목표를 따라 지속적으로 노력해야 하는 존재이
다. 그런데, 사람들이 이 '길'을 버려두고 돌보지 않고 있다.

인간의 의미와 목표가 무절제한 충동이나 세속적 관행의 준수 너머에 있다는 가르침은 유교만의 것이 아니다. 소크라테스의 지혜에서 로마의 스토아, 중세 기독교의 복음, 소유와 탐욕을 반대한 스피노자와 소로, 그리고 슈바이처 등등 열거하자면 수도 없다. 니체와 하이데거도 나아간 길은 다르지만, 비판의 지점은 공유하고 있다. 유학은 이들 탈근대적 탈세속적 목소리들과 공명하고 서로의 자원을 공유해야 한다. 아니, 이미 하고 있다.

이 미래적 전망과 잔치에서 유학이 들고 갈 음식은 '일상'이다. 유교에서 말하는 본성의 실현은 자신과의 대화이고, 자연과의 합일 혹은 절대와의 화해인데, 그 지평은 철두철미 일상의 일과 관계라는 남루한 지평을 벗어나지 않는다. 그것은 은둔이나 천상을 말하지 않고 오직 지상地上을 말한다. 니덤은 도가가 "과학과 모순되지 않는 유일한 신비주의"라고 말한 바 있는데, 나는 유학의 도를 "사회적 존재로서의 인간과 모순되지 않는 건전한 신비주의"라고 생각한다. 이 일에 공자와 맹자, 주자학과 양명학, 퇴계와 율곡, 실학과 허학이 다 함께 머리를 맞대자고 권했다.

그러자면, 유학의 많은 것을 '버려야' 한다! 나는 유학에서 한 줌도 안 되는 '최소한'만 남길 것을 권했다. 그래서 제목을 '유교의 최소한 Minimal Confucianism'이라고 붙였다. 칼튼 교수는 이 기획이 본회퍼의 『종교 없는 기독교 Religionless Christianity』의 유교 버전이라 할 수 있겠다고 했다. 뚜웨이밍 교수는 내가 제시한 것이 "너무 적다"고 말하면서, 소극적 가치로서의 자기 규율과 적극적 가치로서의 배려는 갖추어야 유학의 면모가 생길 것이라고 말했다. 과연 그렇다. 인의를 빼고 무슨 유교라 하겠는가. 그러나 그것을 설득하기 위해서는 성性의 '자각'이 전제되어야 하는데, 여기가 어렵고도 어렵다.

논평을 맡은 자현 김 하부시 교수는 내가 말하는 최소한의 유교가 어떻게 현실과 접목될 수 있는지를 물었다. "1)지금 '세속주의'를 떠나 '신비주의'를 천양하는 것은 가족과 음식, 옷 등의 일상적 삶을 부정하자는 것이 아니냐. 근대든 탈근대든 지금의 삶의 현장을 떠나 어디서 미래를 찾겠는가. 지금 한교수는 유교를 근대와 맞서는 지점에 세우는데, 그래서야 누가 그 말에 귀를 기울이겠는가. 2)유교는 여전히 한국인들의 자기 정위로서 지속될 것이다. 그런 점에서 가족과 사회관계에서의 유교의 의미가 중요하다. 그런데, 자기와 사회를 갈라놓아버리면, 유교가 자랄 수 있는 토양을 어디서 찾을 수 있겠는가."

옳은 말이다. 어쨌거나 지금 유교에 귀를 기울이는 사람은 거의 없다. 앞으로도 그럴 것이라고 생각한다. 그러나 최소 유교의 기획이 일상과 세속의 삶을 떠나자는 것은 천만 아니라는 것은 짚어두어야겠다. 그는 여전히 가족과 더불어 살고, 옷을 입고 밥을 먹는다. 그러나 그것을 하는 방식과 태도가 좀 다르다. 최소 유학은 유학의 근본 고집인 중용의 도를 떠나지 않는다. 이 지점은 사실 구체화하기가 까다롭다.

나는 그것을 일상의 신비주의로 불렀다. 왜 신비주의라는 과격한 용어를 썼는가 하면, 유교를 사회 문화적 관습과 에티켓의 준수 정도로 생각하는 통념이 너무 안타까워서이다. 유교는 일상 속에 있지만, 일상이 곧 유교는 아니다. 도는 일상 속에 있지만 세속성을 떠나 있다는 이 묘妙를 주자학은 이렇게 표현한다. "이理와 기氣는 불리不離이면서 불잡不雜이다."

아폴로기아

대회의 주제와 논의를 대강 리뷰한 것 같다. 처음 생각보다 너무 많이 썼다. 남의 글을 다루다보니 그렇게 된 것 같다. 줄기가 상처를 입으면 참가자들에게 죄를 짓고, 잎사귀만 수북하면 독자들 보기 민망하다. 나는 그 중간쯤을 택했는데, 연장을 놓고 땀을 훔치고 보니, 양측 모두에게 미안한 글이 되고 말았다.

특히 참가자들에게 용서를 구한다. 다룬 무게와 분량부터 들쭉날쭉하다. 다산의 음악을 다룬 로버트 프로바인Robert Provine 메릴랜드 대학 교수의 글은 아예 빼먹었다. 논지를 제멋대로 억측하고 부당하게 단순화한 것은 말할 것도 없고, 논문들 사이를 마음대로 뒤섞어놓았다. 원효의 불만처럼, "옷섶을 끊어 소매 끝에 붙이거나 가지를 잘라 뿌리에 갖다댄" 곳이 여럿이다.

게다가 각각의 논문에 대한 토론자들의 목소리를 충분히 반영하지 못했다. 논평은 내가 가로채서 독단적으로 했고, 이틀에 걸친 종합토론 두 차례에서 논의한 바들을 시시콜콜 반영하지 못했다. 바라건대는 그 이야기들도 이 글 안에 들어 있기를…… 퇴계가 『자성록自省錄』 서문에서 적었듯이 "빠뜨린 편지의 취지도 지금 고른 스무 편 안에

다 있지 않겠는가. 그렇지 않다면, 편지 전체를 빠짐없이 모아 책을 엮는다 한들 무슨 유익이 있겠는가"라는 말로 내게는 위안을, 다른 사람에게는 변명을 삼고 싶다.

참가자들의 발언과 내 리뷰의 목소리가 뒤섞인 것도 문제이다. 또 그들의 발언 그대로를 전하지 않고 내가 임의대로 요약 개변한 곳도 많다. 이 혼돈混沌을 해결해볼 요량으로 대명사를 쓰지 않고 이름을 지루하게 반복해 적거나, 문단을 따로 내고 각주를 붙이는 등 몇 가지 노력은 했지만, 깔끔하게 정리되지는 못했다. 이 또한 죄송하다.

다산은 성호 이익의 문집을 교정하면서 성호의 문체에 불만을 토로한 적이 있다. 성호의 사설僿說이 바로 지금처럼, "어디까지가 인용이고, 어디까지가 자설自說인지 분명치 않다"는 것이다. 다산의 경학 스타일은 『논어고금주論語古今注』에서 특징적으로 볼 수 있듯, 이 사이를 확연히 구분하고 있다. 역시 자시분명인子是分明人답다. 그러나 변명을 하자면, 주석은 그렇게 할 수 있지만, 이야기를 구성하고 논설을 펼칠 때에는 이 지침을 그대로 지키기 어렵다. 그렇지 않을까.

이러저러해서 이 리뷰가 썩 마음에 들지 않더라도, 다들 좀 너그러이 보아달라는 변명을 좀 복잡하게 했다.

이 대회는 기존의 성과를 정리하고, 또다른 접근을 타진해본 자리였다. 또 내게 있어 이 대회는 다산을 바라보는 '시선 자체'를 되돌아보게 해주었다. 그 무의식적 편견과 집단적 강박을…… 이 모든 코드들이 상관하여 다산학의 새 지평을 열어갈 것이라고 믿는다.

그 지적 잔치판을 만들어준 다산학술문화재단과 하버드 연경학회, 그리고 대회에 참가한 학자들과 학생들에게 고맙다는 인사와 안부를 전한다.

시
선

　무엇이 낯설게 하는가. 근대화의 성취가 유교의 원죄를 사해주고, 실학 너머 유교
의 이야기들이 우후죽순 피어나고 있다. 이 글은 유교 전통을 둘러싼 시선의 변화를
적고, 새 독법의 창신創新을 촉구했다. 유교는 하나의 이름이 아니다. 거기 아직 오지
않은 유교까지 있다. 발표는 2007년 9월 일본 센다이 도호쿠 대학에서 열린 한일사
상사포럼 '18-19세기 동아시아 사상공간의 재발견'에서 했다. 한국과 일본은 유교
의 역사적 경험이 서로 다르고, 그것을 보는 시선 또한 천지현격이라는 것을 다시 한
번 확인할 수 있었다.

3. 21세기, 실학 너머의 유교 이야기를

서론 — 보이는 유교의 황혼

두 가지 에피소드

10여 년 전, 구로즈미 마코토黑住眞 도쿄대 교수의 술회로 기억한다. 한국의 유교 학술대회에 처음 왔을 때, 그는 수염이 허연 노인들이 도포를 입고 발표와 논쟁을 진지하게 듣고, 질문을 하던 것을 보고 놀랐다고 한 적이 있다.

2007년 6월, 센다이 한일사상사포럼 '18~19세기 동아시아 사상공간의 재발견'의 세부 문제를 조율하는 자리에서, 내가 '이토 진사이伊藤仁齋 저작집' 가운데 좋은 판본이 없느냐고 묻자, 미우라 구니오三浦國雄 교수는 이토 진사이의 전집이 한 번도 출판된 적이 없다고 했다.

예전은 고사하고, 일본의 대표적 사상가로 꼽히는 사람의 작품이 신간이나 디지털로 유통되고 있지 않다는 사실은 의외의 충격이었다. 미우라 교수는 웃으면서 한마디 했다. "일본은 학자들이 그리 대접받지 않았다."

유교는 전통시대 한국, 즉 조선에서는 '문화'였고, 일본은 아무래도 '학문'에 가까웠던 듯하다. 지금도 양국이 유교를 대하는 자세와 방법이 매우 다른 것도 여기 연유한 바 크다.

과연 한국에서 '유교'는 지금 얼마나 어떻게 살아 있는가

보이는 유교 전체적으로 볼 때, 20세기를 거치면서 '보이는 유교'는 거의 흩어졌다고 해도 과언이 아니다. 경서經書는 읽히지 않고, 서원書院은 퇴락했으며, 유교의 가르침을 나서서 전파하면 고리타분에 시대착오적이라는 핀잔을 듣기 일쑤다. (나도 어릴 적 유학의 훈도를 받은 5촌 당숙이 가끔 방문하면, 또래 사촌들과 함께 영문도 모르고 꿇어앉아 조상들의 영광과 무덤의 족보에 대해 거의 고문拷問 수준의 강의를 들어야 했다.)

옛 관혼상제冠婚喪祭의 예절 가운데, 관례冠禮는 없어졌고, 혼례婚禮는 서양식 안의 작은 절차 한둘로 흔적만 남아 있으며, 상례喪禮는 병원에서 3일 만에 후닥닥 치러지는 것으로 완전 대체되었다. 온 집안과 마을의 눈물바다의 인사를 받으며 장엄하게 떠나가는 예식은 이제 더이상 볼 수 없다.

그나마 남아 있다고 할 만한 것은 제례祭禮이다. 기일忌日과 추석, 설날에 조상들은 예전과 다름없이 음식과 경배를 받는다. 명절에 수

천만 명이 제례를 지내기 위해 이동하는 광경은 지구촌 사람들이 도무지 이해하기 힘들 것이다. 라마단이나 성지순례의 행렬에 버금간다. 제례는 20세기 전면 서구화, 근대화, 실용화를 견뎌낼 정도로 끈질기게 남은 유교의 마지막 의미체다. 물론, 저항도 크다. 여성들이 이 비실용적 상징적 노역을 견디지 못해 혹은 기독교로 개종하고, 혹은 외국에 나가면 아예 돌아오지 않고 눌러앉는다.

보이지 않는 유교 그럼, 한국에서 유교는 없다 할 것인가? 남은 것은 무엇인가. 또 남겨야 할 것은 무엇인가.

부정, 혹은 변명 — 20세기 유교와 유교 연구

20세기 한국은 유교를 버렸고, 지워나갔다. 이 삭제는 전면적이고 철저했다. 왜? 제국 열강의 각축기, 유교가 자주와 독립을 지키는 데 실패했고, 그리고 이은 근대화에도 장애물이라고 판단했기 때문이다.

부정

20세기 초에 한국은 일본의 식민지가 되었다. '학문'이라면 죄가 가볍겠지만, '문화'는 책임의 전부를 져야 한다. 당시 유교는 언필칭 '망국의 가르침'으로 불리었다.

그 마인드를 단재 신채호가 대변하고 있다. 「서분書憤」이라는 시가 있다. '내 분함을 여기 적는다'는 뜻이다.

　　자다 깬 허황한 소리, 육경六經에서 시작했지 浮虛之自六經開
　　진시황이 시원하게 불을 잘도 싸질렀다 快付秦家一炬灰
　　아깝다, 그때 몽땅 다 태우지 못하고 却恨當時燒未盡
　　한漢나라에 복생이란 자가 왜 또 나타나느냐 말이다 漢庭猶有伏生來

　그는 망국의 죄를 2천 년 전에 못다 태운 경서에 돌리고 있는 것이다. 그는 유교에 절망하고 아나키즘으로 갔다.

　그의 안타까움은 망명시기 어느 날 적은 술회에 잘 나타나 있다.

　　닭이나 개가 무슨 죄를 지었겠나 鷄狗於人本無罪
　　다만 사람들의 고픈 배를 위해 날마다 죽어나가는 게지 只爲口腹日殺之
　　여기는 다만 힘과 권력이 말하는 세상 惟有强權而已矣
　　공허히 인의仁義를 말해봤자, 무슨 소용이 있나 空言仁義欲何爲
　　거적때기 깔아놓고 도道를 논하는 저 우활한 선비 보소 席門談道眞迂士
　　칼을 휘둘러 사람을 벨 줄 알아야, 진정 사내이지 手劍斬人是快兒
　　성왕聖王과 철인哲人을 운운해서 뭘 어떡하자는 건가 云云聖哲果何者
　　두 글자 높이 걸고 서로 속이면서 사는 사람들…… 高標二字謾相欺
　　　　　　　　　　　　　　　　　　　　—「술회述懷 2」

　그는 유교에 절망하고, 상고사와 고려에 희망을 찾았다. 그는 "조선 1천 년 이래 일대 사건 朝鮮 千年來 一大 事件"으로 묘청과 김부식의 건곤일척 乾坤一擲을 들었다. 이 싸움에서 김부식이 승리함으로써 유교가 득세하고 중국에 의존적이 되었으며 또 언무수문 偃武修文을 기치로 문약에 빠져버렸다면서 한탄과 울분을 토했다. 이것이 그의 독사 讀史와 역사 서술의 기본 코드이다.

단재의 이 시각은 식민지로부터 해방되고 난 이후에도 한 세기를 풍미했다. 그것은 지금도 지속되고 있는, 유교를 보는 '주류의 시선'이다.

그런데, 이 부정의 시선으로는 '학문'이 성립되기가 어려울 것이다. 다루는 대상에 대한 최소한의 애정이나 존중이 없다면 그것을 10년 혹은 평생 붙들고 어떻게 '연구'하고 있겠는가. 더구나 손대지 않아도 저절로 페이드 아웃, 퇴역하고 있는 대상에……

변명

망국과 식민지, 터졌던 울분이 가시고 나자, 이윽고 성찰의 시간이 도래했다.

1930년대에 근대적 한국학의 시작이라고 할 '조선학 朝鮮學'이 발흥했으니, 계기는 여럿이다. 이른바 내선일체 內鮮一體의 억압에, 점차 '모던 modern'해지는 근대 문명이 조선인들의 정체성을 실질 위협하고 있었다.

정인보, 안재홍을 중심으로 '조선 후기 개혁적 지식인'들을 발굴하고, 그들의 사상을 적극 현양하기 시작했다(『여유당전서與猶堂全書』의 발간도 이때였다. 율곡이나 퇴계의 책들과는 달리 이 책들은 근대적 활자본으로 출판되었다. 『연암집燕巖集』『담헌집湛軒集』도 이 시기 같은 활자로 찍었다).

조선학은 조선의 역사와 문화, 사상에 대한 적극적인 연구였는데, 이때 중심 논제는 단연 '실학實學'이었다.

실학은 단재류의 '부정' 일변도에 동의하지 않고, 조선 후기에 일어난 일련의 사상적 제도적 개혁을 특필함으로써 희망의 빛을 열었다. "조선은 암흑의 시대가 아니다. 조선 후기 일단의 지식인 관료들이 신아구방新我舊邦, 즉 고식과 비효율, 경직된 조선의 유교문화를 혁신하기 위한 다양한 실험과 활동을 펼쳐나갔다. 그 노력이 우호적 여건을 만났다면 자주적 개화와 근대화가 가능했다."

해방이 된 후에도, 실학은 조선시대 연구의 중심 화두였다. 조선 후기 개혁적 성향의 인물들이 속속 발굴되고, 그들이 제안한 여러 제도적 구상들, 그리고 사상적 전환들이 발굴되고 소개되었다.

실학의 세부 코드들을 요약하면 대체로 다음과 같다.

실용 과학과 기술에 대한 새로운 제안이나 발명들이 여기 속한다. 당시 학자들은 실제 기술 개발에 종사하지 않았으므로, 서양의 응용기술이나, 세계관 인식의 전환, 그리고 천문학적 영역의 지평을 확장한 사례들이 연구 소개되었다. (다산 정약용 하면 초중등학생들은 다른 것은 잘 몰라도 '수원 화성 지을 때 거중기擧重機를 설계 운영해서 10년 공사를 3년으로 줄이고, 공사비를 엄청 절약한 인물'로 기억한다. 교과서에 그렇게 적혀 있다.)

실무 실학의 중심에 제도적 관심과 사회 개혁안이 있다. 실학 연구의 한 갈래는 당대의 정치제도를 개선하고, 부패를 줄이고 민생을 돕는 데 필요한 방안을 제시하고, 정책을 입안하고 실천한 케이스들을 발굴하고 정리하는 것이었다. 분야는 행정부 조직, 관료 선발, 지방관의 혁신, 외교와 통역, 부세와 군역 등 다양한 방면에 걸쳐 있다.

사회 유교의 형식적 의례적 문화의 고식성을 비판하고 가부장적 의식과 불평등구조를 해결하기 위한 노력들이 여기 속한다. 자유와 개성을 강조하고, 신분 차별을 철폐하고 평등을 고취하며, 능력을 중시하는 것을 강조한 논설과 주장들이 발굴되고 강조되었다.

사상 실학은 주자학의 '뜬구름 잡는' 형이상학적 논의, 사단칠정론四端七情論 같은 '공리공론'을 혁파하고, 현실적 인간을 직시하고, 그들 사이의 문제를 '기술적으로' 풀어가는 새 사상을 보여주는 논의들이었다. 특히 '주자학에 대한 비판적 태도'는 작든 크든, 원론이든 지엽이든, 대체로 실학적 태도로 여겨졌다. 양명학의 도입, 서학의 원용, 원시 유교적 경향, 소품小品 패관稗官의 새로운 문학활동 등이 실학과 친연적인 것으로 평가되었다.

『여유당전서』 실학은 자연스럽게 '근대 지향'을 자신의 얼굴로 하게 되었다. 또 동시에 당시의 지배이념이었던 '주자학에 반하는 사유'로 등록되었다.

이 통념, 혹은 전제 위에서 20세기 조선의 유교 연구가 이루어져왔다. 전반의 식민시기뿐만 아니라 해방과 6·25전쟁 이후의 후반까지 전통과 유교 연구는 실학이라는 빅브라더가 지배했다고 해도 과언이 아니다.

전환—도전 받는 '실학'의 성채

그런데 지금, 그 실학의 제왕적 지위가 흔들리고 있다. 도전은 여러 곳에서 온다. 연구의 '내부'에서 오는 도전을 몇 가지로 정리해본다.

명칭 실학은 원래 일반명사이기에, 이 이름을 조선 후기의 특정한 개혁사상에 고유固有시키는 것은 부당하다는 지적이 있었다(특히 한우근). 백 보를 양보하여, 만일 고유명사화한다면 그것은 차라리 주자학에 돌려주는 것이 마땅하다는 비판도 계속 있어왔다. 왜냐하면, 실학이라는 이름을 전유專有하여 유통시킨 원조는 아이로니컬하게도 실학의 반대편에 있다는 바로 그 주자학이기 때문이다.

범위 실학의 코드를 실용적 마인드와 제도적 개선의 노력, 주자학에 대한 비판적 접근으로 규정할 때, 과연 누구를 어느 수준에서 '실학자'로 분류할 것이냐에 대해 분분한 논란이 있어왔다. 그 안배포치 安排布置에 있어 개략의 합의는 있지만, 아직 온전한 합의에 이르지는 못했다. 가령, 조선 주자학의 쌍벽 가운데 하나이자 그 정치적 개혁의 구상과 실천의지에서 독보적이었던 율곡을 실학자로 보아야 한다는 주장도 꼭 따라다닌다.

곤혹 더 근본적인 문제는 실학자로 분류된 누구도 위의 코드에 부절符節처럼 들어맞는 사람이 없다는 데 있다. 문집이나 논설 가운데 한두 개혁적 주장을 발견하기는 쉽지만, 그 사유 전체를 두고 볼 때 '전형'이라 할 만한 일관성과 체계를 갖춘 사람이 별로 없다. 각 실학자의 실제를 들여다볼수록 기대와는 달리 오히려 정통 주자학자의 면모를 가진 사람들이 더 많다. 심지어 다산조차도 이 논란을 피해가지 못했다.

회의 이들이 중첩 상승 작용하여, 실학이 과연 '근대적'이고 '민족적'이며, '과학적'이냐에 대한 근본적 회의가 자라고 있다. 실학은 '회고적 환상'이 아닐까 하는 우려…… 그러다가 어느 날, 실학 연구의 선구자라 할 천관우까지, 실학은 근대적 정신도 그 지향도 아니었다는 폭탄선언을 하기에 이른다.

실학은 지금 위기와 혼돈을 맞고 있다. 왜 이렇게 되었을까. 내적으로는 물론, 연구의 역량과 성과의 축적이다. 20세기 백 년 동안 전통

시대와 유교의 연구는 괄목할 성장을 이룩했다. 근대 한학의 심화, 그리고 전통시대의 실제에 대한 실증적 연구가 진척되면서 통념과 다르고, 상식과 어긋나는 기대 밖의 수많은 면모와 측면이 드러났다.

그러나 진정 이 사태를 몰고 온 근본인根本因은 밖에서 온다. 즉 시대정신과 환경의 변화가 실학의 혁신 혹은 내파를 요청하고 있다.

혼돈—다시 다산학의 정체성을 묻는다

변화의 바람은 다산의 학문을 향한 시각과 평가에도 불어닥쳤다. 아니, 다산은 실학의 대표자였기에, 그 바람을 가장 꼭대기에서 온몸으로 받고 있다고 해도 과언이 아니다.

실학자로서의 다산

실학의 시기, 당연하게도 다산은 그의 정치 사회적 개혁안으로 주목을 받았다. 일표이서一表二書라고 불리는 『목민심서牧民心書』『흠흠신서欽欽新書』, 그리고 『경세유표經世遺表』가 그것이다. 『경세유표』는 정부 조직의 개편안이고, 『흠흠신서』는 형벌 집행의 합리화와 공정화의 방안을 적은 것이었고, 『목민심서』는 거의 영주의 지위로 삼권三權을 행사하는 지방관의 통치자세와 지침을 적은 것이었다. 여기, 그의 과학적 사고와 기술 개량의 성과, 그리고 농학과 의학의 성취들이 실학의 대표적 성취로서 늘 함께 거론되었다.

초기 실학 연구는, 다산 자신의 표현을 빌리면, "털오라기 하나 병들지 않은 곳이 없는 조선"을 신아구방, 즉 새로운 나라로 거듭나게 하기 위해 그가 정력을 집중한 이 책들에 집중되었다고 해도 과언이 아니다. 자연히 엄청난 양의 논문이 씌어졌다.

그 직후, 이들 개혁안에 깔린 '철학적 정지 작업'에 대한 연구가 잇따랐다. 다산은 "행동의 시작은 생각이고, 일을 결정하는 것은 비전과 태도"라는 것을 알고 있었다. 그는 육경사서六經四書에 대한 새로운 해석과 비전을 통해 사람들을 계몽하고자 했다. 그는 실제 이 철학적 작업이 정치 사회적 개혁안보다 더 의미 깊고 가치 있는 것이라고 자임했다.[1]

그의 철학의 특징은 주자학의 유기적 전체적holistic 발상을 절대자 중심의 철학으로 치환한 데 있다. 대체의 무기를 제공한 것이 마테오 리치 등의 서학이었다는 데 대해서는 별다른 이견이 없다. 내 박사학위 논문 「주희에서 정약용으로의 철학적 전환」 또한 주자학 대 실학의 이분법적 원론에 충실한 것이었다.

이 시절, 그가 우주의 중심으로 새로 세운 절대자가 서학에서 수입된 것이냐, 아니면 주자학 이전의 유교의 본래 면목이었느냐라는 논란이 있었다. 다산의 학문이 '반反주자학', 그게 지나치다면 '탈脫주자학'이라는 데는 다들 동의했지만, 그 기원과 지향이 서학, 즉 가톨릭 신앙이었느냐, 아니면 그의 경학經學이 보여주듯 원시 근본 유학의

---

1) 「자찬묘지명自撰墓誌銘」, 『여유당전서』 시문집 권16.

회복이냐에 대해서 많은 설전과 밀고 당기기를 했다.

補 | 다산은 초기에 가톨릭을 믿었다가 '공식적으로' 배교를 선언한 바 있다. 1791년 전라도 진산에서 다산의 외사촌인 윤지충이 교황청의 판정에 따라 분주폐제焚主廢祭, 신주를 불태우고 제사를 폐한 사단이 있었다. 조정은 인륜人倫과 강상綱常의 근본을 뒤흔든 중대 사태로 보고 가톨릭 금압에 본격 착수했다. 다산은 국왕 정조에게 자신이 더이상 이교異敎에 연루되어 있지 않다는 것을 직접 변명했다.

그 「자명소自明疏」와, 나중 순교하는 독실한 가톨릭 신도인 그의 형 정약종과의 '거리 두기'로 그는 1801년, 정조가 죽고 난 이후 불어닥친 피바람을 견디고 목숨 하나를 부지해, 머나먼 땅 끝 강진에서 18년간의 유배생활을 하게 된다. 그가 살아남았기에, 그리고 자신이 무릎을 친 대로, 벼슬과 공무의 번잡한 일에서 벗어날 수 있었기에, 『여유당전서』와 다산학이 있게 되었다.

다산학의 새 시선들

이 논란은 시작이었다. 그 이후 시간이 가고, 연구가 축적되면서, 기존 다산학의 통념에 대한 새로운 의문과 도전들이 다각도로 펼쳐졌다.

다산의 과학적 사고에 대하여 다산이 새로운 과학적 사고를 천양했다는데 이건 과장된 바 있다. 홍대용이 서구의 과학기술을 세계관의 차원에까지 참고한 데 비해, 다산은 서구의 응용기술 몇을 실무에 도입했을 뿐 아닌가. 거중기의 경우도 그는 도르래의 줄이 감당하는 힘의 크기를 잘 몰랐다. 미신과 점술 등에 대한 그의 인식도 주자학이 채택한 그대로를 물려받고 있다.

그는 민주적 사고를 천양했나 백성들의 추대가 왕권의 기초라고 말한 점에서 근대적 민주주의자의 면모를 떠올리지만, 그는 이를테면 공화정 같은 새로운 정치적 대안을 생각한 적이 없다. 그는 철인군주라는 유교 본래의 이상에 충실한 점에서 유교 이상주의자의 성격을 갖는다. 그는 아래로부터의 백성들의 혁명을 우려했고, 그 집단화를 위태롭게 여겼다. 그는 재래의 유학을 따라 민주民主가 아니라 민본民本을 고취했을 뿐이다.

그는 근대적 합리주의자인가 가령 다산은 조선의 고질인 번문욕례繁文縟禮에 대해 근본적 반성과 대체를 주장한 바 없다. 그의 저작 가운데 거질이 의례儀禮, 그중에서도 상례에 집중되어 있다. 이 집중은 서학의 혐의와 관계가 있겠지만, 그의 근대적 혁신적 면모와 어울리지 않는 것도 사실이다. 이런 점들로 해서, 그는 근대적이기보다 유교의 원론을 성취 정착시키려는 근본주의자로 보이게도 한다.

이보다 더욱 근본적 도전이 제기되었다. 사람들은 이제 다산학을 두고 그 '역사적 의미 historical significance'만이 아니라 그 '현재적 의미 contemporary significance'를 묻게 된 것이다. 그 도전적 물음을 다음 네

가지로 정리해본다.

    제안과 구상의 적용 가능성 하나는 다산의 개혁안들이 지금도 유효하냐는 물음이다. 『목민심서』는 가령 공직자 관료들의 공적 태도와 자세를 가르친 것으로 지금도 유용하고 깊이 참조해야 한다(실제 어느 전직 대통령의 전용기 안에는 늘 『목민심서』가 놓여 있었다고 한다. 베트남의 혁명지도자 호치민도 이 책을 늘 머리맡에 두고 읽었다고 한다). 그러나, 당연한 말이지만, 정전제井田制를 위시한 구체적 정치 경제적 제도, 도르래 등의 과학기술은 지금은 쓸 수 없는 것들이다.

    그의 인격적 절대자 중심의 철학은 그럼 어떤가? 그가 주자학의 이理 대신 기독교의 하느님에 필적하는 상제上帝를 축으로 그의 철학을 구성한 것은 주지의 사실이다(첨언하자면, 나는 이 치환이 그의 관료적 자의식의 산물이라고 생각한다. 즉, 그의 신학은 그의 정치학을 위한 보조 혹은 시녀라는 생각을 갖고 있다).

    기계적 조작 vs 유기적 생태 다산은 주자학의 이理와 음양오행陰陽五行의 세계관을 망치로 두들겨놓았다. 다시 말하면, 그는 주자학이 채택한 동양의 유구한 유기적organic 전일적holistic 사고를 '해체' 비판하고, 사물을 분절적으로 인식하고, 적극적 조작을 강조하는 세계관을 펼쳤다. 좋다. 그러나, 그렇다고 해서 다산은 옳고 주자학은 틀렸는가? 이전에 이런 물음은 감히 제기되지 않았다. 앞장에서 리뷰한 대로 마이클 칼튼 교수는 생태 환경적 전망에서 다산학의 절대자 중심의 사고를 점검하자고 나섰다. 그는 근대 이후 생태와 환경의 시대에는 정약용의 유신론적 사고가 적합성이 떨어질 수 있다고 우려한다. 그는 그러면서도 정약용의 유신론이 서구의 그것과 다르다는 것, 즉 다산의 사유가 서구 신학보다 자연 도덕론적이고, 주체적이며, 환경적 접근의 가능성을 열어두고 있다고 지원하기는 하지만, 그럼에도 주자학의 자원보다는 더 높이 치지는 않는 것 같다.

다산은 서학의 대리자일 뿐, 유학이라고 볼 수 없다 더 과격한 주장도 나왔다. 다산이 마테오 리치의 결정적 영향을 받았다는 것은 익히 알려진 사실이다. 최근 한자경 교수는 '바로 그렇기 때문에' 다산이 서학의 '수입'에 불과하며, 그런 점에서 유교라고 할 수 없다는 과격한 주장을 펼쳤다.[2] 이 도발적 주장의 진리치 점검은 차치하고, 가히 격세지감을 느끼게 하지 않는가. 20세기 실학의 시대에는 "유교를 넘어서야" 혁신의 이름으로 칭양되었는데, 21세기에는 "유학이 아니므로 별 가치가 없다"는 소리를 듣게 되었으니 말이다.

다산과 주자학은 과연 빙탄불상용氷炭不相容인가 한편에선, 다산이 과연 반주자학자인가라는 근본적인 물음이 제기되었다. 다산의 주자학 비판의 타깃은 주자 자신이라기보다 주자의 말류라는 것을 지적하는 사람들이 있다.[3] 또 형이상학을 제외한 제반문화와 관습에 대한 태도,

---

2) 한자경, 「유교와 천주교 사이의 다산」, 『오늘의 동양사상』 13호, 2005.
3) 원조격은 야마우치 고이치山內弘一 교수이다. 「정약용의 학문관 — 주자학의 평가를 둘러싸고」, 『조선사연구회논문집』 제18집, 1982 참고.

사물을 인지하는 방식에서 다산은 주자학의 대강을 벗어나지 않고, 그와 공유하고 있다는 주장이 제기되었다.

—예학禮學 입후立後를 위시하여 방대한 상례의 고증에 이르기까지, 실제 예학에 있어 주자학과 다산의 거리는 생각보다 크지 않다. 전통이 중요하다고 생각하는 것 대부분을 그도 중요하다고 생각했던 것이다.

—과학 비록 다산이 천天과 귀신, 음양오행에 대해 주자학과는 다른 생각을 갖고 있지만, 그가 사물과 세계를 보는 눈은 근본적으로 주자학과 다를 바 없다. 김영식 교수는 이렇게 단정한다.

"(다산이 주자학적 개념들에 대해 다양한 비판을 하고 있는 것은 사실이다.) 그럼에도 불구하고, 다산은 전통 안에, 즉 주자의 신유학적 Neo-Confucian 시스템 안에 머물러 있다. 다시 말하면, 다산의 새로운 사고는 넓게 보자면, 주자의 체계 속에 통합될 수 있는 것들이다."4)

—사회과학 그의 사회과학적 개혁안도 일찍이 율곡이 주자학의 수기치인修己治人의 원론 하에서 사회참여와 개혁을 추진했듯이, 그리고 반계 유형원柳馨遠이 주자학의 철학과 병립으로서의 사회 개혁을 생각했듯이, 다산의 개혁안도 주자학의 틀 속에서 운위될 만한 것이었다.

---

4) 「다산의 과학과 유교 전통 Science and the Confucian Tradition in the Work of Chong Yagyong」, 『다산학』 제5호, 다산학술문화재단, 2004.

일찍이 조선 왕조의 설계사 삼봉 정도전鄭道傳은 주자학 바로 그것으로 조선을 재건하고 혁신했던 것을 기억해야 한다.

—철학 나는 다음 장 「주자 신학神學 논고 시론」이라는 글에서, 우리가 주자학을 근본적으로 오해해왔는지도 모른다고 말했다.

"주자학은 무신론의 체계가 아니다!" 주자학을 무신론으로 규정한 것은 16~17세기 마테오 리치와 그 뒤를 이은 서학의 선교사들의 불충분한 이해와 의도적 곡해에 기인한 것이다. 일찍이 라이프니츠도 선교사들이 전하는 말을 믿지 않고, 이理를 "모든 것을 보고, 모든 것을 알며, 모든 것을 할 수 있는 지성적 본성"이라고 읽었다. 그러면서 덧붙인다. "중국인들이 아무런 능력도 생명도 의식도, 지성도 지혜도 없는 자연물에 그렇게 고상한 속성을 부여하지는 않았을 것"이라고……

라이프니츠는 롱고바르디가 오해한 '충막무짐沖漠無朕'이나 '무조작無造作, 무정의無情意, 무계도無計度'를 인간의 유한한 지식이나 결단이나 숙고의 인위성이 배제되었다는 뜻일 뿐, 거기 '자연적 성향'과 '예정 조화'의 정신이 결여되었다는 것이 아님을 누누이 강조한다. 그는 이理를 무위無爲로 보는 롱고바르디에 대해 반발하면서 이렇게 말한다.

"이理가 그 자체로는, 그리고 기氣가 없이는 아무것도 하지 않는다면, 어떻게 기를 산출할 수 있겠습니까. 어떠한 행위도 하지 않고, 어떤 것을 산출해낼 수 있을까요. 그리고 기가 단지 이의 도구에 불과하다면, 이에는 힘 또는 최초의 동력인 la vertu ou la cause efficiente가 있다고 말할 수밖에 없지 않습니까. 제일질료가 제일원리 또는 제일의 형식, 순수한 활동성, 신의 작용에 의해서 산출되었다는 것을 고려한다면, 중국의 철학은 고대 그리스인의 철학보다 훨씬 더 기독교 신학에 가깝다고 할 수 있습니다."[5]

주자학은 유신론의 체계이다. 다만 그 신神이 인간의 형태를 갖는다거나 인간적 지성과 의지를 갖지 않는다고 강조할 뿐이다. 주자는 이 지점을 알리기 위해 이理에 대해서 늘 역설과 이중화법을 썼다.

이理가 초월적 절대의 위상을 갖지 않았다면, 일급의 주자학자들이 서학에 그렇게 급속히 경도하지 않았을 것이다. 종교적 신앙 그룹을 형성한 것이 주자학 가운데서도 이理의 절대적 초월성과 역사役事를 강조하는 퇴계의 학문적 후계자들이라는 것은 아무래도 우연이 아니다.

다산은 주자학, 그 가운데서도 주리적主理的 퇴계학의 아주 작은 걸음을 내디뎠을 뿐인지도 모른다.

호사카 유지保坂祐二 세종대 교수는 어느 일간지에서 세계에 유례가

---

5) 라이프니츠, 「중국인의 제례와 종교에 관한 소견」, 『라이프니츠가 만난 중국』, 이동희 옮김, 이학사, 2003.

없는 한국 기독교의 성장이 성리학의 기반 때문인 것 같다고 쓴 적이
있다.

"나는 세계에서도 찾아보기 어려운 한국 기독교 발전의 정신적 기반
은 역시 역사적인 것, 즉 조선시대 5백 년을 지배한 성리학의 영향으로
본다. 성리학의 이기理氣론은 인간의 정신과 육체에 대한 깊은 이론이
고, 심성론이나 예학은 선하고 착한 인간을 만드는 성리학의 방법론이
다. 성선설에 입각하여 인간의 선한 본성을 실현시키려고 한 성리학은
한국 땅에 기독교를 정착시키는 역사적 토대가 되었다고 본다. 기독교
를 믿는 사람에게 부모에 대한 효심과 국왕에 대한 충성심은 그리스도
에 대한 효심과 충성심으로 자연스럽게 이동하게 되었다.
　그런데 기독교뿐만이 아니라 성리학은 이슬람교와도 통하는 면을
갖고 있다. 제사를 지낼 때 한국인이 조상에게 올리는 큰절과 이슬람
교도가 성지를 향해 행하는 경배의 형태는 매우 비슷하다." 6)

다양성—21세기 유교 연구의 현장

실학의 깃발이 흔들리고, 다산학을 보는 시선에 일대 혼선이 생기
고 있다. 뚜렷했던 경계가 점점 모호해지고, 다양성은 더욱 활발해질
것이다. 나는 이것을 새로운 창조와 도약의 기회로 생각한다.

---

6)「세계 종교와 통하는 성리학」, 경향신문 2007년 7월 27일자.

그것을 가능하게 한 것은 20세기 후반, 근대화의 성취와 글로벌 일원으로의 편입이라는 시대적 상황이었다. 이것을 나는 연구 '외부'의 도전이라고 부른다.

유교자본주의론

변화의 징후는 20세기 후반 '유교자본주의론'에서 시작했다. 조선의 유교 전통을 부정과 변명이 아니라 그 적극적 의미를 인정한 것은 이때가 처음이었다. 이는 근대의 성장이 가져다준 선물이었고, 또 외국의 시선인 점에서 객관적 점수를 인정받기도 했다.

조선 후기의 개혁사상이 아니라 유교문명과 유교적 사고 안에 급속한 근대화를 가져온 정신적 문화적 요인이 있다는 '해외에서의 진단'은 20세기 내내 이른바 '엽전의식'에 쩔은 한국인들에게 가위 충격이었다. 해외 학자들은 한국의 가족 중심의 문화와 높은 교육열, 그리고 근대와 민주가 그렇게도 싫어하는 집단의식과 권위에의 순종을 급속한 근대화를 성공시킨 요인으로 지적했던 것이다.

이제 학자들은 사상적 실험이 아니라 '조선의 유교문화의 현실'이 갖고 있는 힘과 가치에 주목하게 되었다(그것은 아이로니컬하게도 유교와 그렇게 불화하던 근대화가 가져다준 선물이었다. 유교 진영에서는 이 점을 잘 인정하지 않으려는 것 같다).

현장에서의 유교 접근과 연구의 변화

미네르바의 올빼미는 해가 지고서야 나는 법이다. 실학의 빅브라더가 힘을 잃으면서, 다양한 분야의, 다양한 자료의, 다양한 방법의 연구가 봇물 터지고 있다. 그 개략을 몇으로 정리하면 이렇다.

문화 콘텐츠 우선 전통에 대한 정보와 콘텐츠에 대한 수요가 팽창했다. 실학의 견고한 질곡이 풀어지면서 그동안 실학의 빛에 눌려 그늘져 있던 분야의 연구와 정보들이 스포트라이트를 받고 있다.

가령, '생활'에 대한 풍부한 정보들이 그것이다. 복식과 음식, 수사와 형벌, 놀이와 문화 등이 대표적이다. 그동안 이른바 문사철文史哲의 근엄함에 가려져 있던 분야들의 약진이 두드러진다.

가령 다음과 같은 시는 실학 시기에 주목을 받지 못했던 것이다.

> 이 화상, 지금 술 한 잔뿐이 안 마셨다고 둘러대고 있지만 歡言自酒家
> 틀림없어, 룸살롱에 갔다 온 거야 儂言自娼家
> 아니라면 어째서, 내 루즈 자국이 如何汗衫上
> 당신 와이셔츠 흰 칼라 위에 빨갛게 번져 있지 儂脂染作花

요즘 쓴 것 같은 이 시는 바람난 남편을 둔 어느 주부의 마음을 대변하고 있는데 작자인 문무자 이옥李鈺은 어엿한 남자, 사대부이다. 그는 답답한 예교의 형식주의, 상투주의로는 삶의 구체적 실감과 정서를 제대로 드러내줄 수 없다고 생각했고, "시詩란 사람의 정情을 이야기하려는 것인데, 부녀자들의 정감만큼 절박한 것이 없다"면서 여인들의 환희와 우수, 원망과 방종을 여인의 시선으로 읊어나간 독특

한 시인이다.[7]

이 분야의 확대에는 영화와 드라마 등에서 일어난 한류 붐의 탓도 크다. 드라마 〈대장금〉은 궁중의 예법, 복식, 음식이 중심에 있고, 영화 〈왕의 남자〉는 『조선왕조실록』의 기사 한 줄에 영감을 받았다고 했다. 영화 〈혈의 누〉는 궁중에서 일어난 암살과 그 수사여서 당시의 법의학적 정보를 절실히 필요로 했다. 그러나 20세기 그동안 이 분야의 연구를 충분히 하지 못했다. 왕실에 관한 연구 저작이 20세기 백 년간 5권 정도에 불과하다면 믿을 것인가. 이 또한 실학의 그늘이었다. 2007년 7월 16일 왕실의 마지막 후계 이구李玖씨의 삼년상은 전주 이씨 종친들이 중심이 되어 쓸쓸하게 치러졌다고 한다.

한국의 국가적 위상과 더불어 한국의 전통문화에 대한 관심이 국제적으로 커졌다. 얼마 전 팬택이라는 대기업이 한국학중앙연구원에 연구장학금을 매년 몇억 정도 지원한 적이 있다. 국제적 비즈니스에 한국의 문화와 정보, 그리고 정체성이 중요하다는 것을 알았다고 했다. 실제 비즈니스에서는 국력과 정체성, 그리고 교양의 역할이 결정적 요소 가운데 하나이다. 과시 유가가 세운 덕德의 구상이 전혀 허튼소리만은 아니라는 것을 알 수 있다.

---

7) 송재소, 『몸은 곤궁하나 시는 썩지 않네』, 한길사, 2003에서 재인용. 시 번역은 내 자의적 터치.

기업은 글로벌 경쟁에서 정체성 있는 상품 개발과 디자인을 요구하고 있다. 전통의 문양과 색감, 복고적 재질과 기술을 이용한 다양한 산업 응용이 연구를 자극하고 있다. '한국'을 찾는 외국인들이 인사동의 골동이나, 차, 그리고 옷과 노리개를 찾고, 전통의 음식을 찾아 즐기면서 한국을 느끼는 것도 이와 무관하지 않다. 또 그것을 국가나 지역이 적극 권장하는 것도 달라진 풍모이다. 아직 물건들의 품질과 개발은 더 향상되어야 하겠지만……

한국인의 사고방식 이 또한 현실적 요구이다. 글 첫머리에서 적었듯이 '보이는 유교'는 사라졌지만, '보이지 않는 유교'는 아직도 저력을 발휘하고 있다.

정치권에서는 아직도 일 인이 당을 지배하고 있고, 대통령은 제왕적 권력을 갖는다. 그를 중심으로 권력이 전면 개편된다. '그 사람'이 바뀌면 당 전체가 사라지고 새로 생긴다. 이것은 구미나 혹은 일본이 정당을 중심으로 정치가 이루어지는 것과 전혀 다른 풍경이다. 의회 제도와 정당정치, 그리고 법률의 운용에 있어, 백 년 너머의 근대적 제도의 수입 정착에도 불구하고 거기 '한국적' 성격이 분명히 작용하고 있고, 이것이 다른 사람들 눈에는 '기형', 혹은 '불합리'로 보이게 한다. 그러나 의식과 사고의 관행은 오래가고, 쉽게 바뀌지 않는다. 최근 한국 정치와 법적 장치의 운용에서 '한국적' 요소에 대한 관성을 인정하고, 이 실제에 입각해 정치와 법률을 효율적으로 운용하는 한국적 방안을 개발해야 할 필요성에 공감하게 된 것도 격세지감이 있다.

대통령 선거를 위시한 정치과정에도 이른바 '한국적 정서'와 '가치관'이 크게, 혹은 결정적으로 작용하고 있다. 그 바탕에 유교적 가치관이 자리잡고 있다. 그래서 유교 연구도 경서와 역사만이 아니라 '한국인의 사고와 행동양식'에 드러난 '구체적 연구'를 해달라는 응용의 요구가 커지고 있다. 이를테면 '유교 리더십' 등이 그런 유이다.

기업도 마찬가지이다. 기업환경과 기업문화에서 포드 식의 분업과 잭 웰치류의 능률주의가 '합리적'이긴 하지만, 한국인들의 정서에는 교각살우矯角殺牛의 우려, 혹은 매독환주買櫝還珠의 어리석음으로 귀착될 수도 있다. 한국의 비정규직 문제와 노동운동 안에서도 한국적 특성이 선명히 드러난다. 능률과 생산보다 정서와 화합을 중시하는 것은 전형적 유교문화의 특성이다(물론, 유교에만 고유하다기보다 농경을 중시하고 공동체적 특성을 가진 문화문명의 공통적 특성이라고도 할 수 있다). 이 문화와 심성에 입각해 생산방식과 기업문화를 더 효율적으로 적응시킬 수 있을지를 다각도로 연구하고 있다. 이 일에는 이제까지 전문연구자보다 응용적 기질의 사람들이 담당했다. 정통적(?) 스타일들은 낯설어한다. 이 양극화도 좁혀질 것이라고 믿는다.

의미와 가치 위와 연관하여, 한국인들은 백 년의 서구적 가치, 이를테면 과학적 사고에 입각한 능률과 효율 등의 구호에 마지못해 적응하려 노력했지만, 내심 매우 불편해해온 것도 사실이다. 이즈음, 근대적 가치와 개발에 대한 폐해가 커지고, 생태와 환경 등이 새롭게 화두로 떠올랐다. 총체적으로 포스트모던의 등장과 더불어 "근대와 그토록 불화하던, 그리고 불편해하던 유교 전통의 의미와 가치에 대해서 새롭게 조명이 일고 있다. 실학은 근대를 지향하는 것으로 가치를 삼았으나, 포스트모던 시대는 유교 바로 그것의 원론에, 구체적으로 주자학적 사고와 지향의 가치에 대해 백 년 이래 정면에서 목소리를 높이게 된 것이다.

앞의 마이클 칼튼 교수가 주자학의 전일적 사고를 생태와 환경의 화두에 입각해서 재조명하고 있는 것이 주요 사례 가운데 하나이다.

나는 박사학위 논문 「주회에서 정약용으로의 철학적 전환」 이후, 10여 년 주자학 연구에 몰두해왔다. 내가 주목한 것은 인간의 의미와 가치에 대한 주자학의 독특한 인식과 비전이었다. 근대인들은 타자와는 물론, 우주와의 연관을 잃고 개인으로 고립되었으며, 그 끝은 니체가 일찍이 예언한 대로 허무와 니힐리즘에 빠질 수밖에 없다. 주자학은 우주와 가족, 그리고 관계 안에서 태어난 인간이 그 관계를 적극 실현하는 한 자유체自由體로서 자신을 실현해가는 인간의 모습을 보여주고, 그것을 확장적으로 계몽시킨다. 나는 이 비전과 프로그램이 낡은 것이 아니라 '영원의 가치'를 갖고 있다고 믿고 있다. 현대인들도 마찬가지이다. 수십만 년 동안 인간이 생물학적으로 무어 그리 변했겠는가. 중국의 현대 신유가도 이런 생각을 했고 구미권에서도 이같은 발상 위에서의 논의가 활발해졌다.

나는 이즈음 사서四書를 위시하여 『심경心經』이나 『근사록近思錄』 『성학십도聖學十圖』와 『성학집요聖學輯要』 『자성록自省錄』과 『격몽요결

擊蒙要訣』등의 책을 통해 유교를 '정통적으로 학습 훈련하는' 프로그램을 강구중에 있다. 여기 관건은 현대적 번역과 해석, 그리고 습득을 통한 통찰 등의 '소통'이다.

21세기는 이런 황당한(?) 생각까지를 용인하게끔 되었으니 좋은 시절이 되었다.

동아시아 유교의 교류와 네트워크 20세기는 민족주의적 정향의 결과, 학문에 있어서도 독립과 독자를 내세웠다. 웃을지 모르겠는데, 한때 한문으로 적힌 문학은 한국 문학이 아니고, 한글로 된 것들만 높임받던 시절이 있었다. 일본도 한때 국학國學을 내세우고, 중국과 한국의 흔적들을 인명 지명에서부터, 사고의 흔적까지 지우려 한 시대가 있었다고 들었다. 미래를 생각할 때, 21세기 화합과 공존의 시대를 열자면, 동아시아의 공통 기억이자 문화였던 유교를 대화의 창구로, 가치의 자원으로 적극 이용하는 전략이 유용하다. 아울러, 동아시아 각국이 나름의 유교를 만들어간 역사를 상호 참조하고, 현재 개발 연구하고 있는 방법과 노하우를 상호 교류하는 장을 활성화시켜나갔으면 좋겠다. 물론, 구미의 유교 연구도 이 잔치에 적극 초대하는 접빈객接賓客의 도리도 잊지 않아야 한다. 세계적 유교 현장과 연구의 네트워크가 이루어지고 소통이 활발해지면, 어느 날 유교가 과거의 흔적이 아니라 미래의 자원으로 덜커덩 전이되는 소리를 들을 것이라고 믿는다.

전망—아직 오지 않은 유교를 위하여

이 혼돈과 다양성이 결국結局하는 지점은 어디일까. 실학의 빅브라더 이후, 다양한 관점과 성과들이 각각의 도구적 관심과 연관 하에서 백가쟁명 百家爭鳴하고 있다.

사람들은 묻는다. 그럼 실학은 허상이었는가. 천만에, 나는 그렇지 않다고 생각한다. 그것은 한 시대의 '역할'이었다. 그런데 이제 그 시절 '도구'로서의 실학의 역할이 다하고, 새로운 도전에 직면한 것이다. 21세기 한국의 시대정신이 실학 너머를 요청하고 있다. 이제 우리는 변명으로서의 실학은 졸업해도 되는 시대, 이를테면 목발 없이도 걸을 수 있게 된 시절을 살게 된 것이다. 우리가 물어야 할 것은 "그럼 다음은?"이다.

과거를 보는 새로운 사관의 중심은 이제 어디서 생길 것인가. 우리는 이제 어디에 의존하여 전통과 유교를 보게 될 것인가.

울결로서의 역사

역사를 과거의 사실이라고 말하는 사람들은 역사와 그 해석을 도구라고 단언하는 위의 논점에 크게 반발할 것이다.

그러나, 하버마스가 아니어도, 모든 인식은 관심의 결과이다. 노장과 불교가 이 사태를 분명히 알고 있었기에, 그 위험을 전편을 통해 경고하고 있는 것이다. 유교 또한 그러했다. 정명正名의 사고, 그리고 언변에 대한 경계가 바로 도구로서의 언어를 체험적으로 인지한 후의 충고이다.

'말'은 욕망 충족의 도구이다. 그런 점에서 못을 박을 때 쓰는 망치와 위상이 같다. 환경과 요구가 다르면 개념의 체계에서 언술에 이르기까지 전혀 다른 체계를 갖게 된다. 가령 푸코가 '지시'로서의 개념이 아니라 언술로서의 '디스코스discourse'를 운위하게 된 것도 이 사실을 자각한 결과이다. 20세기 초기 서양의 분석철학이 사물과 언어의 이상적 일치라는 레퍼런스 이론을 주장했을 때, 나는 그것이 강의실에서나 통용될 순진한 접근이라고 생각했다. 역사 또한 이야기이며, 그것은 구성된 것이다. 역사 기술은 해석자의 선택과 재구성의 산물이므로, 그것은 어느 편이냐 하면, 르포보다는 소설에 가깝다. 우리는 역사의 이름으로 수많은 가능한 이야기들 가운데 하나를 듣고 있을 뿐이다.

가령, 누가 사마천의 역사를 '객관적 사실들의 집적'이라고 말하는가. 그의 『사기史記』는 그의 울결鬱結의 반영이다. 그의 좌절과 방황, 꿈과 희망이 그만의 '역사'를 만든 것이다. 그런 점에서 과장하자면 역사는, 적어도 역사 기술historiography은 소설이다. 그래서 역사에서 중요한 것은 작자의 마음을 읽는 일이다.

연암 박지원朴趾源은 이렇게 술회한 적이 있다.

"그대가 태사공의 『사기』를 읽었다 하나, 그 글만 읽었지, 그 마음은 읽지 못했습니다. 왜냐구요. 「항우본기」를 읽을 때는 제후들이 성벽 위에서 싸움 구경하던 것이 생각나고, 「자객열전」을 읽으면 악사 고점리가 축을 연주하던 일이 생각난다고 하십니까. 이것은 늙은 서생의 진부한 말일 뿐이니, 부뚜막 아래에서 숟가락을 주웠다는 소리나 무에 다르겠습니까. 아이가 나비 잡는 것을 보면, 사마천의 마음을 알 수 있습니다. 앞발은 반쯤 내고, 뒷발은 비스듬히 들고, 손가락을 벌려 살금살금 다가가, (처억) 잡았구나 싶었는데, 웬걸, 나비는 저만큼 호로록 날아가버리고, 사방을 둘러보면 아무도 없습니다. 혼자 멋쩍게 웃다가 한편 부끄럽고 한편 화가 나는 것, 이것이 사마천이 책을 저술할 때입니다."[8]

그러고 보니, 열전의 첫머리 「백이열전」을 펼치면 그의 복잡한 정회가 떠오른다. 그 목소리는 은밀하고 우회적이다. 나는 이렇게 정리한다. "의인義人들은 기림 받지 못하고 핍박과 굶주림에 떨고 죽는다. 천도天道는 있는가. 그렇다고 나를 버리고 세상에 영합해 살 수는 없다. 공자는 백이숙제가 인仁을 추구하다 죽었으니 아무런 원망이 없을 것이라 했다. 그러나 어이 원망이 없었으랴. 책에 쓰인 것이 다 진실은 아니다. (궁형을 받고 손가락질 받는 나에 대한 공식기록도 그러할 것이다.) 나는 자기 길을 걷다가 묻혀버린 사람들, 잊혀지고 곡해 받는 진실을 위해 기록을 남긴다. 그것이 역사가의 일이다. 나는 이대로 죽을 수 없는 몸이다."

---

8) 足下讀太史公, 讀其書, 未嘗讀其心耳. 何也. 讀項羽思壁上觀戰, 讀刺客, 思漸離擊筑, 此老生陳談, 亦何異於廚下拾匙. 見小兒捕蝶, 可以得馬遷之心矣. 前股半跪, 後脚斜翹, 丫指以前手, 猶然疑蝶則去矣. 四顧無人, 哦然而笑, 將羞將怒, 此馬遷著書時也.(「답경지지삼答京之之三」, 『연암집燕巖集』 권5)

다산 정약용도 그 많은 저작을 남기고 갔다. 그는 왜 그토록 엄청난 책을 썼을까. 아들들에게 적은 편지에서 그는 "폐족廢族의 이름이 남을 것이 두려워서"라고 썼다. 유배의 좌절과 죽음의 공포, 그리고 조선의 운명에 대한 염려가 그가 책을 쓰게 했다.

"왜 쓰는가." 그리고 "왜 이런 이론이 있고, 저런 역사 기술이 있는가." 사마천의 용어를 빌리면 울결 때문이다. 일기와 역사뿐만 아니라, 문학과 철학, 사회이론과 정치 이데올로기 또한 다르지 않다. 모든 언어는 개인적 집단적 좌절과 욕망, 그리고 꿈과 이상을 향해 던지는 상징의 화살들이다.

실학의 위안, 실학의 열망

실학이라는 테제 또한, 앞에서 살폈듯이, 식민지의 운명에 대한 위안, 그리고 뒤이어 근대화와 서구화에 대한 압축적 열망의 산물임을 기억해야 한다. 현장에서 산업화와 새마을운동이 한창일 때, 근대화의 구호와 함께 학계에서 호응한 목소리가 실학이었던 것이다.

아 참, 잊었다. 실학에는 또다른 얼굴이 있다. 산업화와 성장과 더불어 짙어진 그늘에 있던 사람들이 민주와 평등을 열망하면서 실학에 또다른 목소리를 부여했던 것이다.

산업화의 요청은 실학에 '과학'과 '기술'을 말하게 했고, 재야在野의 저항적 요청은 실학에서 '민주'와 '민중'을 찾아 읽었다. 전자는 다산으로 하여금 수원화성과 거중기 제작을 통해 공기工期를 7년이나 줄이고, 엄청난 자금을 절약하게 했다고 말한다. 후자는 그러나 권위와 불평등에 대한 다산의 비판에 울분을 토하며 저항의 의지를 다졌다.

이때 언필칭 인용되는 시 하나를 소개한다. 『목민심서』 권8 「첨정簽丁」에 있다.

갈밭 마을 어린 아낙, 통곡 소리 질펀하다 蘆田少婦哭聲長
관아에 대고 울부짖는 소리, 하늘까지 울리네 哭向縣門號穹蒼
전쟁터에 보낸 남편들, 더러 못 돌아온 안타까움은 있었지만 夫征不復尙可有
내 아직, 남자가 자신의 성기를 잘랐다는 소리는 들어보지 못했다 自古未聞男絕陽
시아버지 삼년상 치른 지 오래고, 갓난 새끼는 아직 배냇물도 안 말랐는데 舅喪已縞兒未燥
삼대三代의 이름이 몽땅 군적에 올라 있네 三代名簽在軍保
살펴달라 읍소해도 범 같은 문지기가 가로막고 薄言往愬虎守閽
집달리 성질부리며 내 소 끌고 가버렸네 里正咆哮牛去皁
칼 갈아 방에 들어가더니, 피가 온 자리에 그득하네 磨刀入房血滿席
"내가 이 물건 때문에 이런 곤욕을 당하지!" 自恨生兒遭窘厄
잠실蠶室의 궁형 받은 게 무슨 잘못이 있었으랴 蠶室淫刑豈有辜
민閩 땅 거세 풍습도 그 또한 슬픈 일인 것을 閩囝去勢良亦慽
생명을 이어감은 하늘이 내게 준 소명이고 生生之理天所予
남녀의 일은 하늘과 땅의 길인데 乾道成男坤道女

불까고 거세한 말 돼지도 보기에 애달픈데…… 騙馬豶豕猶云悲

하물며 후손을 잇고 싶은 생민生民들이야 오죽하리 況乃生民思繼序

부유하고 권세 있는 집은 해도록 풍악과 잔치를 벌이면서 豪家終歲奏管絃

한 톨 곡식, 베 한 조각도 내놓지 않는다네 粒米寸帛無所捐

이 땅의 백성들 모두 같은 자식인데 이렇게 달리 대접할 수 있는가
均吾赤子何厚薄

객창에 하릴없이 앉아 시구편鳲鳩篇을 다시 읽는다 客窓重誦鳲鳩篇

―「애절양哀絶陽」9)

산업화와 근대화의 성공, 민주화의 일정한 성취가 이루어진 지금, 실학을 외치던 목소리는 가라앉고, 그와 더불어 전통과 유교를 둘러싼 다양한 담론과 정보들이 분흥棼興하고 있다. 분화와 착종, 다양성과 대안들을 일으킨 관심과 도구성은 일관되어 있지 않다. 과연 이들을 묶는 새로운 중심이 형성될 것인가, 아닌가.

다시 반복하지만, 모든 말은 도구이다. 이념도 그렇고 이론도 그렇

---

9) 이 시를 지은 경위에 대해 다산은 이렇게 적어두었다. "이 시는 가경嘉慶 계해년 (1803년) 가을, 내가 강진에 있을 때 지었다. 갈밭에 사는 한 백성이 아이를 낳은 지 사흘 만에 군적에 등록되고, 관리가 소를 빼앗아갔다. 그 백성이 칼을 뽑아 자기의 생식기를 스스로 자르면서, '내가 이것 때문에 곤액을 당했다'고 말했다. 그 아내가 잘린 물건을 가지고 관가에 가니, 그때까지 피가 뚝뚝 떨어졌다. 아내가 울며 호소했지만 문지기가 막아버렸다. 내가 듣고서 이 시를 지었다 此嘉慶癸亥秋, 余在康津作也. 時蘆田民有兒生三日, 入於軍保, 里正奪牛, 民拔刀自割其陽莖曰, 我以此物之故, 受此困厄. 其妻持其莖, 詣官門, 血猶淋淋, 且哭且訴. 閽者拒之. 余聞而作此詩."(『여유당전서』정법집政法集 권23)

다. 일본 사상사 연구의 역사도 그 점을 증거하고 있다. 가령, 마루야마 마사오丸山眞男 교수의 『일본정치사상사연구』는 익히 아는 대로, 일본의 근대를 성립시킨 사상적 기원을 고학古學의 주자학 비판을 통해 설명하고 있다. 그 시각이 그 이후 다양한 도전에 직면해왔다. 얼마 전 읽은 와타나베 히로시渡邊浩 교수의 『근세 일본사회와 송학宋學』이 포괄적 비판 가운데 하나를 제공하고 있다. 구로즈미 마코토 교수도 마루야마 교수의 이론이 사실을 크게 왜곡 과장했다고 비판한 바 있다.

나는 그동안 이런 의문을 가져왔다. 한국은 서세동점西勢東漸의 제국주의 시대에, 자발적 근대화에 실패하고 일본의 식민지로 떨어졌다. 그 한恨이 변명으로서의 실학을 요청하게 했다. 그에 비해 일본은 아시아 제국에서 자발적 독자적 근대화에 성공한 유일한 케이스이다. 그런데, 왜 마루야마 교수는 일본의 근대화 성공을 '이론적으로 정당화' 해야 했을까. 한국의 남정네들의 약간 야비한 속담처럼, "잡은 물고기에는 미끼를 줄 필요"가 없는데 말이다.

나는 『일본정치사상사연구』의 영문판 서문을 다시 읽다가 무릎을 쳤다. 마루야마 교수의 '시대'는 이른바 '근대의 초극'을 말하면서, 전 일본을 국제적 침략전쟁에 동원하던 시절이었던 것이다. 마루야마 교수는 그 자신 평양으로 징집되어 떠나기 직전, 젊은 아내와의 이별에, 성큼 다가온 전쟁과 죽음의 공포를 밀쳐두고, 그 경황없는 시기에, 이 책을 쓰고 있었노라고 술회했다. 그렇다. 마루야마 교수는 '근대의 합리성을 지키는 것'을 영혼의 책무로 생각했기에, 그 구원의 열망을 꿈에 담아, 이 책을 쓴 것이다.

마루야마 교수에 대한 다양한 반론과 평심한 접근은 '그 시대'를 거치고 나서, 평화와 재건의 시기에 이루어졌다. 요컨대 시대정신이 학문을 규정한다. 한국 또한 근대화의 콤플렉스를 벗어던지면서, 실학을 통해 위로와 구원을 받던 시절을 졸업해나가게 된 것이고, 이제 우리는 '또다른 실용적 목표' 하에 전통과 유교의 '읽기'를 실험하고 있는 중이다.

아마도 이제는 역사에서 '구원'을 생각하는 시절이 더이상 필요 없을지도 모른다. '위안'도 일부 문중이나 학맥을 제외하면 거추장스런 것이 되고 있다. 이제는 '유희'로서, 혹은 다양한 분야에서 필요한 만큼의 '도구'로서 전통과 유교를 인식하고 이용할 수 있는 시대가 되고 있다. 나는 그것이 고맙다. 어떤 이는 실학을 재정위할 것이고, 어떤 이는 실학 밖에서 대안을 찾을 것이다. 또 어떤 사람은 실학이 무슨 말이냐면서 자신의 유교 이야기를 써나갈 것이다.

지금 서점가에는 바로 그런 책들이 장안의 지가를 끌어올리고 있다. 조선의 뒷골목의 건달들, 소외 받은 기생들, 자기 고집으로 똘똘 뭉친 아웃사이더들, 경전 한 권을 수억 번이나 읽었다는 반쯤 미친 사람들, 저 구석의 시시한 일상 간찰들, 왕실의 의궤와 독특한 혼례절차들, 음풍농월이라 하여 비난 받던 한가한 자연시들, 독특한 사물 인식과 분류, 그리고 미신과 재이災異들, 그리고 국왕의 리더십과 관료들의 정치과정과 노하우, 그리고 사림士林들의 사회 정치적 의사소통 방식까지……

각자가 자신의 고유한 관점과 도구적 시선에서 유교를 접근하고, 그 성과들이 다량 축적되면서 논점과 접근방식들이 백가쟁명하고 있다. 이들이 도약과 창조의 화학반응을 일으키기 위해서는 자족적 범위를 넘어 중국은 물론, 일본의 유교 경험, 그리고 구미의 유교 연구까지 두루 참고해야 한다. 동아시아와 구미의 유교 연구는 그런 상호 감응을 위해 더 본격 학습과 교류의 기회를 열어나가야 한다.

이 마당에서 쇼펜하우어가 칸트의 저작을 두고 탄식했던 경구를 잊지 않아야 한다. "평가하기는 쉽다. 그러나 이해하기는 정말 어렵다."

유교의 역사가 보여주듯이, 유교는 하나의 이름이 아니다. 조선의 주자학이 증거하고 있듯이, 주자학 또한 단일한 체계가 아니라 자신 안에 수많은 유형들을 품고 있는 우산 혹은 둥지 같은 것이다. 거기에는, 아직 오지 않은 유학까지 있다. 오지 않은 유학은 유학의 최소한 Minimalist Confucianism 위에 서 있을 것이라, 안심해도 좋다. 덜고 덜다 보면 유학의 이름이 희미해져버릴 수도 있다. 그래도 비관할 것은 없으니, 장미는 그 이름이 아니어도 향기로울 것이기에……

방법

먼지 덮인 유교의 봉인에 어떻게 접근할 것인가. 나는 파당을 다루는 계보학에 관심 없고, 유교를 미성숙한 근대로 읽는 회고도 사양한다. 이 글은 유학을 고전용어 본래의 의미에서 '철학'으로, 즉 삶의 기술ars vitae로 다루는 법을 적어보았다. 거기 넘어야 할 두 산이 있다. 하나는 '근대'이고, 하나는 '언어'이다. 옛 지혜에 접근하기 위해서는 무의식으로 일상화된 근대적 가치와 관행을 에포케epoche, 유보해야 하고, 한편 서구 근대어로 무장한 현대 한국어, 이 '트로이의 목마'를 전폭 수용해야 한다.

4. 동양철학은 왜 이리 어려운가?

  동양철학은 어렵다. 이건 시중에서 이 분야의 책을 한 권 뽑아들거
나, 혹은 특정 인물이나 사상을 알고 싶어 관련 논문을 뒤적여본 사람
이라면 금방 알 수 있는 일이다. 일반 독자만의 경험이 아니다. 그 분
야를 전문적으로 연구하고 있는 학자들도 다를 바 없다. 서로 남의 글
을 읽을 수 없다고, 대놓고, 혹은 뒷전에서 투덜댄다. 학생들도 동양
철학의 비전秘傳의 소문과 알 듯 모를 듯한 향기에 취해, 혹은 거창하
게 동양을 극복하자고 전공을 선택했다가 후회하고 돌아서기 일쑤이
다. 다른 분야들에서는 이 성과를 이용하기가 너무 거칠고 요령부득
이라고 불만이 충천 낭자하다.

  그런데 다시 보면, 이 사태는 동양철학만의 것이 아니다. 서양철학
또한 동일한 사태에 직면해 있고, 나아가 다른 인문사회과학도 이 문

제를 피해갈 수 없다. 동양철학은 작금의 화두인 '인문학의 위기'와 그 원론과 진원을 공유하고 있다는 생각까지 든다.

논의의 순서는 이렇게 하기로 한다. 1) 전통의 유산은 단절되었다! 언어가 달라졌기 때문이다. 20세기 초 식민시대에 전환된 언어체계는 근대성의 코드로 무장하고 지배력을 행사하고 있다. 2) 이 도전적 현실에 전통은 크게 네 가지 방식으로 대응해왔다. 무시, 야유, 변명, 칩거가 그것이다. 각각의 특징과 문제점들을 살펴본다. 3) 이 넷 다 적극적이고 창조적인 대응양식은 아니라고 생각한다. 대안은 무엇인가. 거기 필요한 조건과 원칙들을 제시한다.

전통에서 현대 사이, 단절된 언어의 심연

한국어는 20세기 초 일제의 식민통치가 시작되면서 근본적 전환을 겪었다. 그리고 그 주축은 '한자의 형상을 한, 서구의 문화와 지식'이었다. 이 전환은 해방이 되어서도 복고되지 않고, 더 공고화되었다.

이 말에 의아해하는 사람이 있을 것이다. 우리가 지금, 일본어로 말하는 것도 아니고, 영어로 소통하는 것도 아닌데, '우리말'이 근본적으로 달라진 게 무엇이 있느냐는 것이다. 새로운 기술이 도입되고, 문물이 발전함에 따라 용어는 늘어나고, 사회가 변하면서 기존 개념들의 의미망에 약간의 수정이 가해졌을 뿐인데, 너무 호들갑을 떠는 것이 아니냐고 묻는 사람도 있겠다.

그런데, 그게 그렇지 않다. 동일한 한자의 꼴을 하고 있지만, 전통과 현대의 어휘 사이에는 근본적 심연이 있다. 그 둘은 좀 과장하자면 서로 다른 개념체계, 서로 다른 언어이다. 동양철학의 근본 문제는 이 구분이 모호하고, 충분히 자각되지 않는 데서 출발한다.

동양철학의 발표나 논문, 저술 등을 보면 거기 세 가지 서로 다른 언어들이 착종 중첩되어 있음을 쉽게 관찰할 수 있다.

1) 고전한문 : 전통적 텍스트의 용어와 개념, 어법과 어투.
2) 재래의 고유어 : 형용사와 부사 등 주로 감각과 감정을 나타내는 감성적 어휘들과 토씨.
3) 서양의 번역어들과 그 관용어법 : 대개는 한문의 문자 형상을 하고 있지만 족보와 기원, 용법이 전혀 다른 개념과 표현들.

전통적인 언어는 1)과 2)의 결합이었고, 현대어는 2)와 3)이 주축이다. 우리는 지금 후자를 통해 소통하고 있다. 가끔 1)이 섞여 아련한 기억의 향수를 불러일으키며, 작은 변주를 줄 뿐이다. 그러나, '동양철학'을 할 때는 1)이 중심에 등장한다. 그래서 평화롭던(?) 2)와 3)의 결합세계를 근본적으로 뒤흔들어놓는다. 두 체계는 너무나 다르기 때문에 뒤섞이면 충돌과 혼란, 심지어는 폭발까지 일어난다. 그런데, 이 둘이 얼마나 이질적이고, 적대적인지 보통 사람들은 물론이고, 전문가들조차 잘 자각하지 않고 있다. 거기 문제의 진원이 있다.

차라리, 둘이 전혀 다른 문자 형상을 하고 있었다면 적어도 그 이질감은 쉽게 감지되고, 문제는 더욱 뚜렷해져, 급박한 해결을 촉구했을 것인데, 동일한 한자의 형상 때문에 아예 문제가 인지되기 힘들었던 것이다(현재 이 두 체계를 구분해주는 사전은 없다).

그 전환의 기점은 유길준의 『서유견문西遊見聞』이다. 이 책은 현대어로 번역하기에 그리 까다롭지 않다. 국한 혼용에다가, 지금도 통용되는 '현대식' 개념을 많이 썼기에, 조금만(?) 손보면 그냥 읽어내려갈 수 있다. 한 페이지만 들추어도 '정부' '이론' '천문학' '생물학' '화학' 등의 용어들이 눈에 띈다. 물론 '성리학'은 재래용어이고, '발명發明' 또한 '개발한다'가 아니라 '밝혀낸다'는 전통개념으로 쓰고 있긴 하지만…… 이 책은 한 세대 전의 전통유생들이 감당할 수 없는 책이었다. 그들에게는 서양의 문물과 제도가 무척 낯설었고, 그것을 개념화한 언어와 표현들이 거칠고 자의적이었기 때문이다.[1]

요컨대 '개화開化'와 더불어 우리는 새로운 문물을 받아들이기 시작했고, 이와 더불어 말과 글까지 새롭게 바꾸었던 것이다.

곧이은, 일제의 식민 지배는 단순히 우리말과 한자 대신 일본어의

---

1) 혜강 최한기라면 아마도 힘들었겠지만, 『서유견문』을 읽어냈을 것이다. 그는 심학心學보다는 사물학事物學을 하고자 했고, 그 자원을 전통적 유학보다 북경에서 한역된 서학서西學書들을 축으로 섭취했던 선구였다. 그는 새로 수입된 서양의 과학과 기술용어를 자신의 사전에 등록하고, 또 전통의 개념들을 '자기 식으로' 변용하고 재해석해서 썼다. 전통 주자학이 복잡하게 다듬어 세운 성리性理의 선험적 지도를 무시하고 사무事務의 경험적 지도로 치환시켜버렸기에, 당대의 유학자들은 그의 억지(?) 한문 문체를 도무지 알아들을 수 없었다. 그래서 그는 당대의 주류로부터 무시당했다. 이해가 안 되니 토론도 할 수 없었고, 비판도 과녁을 비켜가기 일쑤라서 혜강의 학문은 외로운 서재의 성취로 남았다.

알파벳을 쓰고 일본어로 의사소통을 하게 되었다는 것을 의미하지 않는다. 식민지 경험은 '고전한자를 중심으로 하던 우리의 언어체계'를 '일본식 한자로 변안된 서구어 중심의 언어체계'로 바꾸어버렸다!

일본은 18세기 후반부터 서구의 문물을 받아들이고 자기화하는 과정에서 대규모의 '번역 작업'을 발진시켰다. 국가적 규모의 이 사업은 중국의 불교가 5세기 구마라습과 7세기 현장의 역경譯經 사업을 대대적으로 발진시킨 것에 비견할 수 있다. 한역漢譯을 통해 '중국 불교'가 성립할 수 있었듯이, 일본의 '서구화, 근대화' 또한 이 대규모 번역을 토대로 하고 있다. 그 성과는 일본 사회에 빠르게 흡수되어갔다. 번역을 통한 서양 근대 문명의 이식을 주도한 인물이 바로, 유길준에게 개화를 가르친 그 후쿠자와 유키치福澤諭吉이다.[2]

---

[2] 유길준은 1881년 신사유람단의 일원으로 방문했다가, 귀국하지 않고, 1년 반 동안 후쿠자와의 집에 기거하며 그의 지도를 받았다. 그는 게이오 의숙에서 후쿠자와가 지은 『서양사정 西洋事情』『학문學問의 권유』『문명론文明論의 개략概略』등 개화서를 읽고 자신도 그런 계몽서를 집필할 꿈을 가지게 된다. 임오군란으로 귀국했던 유길준은 1883년 보빙사報聘使의 수행원으로 미국을 방문하게 되자, 거기서도 눌러앉아, 학업을 계속했다. 2년이 채 못 되어 갑신정변이 발발했고, 고심 끝에 자진 귀국을 결심하는데, 배편 사정으로 1년간 유럽을 여행할 기회를 얻었다. 이런 경험들이 『서유견문』의 토대가 되었음은 주지의 사실이다. 그런데, 이 책은 조선이 아니라 일본의 한 출판사에서 간행되었다. 그리고, 철두철미 후쿠자와의 『서양사정』을 의식하고 씌어졌다. 아니, 그 가운데 3분의 1―임전혜 교수의 연구에 의하면 71편 가운데 26편―이 아예 후쿠자와의 책을 그대로 전재한 것이다.(임전혜, 「일본에 있어서의 조선인 문학사―1945년부터」, 이한섭 편저, 『서유견문』, 박이정, 2000, 45쪽) 유길준 자신 이 점을 숨기지는 않았다. 『서유견문』의 서문에서 그는 "본서本書의 집술輯述홈이 혹或 자기自己의 견문見聞을 수隨하야 논의論議를 입立한 것도 유有하고, 타인他人의 서書를 방고傍考하야 역출譯出한

일제는 조선을 식민지화하면서, 당연한 일이지만, 그들의 번역어들도 동시에 이식시켰다. 해방 후, 우리는 우리말을 찾은 것으로 생각했다. 그러나, 고유 일본어는 물러갔지만, 일본식 표현은 많이 남았고, 무엇보다 일본이 해둔 서구식 번역어들은 고스란히 남았다! 식민지 시대를 거친 지식인 학자들은 옛날의 유생들이 아니었다. 그들은 일본의 문화와 사상, 제도 등을 선진적으로 흡수했고, 그 과정에서 '전통한문'이 아니라 '일본식 교양과 서구화된 지식'으로 무장하고 사회를 주도했다. 해방이 된 후에도 그 지식인과 학자들이, 배운 그 자산을 축으로, 해방 이후의 한국의 지식과 학문을 담당했다.[3]

인문과학과 사회과학, 그리고 자연과학의 제 분과를 돌아보아 그렇지 않은 것이 하나도 없다. 그것이 '현실'이다. 이건 거스를 수 없다. 그후 전통적 언어는 다시는 복고復古되지 않았다.

자者도 유有하니"라고 했던 것이다. 다만, 구체적으로 어떤 책을 참고하고, 얼마만큼 베꼈는지는 언급하지 않았을 뿐이다. 요즈음 학술계처럼 어디까지가 내 아이디어고 어디까지가 남의 것인지를 분명히 해야 한다는 강박은 그에게 없었다. 그 당시 중요한 것은 '계몽'이지, '저작권'이 아니라고 생각했을 것이다.

3) 서양의 문물을 서구로부터 직접 수입하게 되면서 일본의 매개가 퇴조했다고 생각하기 쉽지만 실상은 그렇지 않았다. 서구의 저작들은 최근까지, 아니 지금도 일본의 중역重譯을 마다하지 않고 있다. 번역의 수고가 컸을 텐데도 서문이나 역자 후기가 없거나, 있더라도 남의 일처럼 말하고 있거나, 새삼 내용을 동춰서초하고 있다면 거의 중역이라고 보면 틀림없다. 본문을 들추어볼 때, 번역이 딱딱하고 단조로우며, 고유명사의 표기가 어색하고, 잘 쓰지 않는 한자어들이 눈에 뜨인다면 그런 책들도 중역일 공산이 크다. 물론, 일본어 중역이 어설프게 직접 번역한 것보다 나은 경우도 있다. 그렇지만, 그 폐해 또한 적지 않다. 우리가 일본의 매개를 통해 학문을 했고, 그 영향 또한 막강하나, 일본의 문체와 글쓰기는 우리의 것과 엄연히 다르고 또 지금은 더욱 낡은 것이 되었다. 서구의 저작들을 다시 번역해야 하는 이유도 여기에 있다. 이 얘기를 본격적으로 하자면 다른 논문이 필요하다.

우리는 이미 오래전에 서구화되어 있었다. 학문 분과의 이름부터 그렇지 아니한가. 철학哲學, 역사歷史, 생물生物, 물리物理, 공학工學 등 등. 이들 개념들은 전통한학의 연장선에서 유추한 것이 아니라, 전혀 새로운 번안어들이었다. 그리고 그 번안의 기원은 서구의 사상, 학문, 제도, 문물이었다.

지금 각 전문 분야에서 쓰고 있는 한자식 용어의 '대부분' 이 서구어의 번안이다! 설마 그럴까 하고 고개를 젓는 분이 있을지 모르겠다. 전문 영역뿐만이 아니다. 저널이나 논문은 물론, 우리가 날마다 접하고 있는 신문이나 방송에서 쓰고 있는 한자말의 대부분이 또한 서구어의 번안 개념들이다. 물론, 그 가운데는 전통시대에 쓰던 한자말도 섞여 있다. 그러나, 그런 용어들조차, 원문맥은 숨거나 혹은 변형된 형태로 존재한다. 이 변화는 깊고 본질적이고 광범위하다. 다만 그 실상이 일반인들에게 잘 알려지지 않을 뿐이다. 동양철학을 하는 사람들만이 이 차이들이 부딪치고 뒤섞이는 마당을 때로는 고통으로, 때로는 한숨으로, 때로는 유희로, 드물게는 창조로 바라보고 있을 뿐이다.

전통 한자어는, 그것이 현대에도 통용되는 말일 때, 크고 작은 의미와 용법과의 '거리' 를 갖고 있다. 특히 그것이 주요한 철학적 용어일 때는 거의 틀림없이 그 안에서 '가치' 가 뒤바뀌고, '세계관' 이 엇갈리며, 그리하여 '문명' 이 충돌한다. 예를 몇 가지만 든다.

의미와 용법이 달라진 것들 측량測量, 절충折衷, 횡설수설橫說竪說, 완벽完璧, 생산生産.

가치가 뒤바뀐 것들   공리功利, 권리權利[4], 천착穿鑿.

세계관이 엇갈리는 것들   자연自然, 본성本性, 사물事物, 심心, 도덕道德, 국가國家, 실학實學, 학문學問.

문명이 충돌하는 것들   도道.

이렇게 고유 한자어까지 서구화하고 있다. 전 부면에 걸쳐 이 사태는 역전되지 않고 더욱 가속화될 것이다. 새로운 용어와 어법의 공급자는 밖에서 온다. 물론, 안에서도 달라지기는 한다. 그러나, 그것이 주로 감정어, 일상 비속어, 재치어, 정치적 풍자나 유머 등등의 일이다. 학문적 용어, 공식적 용어를 유구한 전통의 언어로 공급 받는 법은 거의 없다.

나는 이 서구화의 진척이 실제 어느 정도인가 싶어 내 발표문 하나와 다른 이의 논문 하나를 집어들고 점검해본 적이 있다. 전래의 용법에 기원을 두지 않고 있는 '서구 개념과 용법의 번안한자'가 물경 80퍼센트를 상회하고 있었다(고유 한자어이나 지시나 의미 내용이 서구적 그것으로 바뀐 것도 포함해서 그렇다). 오늘자 신문을 펴도 좋고 월간지도 좋다. 좀 학술적인 책이나 저널을 펼치면 이 퍼센티지는 더 높아진다(물론, 시나 소설, 수필 등으로 가면 좀 낮아지지만…… 그러나 문학 안에서도 감정의 토로를 넘어 사유를 개진할 때는 이 퍼센티지가 높아진다).

---

4) 人之所以騖于權利, 溺于富貴, 犯難而不悔者, 將以厚其身耳.(소식蘇軾, 『노자주老子註』)

지금은 굳이 한자번역어에 의존하지 않는 경향도 확산되고 있다. 컴퓨터를 굳이 전자계산기로 말하지 않는다. 그것을 둘러싼 용어들, 인터넷과 IT, 공학이나 경제 등의 전문용어들은 아예 원어를 그대로 운용하는 비율도 커져가고 있다. 외국어가 점점 낯설지 않고 익숙해지는 세상이 되어가고 있다.

다른 분야의 학문들은 달라진 언어 현실과 별반 갈등을 겪지 않는 듯하다. 경제학이나 물리학은 이런 문제를 별로 고민하지 않을 것이다. 과거에 조회할 필요가 없거나, 조회할 강제가 없기 때문이다. 컴퓨터공학처럼 전통과의 연계가 없거나, 또는 물리학이나 화학처럼 전통의 학문적 성과를 돌아볼 필요가 없을 때, 그때 달라진 언어로 인한 갈등은 최소화된다. 이것은 인문사회 분야에서도 그대로 적용된다.

그러나, 철학, 그 가운데서도 동양철학은 이 문제에 정면으로 노출되어 있다. 동양철학은 지금 서구화된 언어 앞에서 어쩔 줄 몰라하고 있다. 혹자는 그 언어를 배우면 될 게 아니냐고 되물을 수도 있겠다. 그런데 사태가 그렇게 간단하지 않다. 언어는 자체 구획된 개념들의 단순 조합이 아니다. 그것은 표현과 스타일을 갖고 있으며, 그 안에 표면적 사유는 물론 심층적 무의식의 가치와 관행, 그리고 편견까지를 담고 있다. 언어는 요컨대 한 문화의 전달자이며, 문명의 얼굴인 것이다. 그러니, 새로운 개념을 배운다는 것은 단순히 도감을 확인하고 사전을 뒤진다고 끝나는 일이 아닌 것이다.

이 점을 잘 실감하지 못할 사람들을 위해 '철학'이라는 말부터 살펴보기로 하자.

철학은 전통시대에는 존재하지 않았다! 철학은 '필로소피philosophy' 의 번역어로 자리잡으면서 비로소 이 땅에 존재하게 된 학문이었다. 다만, 그것이 익숙한 한자어의 외양을 하고 있기에 오래전부터 있어 왔던 어떤 것으로 착각할 따름이다.

필로소피는 처음에는 소리 그대로 '비록소비아' 등으로 음사되었 다. 그러다가 니시 아마네西周란 일본인이 고심 끝에 '철학'이라는 이 름을 창안(?)했고, 그것이 굳어져 유행되었다. 그러니, 동양의 전통에 는 '철학'이 없다! 원효나 퇴계, 율곡, 다산, 혜강에게 이 말을 들이댔 다면, 다들 고개를 갸우뚱거리거나 실소를 했을 것이다. "거 무식한 친구들 같으니……"

'철학'의 외양을 한 필로소피가 등장함으로써 전통유학이나 불교 는 때 아니게 정체성을 의심 받고, 정당성을 도전 받게 되었다. 논리 와 체계로 무장한 철학은 묻는다. "얘야, 유교는 일상의 조언들로 가 득 차 있던데, 그건 철학이냐, 잠언집이냐." 그리고 유일신의 초월성 을 등에 업은 '종교'는 묻는다. "불교야, 너는 무신론 같기도 하고, 다 신론 같기도 한데, 너를 '종교'라고 할 수 있겠느냐." 이것은 강압적 이고 일방적인 물음이다. 그것은 흡사, 선글라스를 낀 권력자가 상대 방을 심문하는 자세 같은 것이었다. 6·25전쟁 때 산골의 어느 외딴집 에 군인들이 들이닥쳐, 방문을 열어젖히고, "너희들은 누구 편이냐" 고 물었을 때 대답을 잘못했다가 죽은 사람들이 많다고 들었다. 불빛 을 등지고 선 군인들의 신원을 알 수 없었기 때문이다. 지나친 비유인지 모른다. 그러나, 동양철학은 이 갑작스러운 물음에 화들짝 놀랐다. 당황한 나머지 그들은 혹은 부끄러워하고, 혹은 변명하고, 혹은 저만큼 피해갔다. 그때 정신을 수습하고 이렇게 되물을 수 있었어야 했다. "대체 철학은 무엇이고, 종교란 건 또 무엇이냐." 하는 수작이 마음에 들지 않으면 이렇게 뻗댈 수도 있어야 했다. "유교는 철학이 아니다. 그리고 불교 또한 종교가 아니다. 그런데, 그게 문제가 되는가. 가르침이고 배움이면 족하지 않은가?" 질문을 거꾸로 던질 줄도 알아야 했다. "예수는 과연 깨달은 사람이냐." "아리스토텔레스의 학문은 위기지학爲己之學인가, 위인지학爲人之學인가." 한 걸음 더 나아가서 이렇게 핍박할 수 있었어야 했다. "주자는 학자學者란 '제 몸의 자득自得을 통해서, 바깥의 사물에 사사로이 유혹되지 않고, 자신의 내재적 본연本然의 선善을 구현해나가는 사람學者於此反求諸身而自得之. 以去夫外誘之私以充其本然之善也'이라고 했는데, 근대 이후 이 모델에 적합한 사람은 스피노자 말고 누가 있는가."

지금은 이렇게 말할 수 있다. 러셀 이래, 철학은 삶의 보편적 문제이며, 서양의 철학적 전통만큼 동양의 철학적 전통이 소중하다는 것, 그리고 그 둘의 융합이 몰고 올 문명사적 의미가 심대하다는 것을 인정해가고 있는 추세이다. 서양에서도 철학을 과학의 오랜 시녀로부터 해방시키려는 움직임이 활발하다. 철학은 역시 지혜의 과학이다 Philosophy is the science of wisdom. 여기 지혜란 삶의 기술을 말한다 and wisdom is the art of living. 삶의 최종 목표는 행복이니, 쾌락이 아니라 덕이 우리를 그곳으로 안내할 것이다 Happiness is the goal, but virtue, not pleasure, is the road. 이런 정의를 받아들인다면, 동양은 어느 전통보다 철학적이며, 이 기반 위에서 동서양의 철학은 절실하게 대화하고 풍요롭게 연대할 수 있다.

　그런데 그동안은 이렇게 대처하지 못했다. "철학이 아니다"라는 대답은 "그것은 깊이 없는, 일상의 잔소리이다"라는 뜻을 함축하고 있었다. "종교가 아니다"라는 것은 "그것은 미신이거나, 야만적 습속이다"라는 것과 진배없었다.

　바람직하게는, '철학'이나 '종교'는 자신의 물음 자체를 반성했어야 하고, 유학이나 불교는 철학이며 종교가 무엇인지를 적극적으로 탐구한 다음, 이동異同을 형량하고 대화를 모색했어야 했다. 그러나, 게임은 공정하게 이루어질 수 없었다. 권위와 권력은 적극적 음미와 반성 이전에, 이미 저쪽으로 기울어져버렸던 것이다. 그것은 바슐라르의 말 그대로, 심각한 인식론적 단절이었다.

　이 단절이 얼마나 심각했던지는 '동양철학'이라는 문패만 살펴도 알 수 있다. 전통시대에는 철학이 없었다고 했다. 그런데, 무슨 동양철학이 있었겠는가. 이 이름은 오랫동안 '미아리의 사주와 관상'과 거의 등치되었다. 최근에 사정이 나아져 대학이나 사회에서 존재와 의의를 인정받고 있지만, 그것도 '유교, 불교, 노장 등을 뭉뚱그린 배낭 주머니' 혹은 우산 개념umbrella term이지, '동양철학'이라는 고유의 실체로서는 아니다. 동양철학은 원래 없던 학문이다. 동양철학을 둘러싼 초보적인 문제들, 이를테면 외연을 구획하고, 내포를 정의하며, 연구방법을 확정하는 일들이 아직도 암중모색이고 중구난방인 것도 이 '외재적 제국주의적(?) 태생'의 결과이다. 이 사태를 분명히 자각하고 있어야 한다.

개념 몇 개 가지고 너무 호들갑을 떠는 게 아니냐고 할지 모른다. 그런데 그렇지 않다. 전통에서 현대로, 개념과 어법, 표현, 스타일 전체가 서구식으로 바뀌었다. 이윽고 얼마 남지 않은 전통적 개념과 어법은 점점 더 영쇄해질 것이고, 전통과 현대의 심연은 점점 더 깊어질 것이다.

언어는 단순한 도구가 아니다. 그것은 존재 전체이고, 그 자체가 철학이라고 해도 과언이 아니다. 하나의 언어는 그 속에 사물을 인식하고 행동을 선택하는 특유의 코드를 함장하고 있다. 인간은 언어에 의해 지배되어 있다. 그 지배는 거의 의식되지 않고 무의식까지를 규율한다. 그래서 하이데거가 "언어는 존재의 집"이라고 했는지 모르겠다. 요컨대 한자의 형상으로 의양된 '서구의 사유와 문물'이 지배함으로써 우리의 사고와 시선, 가치와 행동 또한 의식 무의식적으로 '근대화' 되었다. 이 침투와 지배는 깊고 본질적이다.

새로운 세대는 이렇게 달라진 현실에 적응하고 학습하는 데 별로 어려움을 겪지 않는다. 그런데, 그게 잘 안 되는 사람이 있고, 분야가 있다. 동양철학과 거기 몸담고 있는 사람들이 바로 그런 부류이다.

근대의 도전에 맞선 동양철학의 대응들 — 양상과 문제점

익숙한 한자漢字라는 '트로이의 목마'를 타고 침입한, 서구와 근대의 전면적이고 본질적인 도전 앞에서 동양철학은 몇 가지 방식으로 대응해왔다. '근대를 인정하느냐', 아니면 '전통을 고집하느냐'에 따라 길은 둘로 갈라졌고, 각각의 대응방식이 '소극적'이냐, '적극적'이냐에 따라 다시 둘로 갈라졌다. 이건 내가 해본 파적破寂의 분류이고, 좀 위세를 빌리자면, '이념형 ideal type'적인 것이라, 실제 어떤 인물이나 집단은 대개 한쪽에 터를 잡지만, 다른 쪽에 걸치기도 한다는 것을 미리 일러둔다.

근대 문명과 가치를 선호

무시형(근대+소극) 앞에서 말한 컴퓨터공학이나 물리학에서처럼 전통적 가치와 관행을 돌아보지 않는다. 그럴 필요가 없어서 무심한 사람도 있고, 서양철학에 종사하는 사람들 가운데 일부처럼 동양철학을 열등하게 생각해서 그러는 사람도 있다. 그들은 은밀히 혹은 공공연히 동양철학이란 인생에 대한 잡다한 조언이거나, 뜬구름 잡는 아련한 이야기들, 지금은 돌아볼 필요가 없는 한때의 에피소드로 생각한다.

이 자세는 주로 동양철학 '밖'의 것이다. 그런데, 이런 자세의 연장에서 동양철학을 '학문적으로' 다루는 사람들도 있다.

야유형(근대+적극) 근대의 원리와 기준들을 업고, 전통적인 것들의 위선과 무능, 비합리와 권위적 측면들을 비판하는 데 주력한다. 그 설교와 훈계는 확고해진 근대의 지배로 하여 언제 들어도 설득력이 있다. 그러나, 그것은 한편 불모의 작업이다. 네거티브하게 접근했기 때문이다. 무엇을 비판하고 비난하기 위해서 하는 노력들은 소모적이고 비생산적이다. 죽은 시체 위에서 칼춤을 추고 있는 형국이라면 좀 지나친가. 이런 유형은 대개 전통에 대한 표면적 관찰, 동양철학에 대한 단편적 인상에 입각해 있고, 그 시선 자체를 회의하거나 유보하려 하지 않는 특징을 갖고 있다.

이들 유형에 대해 한마디 해두자면, 사람도 여러 얼굴이 있고, 행동만으로는 동기까지 읽을 수 없듯, 전통에는 또다른 얼굴이 있고, 무엇보다 '내면'을 갖고 있다고 말하고 싶다. 제齊환공桓公이 책을 거룩하게 읽고 있는데, 마당에서 수레를 깎고 있던 노인이 그건 "성인이 남긴 쓰레기 아니냐"고 툭 던졌다. "건방지게 감히"라며 화를 내는 제후에게 노인은 이렇게 해명했다. "수레바퀴의 속테를 헐겁지도 빡빡하지도 않게 깎는 그 섬세한 노하우는 자식에게도 전해줄 수 없어, 이 나이가 되도록 손수 이 짓을 하고 있다. 성인의 마음도 그러했을 것이다."
관찰자가 하나의 관심에 집착하고 그래서 사물을 보는 관점이 고착되어버리면, 사태를 전체적으로 공정하게 바라볼 수 없다. 진실은 손가락 사이를 흘러내리는 모래처럼, 씌어진 자료와 그것을 읽는 역사가의 눈을 비켜가는 것인지도 모른다. 비판에 주력하고, 피상에 자족하기 이전에, 혹은 그와 더불어, 가치에 주목하고, 심층에 닻을 내리는 노력이 우선되어야 한다. 애정이 있어야 비판도 하는 것이 아니겠는가. 전통의 여러 부면 가운데, 특히 철학의 경우, 애정이 없으면 동양철학을 싸고 있는 난해하고, 복잡한 텍스트의 각질을 뚫고 그 속살을 만나지 못한다.

전통적 가치와 문명을 선호

권력에 관심이 있다면 근대 쪽에 서는 것이 유리하다. 지배적인 언어와 관행의 '세력'에 기대면 여러 이점을 누릴 수 있다. 설득과 유포에도 힘이 덜 든다. 괜히 그 반대편에 섰다간 역풍을 맞받고 물을 거슬러올라갈 각오를 해야 한다. 동양철학이 전통의 가치를 내세울 때, 곧 이런 어려움에 처한다. 이것은 '진리' 이전에 '힘'의 게임이다(동양철학은 진리를 영원과 객관에서 말하기를 즐기고, 또 애초부터 이익과 세력을 말하는 것을 꺼리는 탓에 이 점을 소홀히 하지만⋯⋯).

가령, 은의 마지막 임금 주紂가 그토록 포악하고 신망을 잃었어도 곧 망하지는 않았다. 주의 문왕이 천하의 중망을 한 몸에 안았어도 왕조의 교체는 그 아들 무왕과 주공을 기다려야 했다. 사마천은 "한신이 항우와 더불어 천하를 삼분해 있을 때, 그때 독립할 생각을 하지 못하고, 유방으로의 통일이 굳어진 다음에야 어리석게도 딴마음을 품었다가 아녀자의 손에 죽었다"고 탄식했다. 마키아벨리는 『군주론』 첫머리에서, 세습 군주는 "평범한 정도의 부지런함과 유능함만을 갖추고 있다면" 돌발 변수가 없는 한, 그의 통치가 안정을 확보할 것이라고 말했다. 단지 그의 가문이 단순히 '오랫동안' 통치하고 있었다는 이유 하나로 그럴 수 있다고 했다. 상식과 관성은 무서운 힘을 갖고 있다. 이에 비해 신생 군주들은 개선의 기대와 실망, 그리고 변화의 과정에서 따르는 불가피한 억압과 피해 때문에 웬만한 지혜와 무력으로도 국가를 통치하기 어렵다고 적고 있다.

근대적인 것은 세습 군주이고, 동양철학은 이제 갓 창업한 신생 군주라고 할 수 있다.

　근대성으로 상징되는 세습 군주는 대체 어떤 얼굴을 하고 있을까. 나는 그것을 공리주의를 축으로, 여러 근친적 코드들, 이를테면 개인, 자본, 과학, 산업, 생산, 노동, 효율, 권리 등등이 결합된 것으로 생각한다. 근대는 사회를 사적인 욕망을 추구하는 개인들의 집합으로 본다. 욕망은 충족되어야 하기에 재화와 용역의 충분한 공급이 필요하고, 그것을 위해서 기술을 개발하고 산업을 발전시킨다. 물론 이 과정에서 개인들 사이에 있을 수 있는 분쟁은 적절히 조정되고 조화되어야 한다. 이게 무슨 문제가 있느냐고 하는 사람이 있겠다. 자본과 산업이 이 라인을 따라 발전되었고, 그것이 야기할 불평등에 분개하여 사회주의가 자랐다. 자본주의와 사회주의는 공리주의에서 자라난 두 자식이다. 그들의 뿌리는 같다.

　공리주의는 좋은 취지를 담고 있다. 제대로 충족시켜주지 못해서 탈이지, 모든 사람의 행복을 충족시키겠다는 원리에 누가 반대하겠는가. 여기 시비를 걸면 배부른 소리라거나, 정직하지 못하다고 핀잔을 받을 것이다. 이 원리는 현실적으로 존재하는 사람들의 바람에 가장 부응하는 원리 같아 보인다. 대체로는 그렇다. 그렇지만, 이 원리를 '제한과 제어 없이' 노골적으로 밀고 나갈 경우 곧바로 문제에 부닥친다. 우선 욕망의 무한한 충족은 불가능한 꿈이다. 주변의 환경, 재화, 그리고 사람을 지배해야 하기 때문에 자신과 타자를 예기치 않았던 소외와 갈등 속으로 밀어넣는다. 혹, 욕망의 무한 충족이 가능하다고 해도, 그것은 우리의 본성에 어울리는 행복의 항구로 우리를 데려

다주지 않는다. 이것이 더 큰 문제이다. 그렇다면 우리는 길을 잘못 든 것이다.

공리주의는 상식이 믿고 있듯이 보편적인 것이 아니라, 역사적인 것이다. 근대 이전 동서양의 어디에서도, 특별한 예외를 제외하고 이 원리는 적극적 승인을 받지 못했다. 우선 살피기로도 그리스의 소크라테스나 로마의 스토아, 그리고 중세 기독교 문명은 기본이 금욕적이었고, 이 점에서는 유교 불교 노장으로 대표되는 동양의 주류적 전통도 마찬가지였다. 욕망의 무한 충족이라는 테제는 전형적으로 근대적인 것이었다. 그러나, 사람들은 그러고 싶어하기 때문에 결과는 고려하지 않고, 이것이 인간의 보편적 원리인 것처럼 쉽게 믿어버린다.

근대의 과학과 산업과 자본이 우리의 언어와 사고, 가치를 지배하고 있다. 이 입법관 앞에서 다들 설설 기었다. 동양철학의 초기 대응은 두 가지뿐이었다. 구구한 변명에 매달리거나, 아예 외면하는 것이 그것이다. 첫번째 유형을 변명형, 나중 유형을 칩거형이라고 하자.

변명형(전통+소극) 이 유형은 왜 전통이 근대화에 성공하지 못했는가를 설명하려고 노력한다. 대개는 전통 안에서도 근대의 자원들이 있고, 역사적으로는 그 방향으로 상당히 나아가고 있었다는 것을 강조한다. 이를테면, 서세동점기 후스胡適는 중국이 논리가 없어 과학이 발전하지 못했고, 그 결과 근대화에 성공하지 못했다는 비난에 맞서, 아득한 시절의 잊혀진 묵가墨家와 명가名家를 끌어대어 중국에도 그것이 있었다고 논증했다. 일본이 조선은 자주적으로 근대화하고 산업화할 역량과 민족성을 갖고 있지 않다면서 식민 지배를 정당화하자, 우국지사들은 조선학朝鮮學을 창도하면서, 조선 후기에 그 목표를 향한 구체적인 움직임과 지속적인 발전이 있었다고 변호했다. '자본주의 맹아론'과 '실학'이 그것이다.

실학은 그동안 조선 후기 연구의 중심 화두였다. 그를 통해 발굴하고 축적한 성과는 놀랄 만하다. 그런데, 여기 함정도 있다. 실학은 그 기준을 '근대성'에 맞춤으로써, 그 렌즈에 잡히지 않은 나머지를 배제해버렸고, 초점 안에 든 것은 쉽게 부풀리고 왜곡했다. 자본주의 맹아론 또한 지금 심각한 파산 위협에 직면하고 있다. 해방 후 그 선두에 선 천관우조차 "실학은 근대의 의식도 근대의 정신도 아니었다"고 고백하기에 이르렀다. 아이로니컬하게도, 조선 후기의 실상에 대한 접근이 근대성을 의식하지 않을수록, 또 민족주의적 방어에서 자유로울수록 더 개성적이고 의미 있는 성취를 이룩했고, 앞으로도 그럴 것이라고 생각한다.

민족주의처럼, '유물사관' 또한 변명형에 속한다. 중국은 공산정권 수립 이후, 과거 속에서 초보적 형태의 유물론을 확인해나갔다. 기氣를 중심으로 사유하는 인물들이 그들 앞으로 불려나가 이런저런 수식어를 붙인 유물론자가 되었다. 북한 또한 화담이나 녹문 등의 주기론자主氣論者들을 찬양하고, 이理를 앞세우는 사람들은 덜 떨어진, 혹은 위선적인 관념론자들로 치부했다. 물론, 유물론의 완성은 김일성 주석의 몫이고, 김정일 비서가 그 위대한 이념을 계승하고 있다고 선전한다.

유물사관은 이데올로기가 역사를 왜곡한 전형적인 사례이다. 이를테면, 기氣의 사유는 유물론과 가장 멀리 있다. 기는 물질이라기보다 정신이었다. 장횡거 서화담이 기를 귀신鬼神이라고 했던 것을 기억해야 한다. 거기 자연은 스피노자적 의미의 신에 가깝지, 물질적 동기로 투쟁 갈등하는 주체나 계급의 흔적은 없다. 너무 없기에 그들은 차라리 순진한 관념론자라 해야 한다. 그들의 삶의 지향이 투쟁이 아니고 은둔이라는 것도 그런 사정을 알려준다.

칩거형(전통+적극) 이들이야말로 도도한 현실의 변화 속에서 진정 전통과 동양철학의 가치를 가슴에 안고 지켜온 사람들이다. 그런 점에서 가장 긍정적이고 생산적인 유형이라고 할 수 있다.

그들은 '트로이의 목마'의 정체를 알고 있다! 서구화된 현실, 근대화된 세상이 전통의 가치와 관행을 위협하고 있다는 것을 즉각적으로 알고 있다. 그들은 대면에서는 승산이 없다고 판단, "도도한 공리와 사욕의 대세를 막을 수 없는 무도한 세상이니, 종적을 숨기고 독선기신獨善其身하겠다"는 쪽으로 생각을 굳혔다. 국무도國無道, 지사불변至死不變, 강재교强哉矯! 한말의 간재艮齋 전우田愚가 이같은 태도의 상징이라 할 만하다. 그는 조선이 일제의 식민지로 떨어지자, 이 미친바람이 지나가고 다시 올 요순의 시대를 그리며, 제자들과 함께 서해의 섬으로 들어가, 다시는 육지를 밟지 않았다. 해방이 되고, 주권은 찾았지만, 그들은 새로 등장한 양이洋夷들의 지배를 못마땅해하면서 여전히 섬을 떠나려 하지 않는다. 지금까지 동양철학의 주류는 이들이었고, 이들이 전통과 현대 사이에 실낱같은 명맥을 이어왔다. 이들은 대체로 유서 깊은 명문가와 연결되어 있거나, 특정한 학통에 연원을 두고 있다.

그런데, 문제는 그 자산과 지혜가 사저私邸에서만 공유되고 있을 뿐, 광장廣場에서 소통되고 있지는 않다는 점이다. 지금은 언어가 달라지고, 사고와 문화가 달라졌다. 그 현실의 바탕 위에서 자신의 진실을 표명하고, 타당성과 유용성을 시험 받아야 하는데, 동양철학은 쉽사리 칩거를 풀지 못했다.

칩거형과 변명형은 여러 면에서 대조된다. 공자의 경계대로 하자면, 칩거형은 학이불사學而不思의 폐단을, 변명형은 사이불학思而不學의 폐단을 갖고 있다. 칩거형은 주자가 말한 골륜탄조鶻圇吞棗의 혐의가 있다. 즉, "새가 대추씨를 바르지 않고 통째로 삼키듯" 텍스트를 분석하기를 꺼리고, 적극적으로 해석하기를 소홀히 한다. 그것은 말씀에 대한 불경이라고 생각하는 탓이다. 이에 비해 변명형은 지나치게 천착한다. 즉, 텍스트가 전하는 뜻을 정면에서 대면하지 않고, 자신의 편견과 의도에 따라 대상에 엉뚱한 상처를 내고, 억지 시추를 한다. 옛적에는 그토록 꺼리던 작업(?)이었는데, 지금은 천착을 많이들 '연구'와 같은 의미로, 긍정적으로 쓰는 사례가 늘고 있다. 역시 고금의 '학문'이 달라졌다.

다음 장에서 변명을 그치고, 칩거를 풀어, 동양철학을 햇빛 속 광장으로 나서게 할 방도를 몇 가지 제시할 참인데, 그전에 변명형과 칩거형의 실제와 그 문제점을 좀더 구체적으로 살펴보자.

변명형의 문제 본시 변명이란 자주 하면 구차하고, 많이 들으면 짜증이 나는 법이다. 근대화, 산업화, 민주 등의 가치를 개화시키지 못했다면 그건 솔직하게 인정하는 것이 깨끗하다. 차라리 초점을 "왜 그렇게 하지 못했을까" 하는 반성이 생산적이지, "우리도 열심히 그쪽으로 노력했는데, 결과가 좋지 않았다"라는 변명은 아니 하는 것이 좋고, 하더라도 한두 번 하고 말았어야 한다. 실학 연구가 아직, 연대와 인물을 획정짓지 못하고, 또 아직도 개념을 둘러싼 혼란이 정돈되지 않은 것도, 근본적으로는 변명으로 시작한 태생의 결과라고 생각한다.

실학은 식민사관의 결과이다. 그것은 본래 식민사관에 맞서서 그것을 극복하겠다고 시작한 것이지만, 결과적으로 식민사관의 논리에 말려들어, 그것을 도와준 형국이 되었다. 장담하건대, 실학의 논리는 결코 식민사관을 '극복' 할 수 없다. 친구가 놀리면 그저 웃고 지나갈 일이지, 거기 화를 내고 반응하면, 친구는 재밌어서 더욱 짓궂게 괴롭힐 것이다. 나라면, 놀린 남의 집 아이보다 어른스럽게 대처하지 못하고 화를 낸 내 자식에게 더 큰 꾸중을 할 것이다.

불교는 유무有無와 시비是非, 동이同異를 동일한 것으로 본다. 놀랄 사람이 많겠지만, 거기 진실이 있다. 문득 누가 길을 가다가 "나 이제 담배 끊었어"라고 한다. 아무도 물어보지 않았고, 관심도 없는데 그런 말을 하는 것은 그가 "아직도 담배로부터 자유롭지 않다"는 것을 반증한다. 물론, 그 당시 담배를 끊었을 수도 있다. 그러나 그의 무의식은 담배로 지배되어 있고, 그 생각이 남아 있는 한 언젠가, 곧 다시, 담배의 코드와 자극에 반응할 것이고, 이윽고 담배를 다시 물 가능성이 크다. 요약하면, 우리가 "어떤 사태를 긍정하느냐, 부정하느냐"는 기실 근원에 있어 동일한 사태이다. 두 대립항들은 서로 맞서 있으면서 동시에 서로 의존하고 있다.

그러므로 식민사관과 실학 또한 서로 대립하지만, 공생적으로 얽혀 있다. 일제의 식민 지배가 없었다면 실학은 태어나지 않았을 것이다. 그리고 해방과 분단, 좌우 분열과 동족상잔이 없었다면, 그리고 개발 도상국의 굴욕을 겪지 않았다면, 실학은 고집되거나 강화되지 않았을 것이다. 적어도, 실학이라는 이름 아래, 근대성과 과학, 산업만의 색 안경으로 안전에 펼쳐진 생생한 풍경을 단색으로 도배하지는 않았을 것이다.

이게 지나친 말이라는 사람들이 많을 것이다. 실학은 분명 조선 후기에 존재했던 역사를 다루고 있고, 또 그 안에서 고민하고 대안을 모색했던 사람들의 사상을 자료와 사실에 입각해서 다루고 있는데, 그것을 어떻게 송두리째 타박하느냐고 되물을 것이다.

E.H. 카의 『역사란 무엇인가』를 다시 일별하고 시작하는 것이 좋겠다. 역사는 사실의 기록에서부터 이미, 그리고 그것을 선별하여 읽을 때는 더욱, 그리고 그것들 사이의 연관고리를 찾고 그 의미를 해석할 때, 역사가의 '주관'에 의존한다. 그리고 그 주관은 당대의 현실과 조건, 문제의식과 편견에 깊이 물들어 있다. 그런 점에서 객관적 사실은 없다. 불교 식으로 말하면, '실학'은 법法이 아닌 상相이다. 쇼펜하우어 식으로 말하자면, 실학이라는 '표상'은 식민사관의 '공포'와 근대화의 '욕망'이라는, 즉 '의지'의 '산물'이다.

의지가 없다면, 혹은 의지의 방향이 다르다면, 그때 다른 세계가 펼쳐질 것이다. 요컨대, 실학의 관점이 아니어도 조선 후기를 볼 수 있다. 물론, 그것 또한 선택되고 해석된 것이겠지만, 만일, 우리가 객관적 법, 혹은 '물자체'를 볼 수 없다면, 전혀 다른 주관들과 해석들을 통해 역사 해석의 일면성의 지배를 제어하고, 다양성과 풍요로움을 열어놓아야 한다.

실학이라는 일면성의 해석을 유보하고 변명을 그친다면 거기 새로운 천지가 펼쳐질 수 있다. 그러자면, 자신을 점유하고 있는 인순因循과 경직의 외물外物을 객관화할 수 있는 지혜와 용기를 갖추어야 하는데, 거기 자유로운 웃음과 유희의 정신이 필요하다.

실학은 식민사관과 근대화의 삭은 족쇄로부터 해방되어야 한다. 우리는 지금 그래야 하고, 또 그럴 수 있는 시절을 살고 있다. 식민지로부터 해방되었고, 눈부시게 빠르게 이룩한 근대화에 자부심을 가져도 좋지 않은가.

아직도 고개를 갸우뚱하는 사람이 있을지 모르겠다. "실학이 대체무슨 문제가 있는가." 나는 대답한다. "재미가 없다." 이렇게 말해보자. 실학이 전면을 막아섬으로써, '근대' '개혁' '혁신' '민중' '과학' '산업' 등등이 과거 역사의 숨통을 눌렀다. 예술도, 문학도, 가족도, 사회적 교환과 교제도 관심 밖으로 밀려나거나 하찮게 대접 받았다. 거기 '개인'이 사라지고 '삶'이 지워졌다. 꿈과 고통을 갖고, 다른 사람과 관계를 가지며, 일과 놀이를 하는 개인들의 구체적 표정과 감정이 까맣게 지워졌다. 오직 근대적이고, 과학적이고, 민중적인 것들만 발굴되고, 성형되고, 고무 찬양되었다. 이 앵무새, 획일은 이제 그만 지겹다.

누가 "연암은 실학자인가"라고 묻는다. "그렇다"라는 대답이 돌아온다. "왜"라고 물으면, "민중의 아픔을 대변했고, 양반들을 풍자했으며, 농사에 대한 실용적 기술을 제창했기 때문에"가 잇따른다. 짜고 치는 고스톱 같지 않은가. 이 과정에서 민중은 찬양되고, 양반들은 쓸어야 할 악이 되었으며, 자잘한 기술이 신격화되고 '마음의 수련이나 도덕의 천양'은 헛소리 아니면 위선, 혹은 민중들을 지배하기 위한 이데올로기로 추락했다. 그리하여 '주자학'과 '양반'은 싸잡아 악의 축이 되었다. 이 획일적이고 전체주의적이며 집단적인 잣대가 역사와 전통을 "그것이 일어난 그대로wie es eigentlich gewesen" 이해하고 연구하는 것을 방해해왔다. 그렇지 않은가.

나는 퇴계와 율곡은 물론이고, 다산이나 연암, 혜강의 가치를, '근대성'의 그물로는 잡을 수 없는, 일찍이 공자가 노자를 두고 찬탄했듯이, "작살로 잡을 수 없고, 그물로도 덮을 수 없는" 지평에서 읽는다. 그들과 만나기 위해서는 근대성이니 산업화니 백과전서파니 하는 안대를 벗어버려야 한다. 그들의 진정한 개성과 가치는 '그 밖'에 있는 것이다. 그들이 이런 논의를 듣고 있다면, 혀를 차거나, 더불어 웃거나, 또 혹은 오해의 지점이 어디인지를 듣고 싶어 귀를 기울일 것이다.

그래도 '실학'은 비교적 자유롭다. 느슨하고 엉성하기에 거기 '숨 쉴 틈'이 있기 때문이다. 이 자유를 숨 쉬면서 쓴 글들이 실학과 근대성을 의식한 글보다 조선시대의 실상에 가까이 갔고, 그래서 더욱 생산적이었다. 그러나 유물사관은 이데올로기적 강박과 강제가 너무 강해서 위압적이고 딱딱하고 불친절하기 이를 데 없다. 그러니, 도무지

재미라고는 찾을 수 없다. 이 방면의 글만 읽다가는 곧 동양철학에 질려 나가떨어진다. 거기서 헤매는 사람이 있다면, 한시바삐 빠져나와야 목숨을 건질 수 있다. 미련이 있다면, 동양철학의 실제에 상당 부분 익숙해지고 난 다음 부닥쳐야 그 허실虛實과 심천深淺을 올바르게 간파할 수 있다. 관점을 고정시키기 전에, 그 인간과 역사의 기록 앞에 겸허해지는 법부터 배워야 한다. 유물사관에 입각한 글이 얼마나 재미없는지를 알려주기 위해 예를 하나 들어주기로 한다.

"위진시대에 이르러, 계급 모순의 상황에도 변화가 일어났다. 권문세족이 정치 경제적 대권을 장악해서 지주 계급과 농민의 기본 모순 외에 권문세족인 대지주와 중소지주 간의 모순도 현저한 양상을 보이고 있다. 이 시기의 사상 투쟁은 주로 귀무貴無 철학과 숭유崇有 철학 간의 투쟁이다. 하안 왕필 등은 무無가 세계의 기초라고 주장하며, 유有의 물질적 근본성, 즉 물질 존재의 제1성질을 부정했는데, 이것은 일종의 유심론이다. (…) 귀무철학은 권문세족의 이익을 표현한다. 권문세족들은 실제 사무를 맡아서 처리하는 것은 가치가 없다고 생각하고 최고의 권력을 장악했다."

이 예문은 그래도 그 안에 구체적 정보 한둘을 담고 있는 '좋은 글'에 속한다는 점을 귀뜀해둔다.

실학과 유물사관을 함께 분류하고 있는 것을 의아하게 생각하는 사람도 있을 것이다. 둘은 물론 다르다. 그렇지만, 특정한 이념적 선입견, 그리고 특정한 목표에 강박되어 역사적 실제를 재단하고 격자화하는 점에서, 정도와 목표는 다르지만, 같은 유형이라고 볼 수 있다. 다행히 둘 다 변하고 있다. 실학은 자생적 근대화의 실패에 대한 강박을 벗으면서 역사적 실제를 자유롭게 접근하고 있으며, 중국의 경우는 자본주의적 개방이 급속하게 진척되면서 전혀 다른 역사 해석으로 나아갈 것이다. 북한은 여전하다.

칩거형의 문제 칩거형은 청학동이나 토굴, 서당이나 강원에 있다. 그들은 경전을 전통 식으로 읽고, 해석에 있어 특정한 권위에 의존한다. 이 유형은 대학이나 연구소처럼 근대적 제도의 형식을 갖추어 전승되기도 한다. 논문이나 저술을 일별하면, 거기 서론 본론과 결론이 있고, 목차가 있으며, 자상한 각주가 붙어 있다. 그러나, 거기 운용되는 개념과 문장 구성, 그리고 스타일은 차라리 고전에 토를 단 '언해諺解'에 가깝다. 예를 하나 들어보기로 한다. 칩거형의 문체는 대강 다음과 같다.

"지知는 행行을 지도하고, 행은 지를 체현하며, 지는 행을 열고, 행은 지를 완성한다. 지 가운데 행이 있고, 행 가운데 지가 있으며, 지가 있으면 행이 있고, 행이 있으면 지가 있다. 행 가운데 지가 있다고 본 왕수인의 견해는 정확한 것이다. 왕수인은 행이 지를 체현 완성한다는 관점을 지녔는데, 이것은 행이 지에 비해 더욱 중요한 의의를 지님을 강조한 것이다. 그는 "참되게 아는 것은 곧 행하게 되는 까닭이 되니, 행하지 않으면 안다고 말하기에 부족하다"고 말하였다. (…) 왕수인은 행을 떠나서는 진지眞知가 없다고 여겼으며, '일에서 연마해야 함事上

錬磨'을 주장하였다. 이러한 주장은 이치에 닿는 것이라고 할 수 있다."

이건 읽을 수 없는 글이다. 읽자면 원문을 다시 복원한 다음, 이를 원래의 문맥에 놓고 절문이근사切問而近思, 사유하고 성찰해야 한다. 그러니 번역이 하나마나한 것이 아니면, 오히려 방해가 되었다. 이런 암호와 주문에 질리면, 독자는 "차라리" 하면서 직접 원전으로 향한다. 이때다 싶어 그렇게 권하는 사람도 있다. "한문은 직접 파고들지 않으면 맛을 모른다." 맞는 말씀이지만, 이렇게 무책임한 말도 없다.

한문을 직접 읽으라고 순진한 사람들을 내몰 것이 아니라, 그들에게 자신이 얻은 깨달음과 축적을 나누어주는 것을 사명이요 보람으로 삼아야 하지 않을까.

나는 처음 칩거형의 글을 도무지 읽을 수 없었다. 지금도 그런 글이 태반이다. 어째 이걸 읽으라고 준 거냐고 불평도 원망도 많이 했다. 내가 이 성과들을 이용할 수 있게 된 것은 한문을 대강 뜯어볼 수 있게 되면서부터였다. 한 사상가의 연대나 생애, 일화 등의 '역사적 기술'은 인물의 대강을 스케치해주고, 인용한 '원문'들은 해당 인물과 사상의 특징적 면모를 알려준다. 나는 이제는 불평하기보다 그 성과를 활용하는 법을 익히게 되었다.

그러나, 이것은 원문을 직접 읽을 수 있는 전문가들의 경우이다. 근본적 문제는 여전히 남아 있다. 일반 독자들이 접근할 수 없다는 것은 차치하고라도, 이런 방식은 '학문적 축적'을 어렵게 만든다. '번역'과 '해설'은 원문 뒤를 따라가기도 벅차고, '비평'이나 '평가'는 과

넉을 비켜가거나, 잘못 쏜 화살일 때가 많았다. 앞에서 든 칩거형의 인용문을 다시 한번 일별하면, 그 글은 원문을 거의 직역해놓고, 지나 가면서 칭찬 혹은 비판을 덧붙이는 정도에 그쳤다.

칩거형의 글에서는 대개 해석자의 관점과 주관이 잘 드러나지 않는 다. 모호하고 신비스런 용어와 개념들이 바람처럼 일어났다가 안개처 럼 사라진다. 거기서 메시지를 읽고 자양을 삼으려면 용을 낚아채는 도룡屠龍의 기술이 필요하다.

그럼 '동양철학'을 어떻게 해야 할까

관건은 '달라진 언어'를 두려워하지 않고 받아들이는 데서 시작한 다. 이 조건만 전폭 수용하면 길의 절반은 열린다. 어쩌겠는가. 사저 에서 칩거하며 광장의 인간들을 훈계할 수는 없다. 전통은 '지금 여 기'로 걸어나와, 한때 영광이었던 그 빛나는 자산이 지금 우리에게 무 슨 조언과 유익함을 줄 수 있는지를 묻고, 대답해야 한다. 그러지 않 고, 과거의 영광과 향수에 취해, 달라진 현재를 불평하고 비난만 하고 있어서는 희망이 없다. 동양철학은 이제 인정된 권위도 통용되는 상 식의 지원도 없이, 혈혈단신, 비바람 속을 헤쳐나가 자신의 힘과 가치 를 증명하고, 설득해야 하는 '벌거벗은' 자리에 섰다. 혹시 전통시대 의 달콤한 기득권에 연연하거나, 옛 시절의 영광을 아련히 떠올리는 동양철학자가 있다면 일찌감치 꿈을 깨야 한다.

칩거를 풀 때, 동양철학은 다음 몇 가지를 주의해야 한다.

권위의식을 버려라 세상이 바뀌었어도, 동양철학의 권위의식은 뿌리
깊다. 유교든 불교든 본시 '가르침'이었고, 그래서 설득적이기보다
훈계적이었던 탓도 있다. 성현을 본받고, 불보살에게 귀의하는 것을
학문이요, 길로 알아왔던 탓도 크다. 시대가 달라졌어도 그 학문에 종
사하는 사람들은 그런 특권의식을 무의식적으로라도 갖고 있다.

그러나 지금, 동양철학에겐 아무런 특권도 없다. 그 이름만으로 행
사하던 권위는 이제 없다. 예전 시대에는 '공자'라는 이름은 신성 그
자체였다. 거기 누구도 이의를 달지 못했다. 정약용조차 공자라는 이
름 앞에 지극한 존경과 헌신을 바쳤다. 한말에 와서 최한기만이 "공
자라는 이름의 가치는 그가 한 일에 있다"고 했다. 그래서 그 정신을
따라, 공자가 벌여놓은 사업을, 그 오래되어서 적응이 어려운 것은 오
늘의 필요에 따라 손익損益하고 취사取捨해야 한다고 했다. 그로부터,
아득한 세월이 흘렀다. 이제 공자는 코미디 프로의 한 코너로 등장해
도, "공자가 죽어야 나라가 살겠다"고 파천황의 주장을 펴도, 피바람
은커녕, 별다른 소동도 일어나지 않는 세상이 되었다. 주자의 권위 또
한 땅에 떨어졌다. 17~18세기 '주자'라는 학자의 주석 몇 줄에 이의
를 제기했다가 혹은 죽고 혹은 귀양 가는 일이 멀쩡히 자행되었지만,
지금 그것은 아득한 야만의 습속으로 남았다. 나는 그 모든 것이 지난
시절의 에피소드라는 것에 안도하고 감사한다.

동양철학은 지금 왕관을 잃고 딸들에게 버림 받아 황야를 헤매는
리어 왕 신세가 되었다. 나는 이것이 오히려 동양철학을 위한 더없는

기회라고 생각한다. 벼랑 끝의 위기야말로 진짜 기회인 것이다. 아무런 기득권 없이, 의상이나 명패에 의존하지 않고 자신의 가치를 설득시킨다? 신나는 일이 아닌가. 동양철학 안에는 고귀한 가치, 충분한 자원이 있다. 그게 무엇인지 보여주고 유통시켜야 하지, 주머니 속 보물이나 집에 둔 금송아지처럼 괜히 있는 척 안개를 피워서는 안 된다. 유교가 영원한 진리라면, 불교가 21세기의 대안이라면, '주장'만 할 것이 아니고, 이제 그것을 '증명'하고, '설득'해야 한다.

동양철학에 신비나 신통은 없다 동양철학의 진리는 범인들이 쉽사리 소통될 수 없는 비의적인 성격을 갖고 있다고 말하는 사람들이 있다. 지하철에서 가끔 개량한복을 입은 도사들이 "기氣에 관심이 있습니까?"라고 묻는다. 듣고 보는 것이 모두 기인데, 이 사람들이 말하는 것은 앉아서 공중을 날거나, 며칠을 먹지 않고도 버틸 수 있는 그런 괴력난신怪力亂神의 테크닉들을 염두에 두고 있다. 거기 혹해서는 이로울 것이 없다. 불교도 신비적인 체험을 강조하는 것처럼 보인다. "그 소식이 터지면, 하늘을 놀래키고 땅을 울리며, 관우의 청룡도를 뺏어 쥔 듯, 부처가 막아서면 부처를 죽이고, 조사가 막아서면 조사를 죽인다." 그러나, 이 깨달음이란, 한순간 이무기가 용으로 승천하듯 저 다른 세상으로 가는 것을 뜻하지 않는다. 『무문관無門關』은 거기 이렇게 적고 있다. "물음을 절실하게 끌어안고 있으면, 마음이 점점 익어 어느 날 안과 밖이 합쳐지는 경지에 도달할 것이다"라고. 이 말에 유의해야 한다. 그것은 번뇌와 망상으로 분열되어 있던 마음이 지속적 주시와 자각을 통해 치유되어가는 '점진적 과정'을 일러주고 있다. 거기 목표는 신통이 아니라 통합이며, 과정 또한 돈오頓悟가 아니라 점수漸修라는 것을 일러주고 있다.

깨달음을 신비화해서는 안 된다. 동양철학에는 무슨 거창한, 보통 사람이 범접할 수 없는, 그것을 한번 알면 우주를 말아먹고, 일거에 일상의 누추함을 벗어던지고 비상할 '비밀의 권능'은 없다. 우리 모두는 각자 삶의 굴곡을 거치며, 작게 혹은 크게 삶을 배우고 있는바, 그 속에서 각자 깨달음의 불씨들을 일깨워가고 있는 수행자들이다.

일찍이 주자는 돈오의 선학禪學을 위태롭게 여겨, 일상의 거경궁리 居敬窮理의 점수를 그토록 강조했다. 그런데 지금, 주자학을 말하는 사람들도 이런 착각이 없지 않다. 이理란 거경의 함영涵泳과 격물궁리의 극처極處에서 활연관통豁然貫通해야 하는 것이지만, 그것은 진리가 '초월'이나 '정보'가 아니라 점진적 '성숙'임을 알리자는 데 그 취지가 있지, 가르침이나 경지를 신비화시키자는 것이 아니다. 감히 말하건대, 동양철학에 특별한 것은 없다.

선가에서도 그 점을 솔직하게 고백하고 있다. "별무기특別無奇特!" 불교는 우리가 세계를 보는 전혀 다른 방식을 제안하는 것이지, 전혀 다른 세계가 존재한다고 말하지 않는다. 이 점을 착각하지 말아야 한다. 혜능은 서방정토西方淨土조차도 '심리적 현실'일 뿐이라고 분명히 지적했다. 그러면서 놀란 고관들과 청중의 무리에게, "지금 여기서 보여줄까"라고 농담을 했다. 저 너머의 세계는 없다.

민족주의적 강박이나 민족지적 특수성에 의존하지 마라 한국에게만 있는 '고유성'을 유독 강조하는 사람들이 있다. 그러나, 불교나 유교는 본시 인도나 중국만을 위한 것이 아니다. 그것들의 가치는 인종과 민족, 시대와 조건을 넘어서 행사하는 보편적 설득력이다. 지금도 마찬가지이다. 원효와 지눌, 퇴계와 율곡은 신라나 고려, 조선의 특수한 시대에 한정된 '역사적 의미'만 갖는 것이 아니다. 물론, 뛰어난 사상가는 시대를 외면하고, 자기 속으로 침잠하는 사람들이 아니다. 그들은 몸으로 구현한 그들의 시대이다. 그러나, 그런 사상가들의 호소력과 시대적 가치는 당대를 넘어 보편적 감동과 설득력을 갖는다. 그런 사람들을 '한국적인'이나, '우리 고유의'라는 편협하고 배타적인 울타리속에 가두어놓는 것은 무지이거나 태만이다. 위대한 인물들의 가치와 의미를 선전이나 위신, 결속이나 권위 등의 정치적 목적을 위해 훼손시키고 소외시키는 우를 범해서는 안 될 것이다.

예컨대, 불교의 목적은 '사바의 고통을 넘어 안정과 평화를 얻는 것'이다. 그것은 인간의 보편적 조건과 가능성을 묻고 있다. 그 가르침은 근본적으로 탈정치적 탈민족적 탈역사적 운동이었고, 그것이 인도를 넘어 세계로 전해진 근본적 동력이었다. 불교에는 국적도 없고 국경도 없다. 그것은 흡사 자본과 기술처럼 국경과 민족, 문화와 종교를 넘나든다. 불교는 다른 정신적 전통과 더불어 세계시장에서 경쟁하고 있다. 이 마당에서 가령, 원효가 경쟁력을 갖는다면, 그것은 그가 한국적이기 때문이 아니라 세계적이기 때문에 그렇고, 독특하기 때문이 아니라 독창적이기 때문에 그렇다. 이 둘은 서로 모순되지 않는다.

현대적 의제에 영합하거나 들러리를 서지 마라 그동안의 오랜 '칩거'를 청산하고 세상에 나서기로 작정할 때 주의해야 할 점이 있다. 청학동에서 서울로 올라온 댕기머리 총각처럼, 고층 빌딩에, 차들은 휙휙 지나가고, 쇼윈도에는 눈을 어지럽게 하는 상품들이 현란한 조명 속에서 자태를 뽐내고 있다. 청학동에서 배우고 익힌 것이 튼튼하고 확고하지 않으면 이 세계에 휩쓸려들어가지 않기가 어려울 것이다. 동양철학도 그렇다. 세상은 이제 이전과는 전혀 다른 이슈를, 전혀 다른 방식으로 제기하고, 해결을 모색하고 있다. 동양철학은 스스로 담론을 주도하고, 생산하는 주체가 아니었다. 근대 이후 동양철학은 그야말로 찬밥이었다. 그런데, 세상이 좀 달라져, 그전에는 거들떠도 아니보다가, 이제 동양철학에게도 '자문'을 구하는 '예의'를 차릴 정도는되었다. 이 대접에 황송한 동양철학은 초대를 사양하지 않고, 그 논란에 뛰어들어, 때로 독자적 대안을 충고하기도 한다. 이를테면, '페미니즘'에 훈수하고, '환경'의 해결책을 갖고 있는 듯이 말한다. 물론, 현대적 의제를 두고 지혜를 나누고, 비판을 교환해야 한다. 그런데, 대화가 교환되는 양상이 자못 맹랑하다. 해답은 '의제'가 이미 갖고 있고, 동양철학은 전통용어로, 거기 '발라맞추는' 식으로 흘러간다. 결론이 나 있는 상태라면, 회의에 참석하는 것은 별다른 의미가 없다.

이런 '영합'은 앞의 '변명'과 같은 멘털리티를 갖고 있다. 하나는 적극적이고, 하나는 수세적이라는 차이가 있지만, 지배적 담론의 현실적 힘 앞에 굴복하고 있기는 마찬가지이다.

동양철학의 자부심을 갖고 유용한 가치를 제공하라 얼마 전 미국의 벤처 사업가가 대담에서 이렇게 말했다. "시장이 원하는 것을 제공하는 것은 한물갔습니다. 시장이 기대하지 않던 것을 주어야지요." 동양철학은 스스로 물어야 한다. "시장이 원하는 것을 넘어, '시장에 있어야 할 것'을 제공할 수 있을까."

주자학은 공부의 첫걸음으로 입지立志를 세웠다. 방향을 정해, 거기 확고하지 않으면 어떤 볼 만한 성취도 기대할 수 없다고 했다. 동양철학의 관건은 변명과 영합을 떠나, 동양철학의 '목소리'를 들려주는 일이다. 그렇게도 자신이 없는가. 유학은 그 도道가 "나의 몸의 진실이며, 모든 사람에게 증거할 수 있고, 역사에 비추어 분명하며, 자연의 본성에 거스르지 않고, 초월자에게 물어도 자신 있으며, 앞으로 올 위대한 인물들도 틀림없이 동의해줄 것故君子之道, 本諸身, 徵諸庶民, 考諸 三王而不謬, 建諸天地而不悖, 質諸鬼神而無疑, 百世以俟聖人而不惑"[5]이라고 한 믿음을 이제 잃고 말았는가. "나는 이 세상의 정복자이며 구원자이며, 모든 생명의 피난처이다"라는 위대한 깨달음은 『대장경大藏經』 속에나 있는 말일 뿐인가.

유교를 주제로 벌이는 세미나에서 외국의 학자들은 양복과 넥타이를 한 동양철학 교수가 '근대'니, '담론'이니, '환경'이니 하고 있을 때는 다들 졸다가, 쉬는 시간이면, 방청석에 앉아 있던 흰 수염의 두루마기 노인에게 몰려들어 손짓발짓해가며 "무슨 말이든 듣고 싶어했다". 역설적이게도 서양인들은 합리적 언설, 현대적 접근보다, 시골에서 글만 읽은 시골 선비나, 심산의 토굴에서 오래 수련한 사람들에게 귀를 기울이는 것이다. 그들에게 '들을 만한 무엇'이, 자신들과는 다른, '체회體會 체인體認된 진실'이 있으리라는 기대에서일 것이다.

---

5) 『중용中庸』 29장.

동양철학은 요컨대 현대에서 들을 수 없거나, 듣기 힘든 그 '무엇'을, 차별적이고 독자적 상품으로 제공할 수 있어야 한다. 그러자면, 정말 상식적인 말이지만, 동양철학의 적극적 자원 속으로 깊이 파고들어가, 그곳에서 오랫동안 함영涵泳, '헤엄치고 적셔야 한다'. 그것이 진적역구眞積力久, '오래 쌓이고, 익숙해져, 그 맛과 가치를 확신할 때' 그때 그것이 자신이든 남이든, '영양분'이 될 수 있을 것이고, 그때 설득력을 갖추게 될 것이다. 그 탐구와 훈련의 과정에서 별다른 '유익有益'이 없다면, 그리고 오히려 실제 삶을 방해하겠다 싶으면, 동양철학은 돌아볼 필요가 없다. 여기 필요한 덕목이 '정직'이다. 다시금 명심해야 할 것은 『대학大學』이 강조해 마지않듯이, 자신도 모르는 것을 남에게 알려줄 수 없고, 자신이 믿고 있지 않은 것을 남에게 강요할 수 없다는 것이다. 강의나 설법은 하등 어려울 것이 없다. "그것은 자신의 옷자락을 펼쳐 보이면 되는 것이다."

그렇다고 동양철학이 진리를 독점하고 있다는 자만도 하지 마라 이 원칙은 바로 앞의 것과 모순되는 것 같아 보인다. 그러나, 그렇지 않다. 모든 사물과 사태에는 동이同異가 더불어 있고, 길은 대개 절충과 중용에 있는 법이다(절충 또한 용어의 의미가 전통 이전과 이후에 현격히 달라졌다).

스토아 학파의 황제의 어록을 펼치면 "이런, 유교와 비슷한 생각을 하고 있었네" 하고, 또다른 노예 철학자의 어록을 펼치면 "이런, 서양에도 불교가 가르치는 대로 살았던 사람이 있었네" 하고 놀라게 된다. 스피노자가 그의 '윤리학'을 자연의 신성으로부터 시작하고 있는 것을 보고, 나는 기氣를 윤리학의 근원으로 보는 화담과 장재는 물론, 원형이정 元亨利貞과 인의예지 仁義禮智를 이理, 즉 자연의 '의지'이자, 인간의 '본성'으로 이해한 '주자학'의 사유에 바짝 다가간 듯한 흥분을 느꼈다. 그동안 우리는 윤리학이 '당위'이고, '강제'이고, '외적 규율'이어야 한다는 '편견'(?)에 너무 깊이 침윤된 나머지 — 그리고 그것은 또한 범람하고 있는 무질서와 폭력에 대한 두려움의 표현이기도 한데 — 윤리의 목표가 성숙이며, 그것은 우리가 밖을 향해 악을 쓰느라 잊어버린 '자연'에 대한 관심과 주의를 통해, 그와의 '합일'로 나아가는 길이라는 것을 깨닫지 못한 소치였다.[6]

하여간, 다시 강조하고 싶은 것은 동양철학 '만'의 진리는 없다!는 것. 동양철학에서 실험되고 다양하게 표명된 교설은 다른 어디선가, 물론 좀 다른 개념과 어법, 맥락과 상황을 깔고 있지만, 실험되고 표명된 것이다. 물론 꼭 같을 수는 없다. 그러나, 그 표면을 뚫고 들어가 근본적 취지와 닿을 때, 그것은 자주 놀랍도록 비슷하고, 때로는 똑같아서 사람을 놀래키는 수가 많다. 이를테면, 에드워드 콘즈Edward Conze는 불교가 사람들이 짐작할 수 없는 무슨 특별한 비의적 가르침을 주리라고 기대하지 말라고 한 바 있다. 불교의 핵심적 교의는 흄이

---

6) 앞에서 과거와 근대 사이의 용어의 단절이 너무나 깊고 결정적이라고 했다. '자연自然'이라는 용어가 그 극명한 예증이다. 나는 사연이런 글자의 외미를 방붐하게 읽는 데 오랜 시간을 들였고, 시행착오를 겪었다. 그 방해물이 바로 '사물事物'이나 '세계世界'(이 말들 또한 단절 굴곡이 심하다)를 바라보는 '근대적' 시선이었다. 그것은 거의 무의식적 수준에서의 '시선'이자 '방해물'이어서 자각되고, 반성되고, 객관화되기가 정말 어렵다. 우리는 달을 볼 수는 있지만, 눈을 볼 수는 없기 때문이다.

나 쇼펜하우어, 윌리엄 제임스가 훨씬 정교하게 익숙한 형태로 보여주고 있다고도 했다. 불교의 독특함과 강점은 자신의 아이디어를 체현體現, 즉 '몸으로 구현하는' 열정의 강렬함과 그 수단의 정교함과 풍부함에 있다고 덧붙였다. 나는 이 말에 전폭 동의한다. 그러니, 둘은 공유점이 많고, 서로 배울 곳이 많다.

요컨대 들러리를 서서도 안 되고, 자신만을 뻗대서도 안 된다. 그래서 중용이 필요하다. 아리스토텔레스는 중용을 말하면서, "호전好戰과 아첨 사이에 우정이 있다"고 했다. 동양철학에 절실한 격언이 아닐까 생각한다. '주인'만이 중용을 취할 수 있다. '근대를 객관화할 용기'와, '전통을 장악하는 지혜'를 두루 갖춘 다음, 초대에 응해야 한다. 그렇지 않으면 '대화'는 없다.

생각나는 대로 몇 가지 유의사항을 적어보았다. 어떤 항목은 너무 급진적인 것도 있고, 또 어떤 것은 지나친 편향도 있다. 그리고 물론, 더 고려해야 할 사항들도 많이 있다. 그리고 무엇보다, 앞에서 말한 여러 유형들의 한계를 절감하고, 새로운 길을 열어나간 다양한 '실험적 시도들'을 다루지 못했다. 다음으로 미루어야겠다.

여기까지 따라온 사람은 내가 지금까지 변죽만 울렸을 뿐, "실제 동양철학을 어떻게 해야 할지에 대한 조언이나 플랜이 없지 않으냐"고 따질 만하다.

실무로 들어가면, 나는 동양철학의 자원인 '한문 읽는 법'부터 세

위야 한다고 생각한다. 한문 독법은 새로 가르쳐야 한다. 소통의 언어가 달라졌다는 사실을 전면적이고, 타협 없이 인정하는 자리에서 한문의 읽기와 강의가 시작되어야 한다. 이즈음 그 방법의 얼개를 잡고 세부를 다듬는 연습을 하고 있다.

여기서 한 가지는 짚어두고자 한다.

'문자文字'는 '뜻意'을 얻기 위해 있는 것이다. 그런데, 학생들을 지도하다보면, 문자에 걸려 뜻을 얻는 데로 나아가지 못해 안타까울 때가 많다. 한문만 들여다본다고 뜻이 얻어지는 것은 아니다. 뜻이 있는 곳은 그의 경험과 견문, 독서와 사색 등을 통해 형성된 텃밭과의 대화를 필요로 한다. 이 문자 바깥의 기반이 약한 사람은 한문 속으로 깊이 들어가지 못하고, 거기서 뜻을 얻지 못한다. 뜻에 걸리적거리고 있어서는 그 비판과 확장, 초월의 '너머'는 더욱 꿈도 꾸지 못한다. 뜻을 얻지 못하면, 이해가 분명하지 않고, 이해가 분명하지 않으므로 사유가 깊어지지 않는다. 사유가 깊어지지 않으면, 언사가 적실하지 않고, 언사가 적실하지 않으면, 그 '지식'을 소통하고 설득하기가 난감해진다.

동양철학을 하는 사람들의 착각, 혹은 오해 가운데 하나가 "한문을 오래 읽고 많이 외우고 있으면" 그만큼 이해도 깊어지고, 체화될 것이라고 생각하는데, 설내 그렇지 않다. 이상하게 들릴지 모르지만, 한문의 뜻은 그 텍스트 안에 있지 않고 바깥에 있다! 유교는 유교 밖에 있고, 불교는 불교 밖에 있다. 오래 읽은 사람이 그 텍스트를 가장 모를 수 있다. 이것은 역설이지만, 또한 진실이다.

소설가 이병주의 『허망과 진실』이라는 책이 있었다. 사마천과 루쉰, 다산, 니체 등을 읽고 느낀 감상과 평을 적은 에세이였는데, 그 가운데 다산 편을 읽은 어느 학자는, 자신이 그보다 나은 글을 쓸 수 없어서 연구를 포기하겠다고 고백한 적이 있다. 『철학 이야기』로 유명한 듀런트는 『문명 이야기』 첫 권에서 중국의 역사와 문화, 사상을 다루고 있었는데, 거기 주자학과 양명학에 대해 이렇게 적었다.

"왕양명은 주자처럼 자연이 최고의 선이며, 그 자연의 법을 완전히 받아들이는 것을 덕으로 보았다. 누군가가 자연에는 철학자뿐만 아니라 뱀도 포함되어 있다고 말하자, 그는 아퀴나스와 스피노자, 그리고 니체의 기풍으로, 선악이란 편견이며, 개인이나 인류에 유익한지 해로울지에 따라 붙인 이름들일 뿐이라고 했다. 양명은 '자연은 선악을 넘어 있으며, 우리들의 이기적인 명명을 무시한다'고 가르쳤다."[7]

나는 왕양명이 그렇게 생각했다는 것은 익히 듣고 있었다. 그러나, 주자 또한 그렇게 생각했다는 것을 최근에야 알았는데, 놀랍게도 그는 이 통찰을 1930년대에, 한문도 읽을 줄 모르면서, 영역된 책 한두 권과 논문들을 일별하고는 선취했다는 점이다. 그리고, 그는 그 발상이 주자나 양명만의 것이 아니라 서양의 일급의 철학자들과 공유한다는 것까지 짚어주었다. 멀리, 라이프니츠는 선교사들이 편지로 전해주는 중국의 역易, 그리고 주자학의 자연을 읽고, 물리적 사고와는 다

---

7) Will Durant, *Our Oriental Heritage*(*The Story of Civilization Vol. 1*), Simon & Schuster, 1935, p. 734.

른 유기적 사고를 간파했고, 그것을 자신의 철학 속에 새겨넣었다.

이를 보매, 동양철학에서의 관건은 한문을 읽는 능력보다, 그것을 통해 사유하는 힘이다. 문자를 뜯어 읽고 널리 보는 박학博學은 기본이라 자랑할 것이 못 된다. 이 바탕에 문제를 제기하고 해답을 모색하는 '구체적 탐구'가 필요하다. 즉, 심문審問을 토대로, 신사愼思의 구체화, 그리고 명변明辯의 자신감, 마지막으로 독행篤行의 확인까지 나아가야 자득自得을 말할 수 있다. 그 자산 위에서 동양철학은 서양철학이나 다른 인문사회과학과 더불어, 호전이나 아부의 극단을 지나, 진정한 우정을 나눌 수 있을 것이다. 우정이 있는 곳에 창조가 있다.

"기氣는 있으되, 거기 핵심인 이理가 빠져 있소!" 2004년 3월, 대만 대학에서 우잔
량吳展良 교수가 읽은 「주자 세계관의 기본 특질」을 듣고, 내가 플로어에서 던진 논평
이다. 설왕설래는 점심 테이블에까지 이어졌고, 우교수는 그해 8월에 있을 학술대회
에서 정식 발제를 요청했다. 이 글은 내 논평에 담긴 생각의 가닥들을 정리해본 것이
다. 크고 작은 우주에 질서는 보이되, 의미는 잘 드러나지 않는다. 여기서 주자학이
노장, 불교와 갈라진다. 주자는 탄식한다. "사람들이 물이 투명하다는 것만 알 뿐,
그것이 얼마나 시리고 차가운지 모른다. 손을 넣어보기 전까지는……"

5. 인간 존재의 우주적 의미와 책임에 대하여

노장에서 주자학으로 —"삶에는 뜻이 있다"

도가는 생명 자체가 바로 의미라고 했다. "존재하는 모든 것은 그 자체로 선하다." 『장자莊子』에는 신체적 결함자들이 많이 등장한다. 그렇지만 전혀 개의하지 않는다. "뭐 어떤가. 내 팔이 작살이 된다면 새를 잡고, 그물이 된다면 고기를 잡지." 그는 기쁨과 슬픔, 시是와 비非에 흔들리지 않고 삶과 죽음을 태연히 바라본다. 만물은 천지의 분신이고, 모든 사건은 우주의 축복이므로, 존재자들은 절대적으로 평등平等하다. 뱁새 다리가 짧으면 어떠냐, 똥도 위대한 생명의 구현인 것을. 도道는 없는 데가 없고, 그것은 인간의 유용성의 편견이나 종족적 우상을 비웃고 지나간다.

그러나 주자는 이 생각에 동의하지 않았다. '생명'은 그 자체로 가치 있는 것이 아니다. 생명의 가치는 그곳에 깃든 주재자의 '의미'에 있다. 그는 도가가 거북처럼 불로장생을 노리고 양생이나 연단에 몰두하는 것을 비난한다. 그들은 '생명' 자체를 절대화할 뿐, 그곳에 담긴 영원의 '의미'를 모른다는 것이다. 주자는 말한다. "삶에는 뜻이 있다!" 그것이 무엇일지는 쉬 짐작할 수 있다. 바로 인의仁義이다. 주재자의 뜻은 우주에 인의를 강물처럼 흐르게 하려는 것이다. 이는 흡사 "하느님은 사랑이시라"를 말하는 기독교를 연상시킨다.

도가의 우주적 평등과 비위계적 질서는 이렇게 깨어졌다. 주자는 공자가 인간사의 규범과 이념으로 설정한 인의를 우주적 지평으로 확장시켰다. 그에게서 이理는 기氣의 우주적 '의미'로 이동한다. 동시에 이는 기 활동의 가치를 재는 규범적 '기준準則'으로 승격된다. 이는 그래서 위대한 척도, 즉 태극太極이라 부른다. 도가에게서 이는 기의 내재적 원리였지만, 주자는 이를 적극적 주재主宰로 만들었다.

이 곡절을 좀더 상세히 살펴보자.

공유: 인간은 주체가 아니라 다만 우주 간 객체客旅일 뿐

"그가 주인이고 나는 손님이다他爲主, 我爲客."[1] 주자의 이 말은 많은 것을 함축하고 있다. "나는 그로부터 왔다. 나는 그에게 점유당해 있다. 나는 너와 함께 그 안에 있다. 그러므로 나는 나 자신의 주인이 아니다." 주자는 타자와 격리된 개인이나, 세계를 지배할 주체로서의 근

---

1) 『주자어류朱子語類』 권1:9.

대적 인간을 떠올리지 않았다!

나의 생존은 전적으로 '그'에게 달려 있다. 먹을 것, 마실 것, 입을 것은 말할 것도 없고, 시시각각의 호흡이 그로부터 온다. 그러니 살아도 내가 산 것이 아니다. 그 지원이 끊기는 순간 나의 생명은 끝이고, 그에 매달려 있던 의식 또한 영원의 심연 속으로 꺼진다. 그것은 내 의지가 아니다. 그러니 죽어도 내가 죽은 것이 아니다. 내가 비운 자리에 여전히 꽃이 피고 눈이 내릴 것이다. 나는 이 냉혹한 무대에서 한 단역으로 잠시 섰다가 장막 뒤로 사라질 뿐이다.

그 유한성과 시간성 앞에서 절망하는 사람도 있고, 종교로 귀의하는 사람도 있다. 그러나 또한 관조와 아타락시아Ataraxia를 얻을 수도 있다. 장자는 그 앞에서 크게 홍소를 터뜨렸다. 장자는 아내가 죽자 두 다리를 뻗고 질그릇을 두들기며 노래를 불렀다. 친구 혜시惠施가 지나치다고 비난하자 그는 이렇게 말했다.

"처음에 (아내가) 죽는 것을 보고 나라고 어찌 슬프고 아득한 마음이 없었겠나. 그러나 생명의 시원을 돌아보니 그게 본래는 없었던 게 아닌가. 더 거슬러가보면 생명은커녕 아무런 형체도 없었던 시절이 있었고, 형체는커녕 기氣조차 없었던 때도 있었네. 그 혼돈의 흐릿한 속에서 어쩌다가 기가 생겼고, 기가 변해서 형체가 되었으며, 형체가 변해서 생명이 있게 되었네. 지금 그게 또 변해서 죽음이 된 게 아닌가. 이건 사계절이 번갈아 진행되는 것과 같은 거야. 아내는 지금 천지라는 거실에 편안히 누워 있다네. 그런 걸 지금 울고불고 곡을 해서 시끄럽게 해야겠나. 그건 운명에 대한 무지의 소치라 생각되어 그만둔 것일세."[2]

장자는 '나로부터'의 고질적 시선을 거두어 '그를 통해' 읽는 법을 깨달았다. 구원이 바로 그곳에 있다. 이 점에서는 주자 또한 마찬가지이다. '그'는 다양한 이름으로 불린다. 도道라기도 하고, 기氣라기도 하고, 또 이理라기도 한다. 그 다양한 갈래의 바탕에 자연自然이 있다. 자연은 동아시아적 사유의 공통적 사유소이다.

여기서 유의할 것은 자연이다. 이 말을 지금 우리는 근대 물리학적 세계관에서의 객관적 대상물의 총체로 읽는다. 당구공이 충돌하는 역학적 마당, 혹은 정교한 시계태엽의 기계구조로, 즉 그 숨겨진 원리를 캐내 도구적으로 지배해야 하는 객체, 혹은 사물로 바라보는 것이다. 그렇지만 노장과 주자였다면 이런 인간 중심적 불경不敬과 단편화에 기겁을 했을 것이다.

동아시아에서 자연은 이와는 전혀 다른 지평에 있다. 앞에서 살핀 대로 내가 그의 주인이 아니라 그가 나의 주인이다. 나는 흡사 피리처럼 그가 부는 대로 울고 웃는다(인뢰人籟). 때가 되면 나를 있게 했다가 때가 되면 가차 없이 거두어가는 천지불인天地不仁의 냉혹한 주재요 천군天君. 인간은 그 앞에서 자유롭지 않다. 근대적 의미의 자유는 착각이거나 불가능한 꿈, 혹은 오만한 도전이다.

근대의 비극은 인간이 자연의 객체임을 망각한 곳에 있다. 기독교

---

2) 『장자莊子』, 「지락至樂」.

적 신과 세속적 권력의 지배가 너무 완강하고 갑갑한 탓이었나보다. 인간은 그 반대편의 극단으로 치달았다. 절대적 주체, 자유로운 개인으로서 인간이 사회를 선택하고 세계를 이용할 수 있는 권리를 갖고 있다고 생각했다. 그 '진보'의 결과, 생활은 편의로워지고 생산은 확대되었지만 그 대가 또한 컸다. 소외와 환경 등의 지구적 위기는 근대를 다시 반성하게 했다. 그래서 '나'를 넘어 '너'에게 시선을 두고 있다. 공동체에 관한 담론이 무성하고, 또 환경보호를 지구적으로 캠페인하고 있다. 그렇지만 이런 해법은 곧 한계에 부닥친다. '나'와 '너'는 서로 모순 대립하거나 국부적이고 파편화된 해결만을 불안정하게 성취할 것이다. 근원적인 해법은 '그'를 필요로 한다. 그것이 신이든, 도이든, 자연법이든, 형이상학이든…… 요컨대 인간 중심주의를 넘어 우주적 책임을 자각해야 한다는 말이다.

미래는 새로운 신학의 시대가 될 것이다. 이는 재래의 신학이 복고적 전성을 누린다는 것을 뜻하지 않는다. 종교적 다원주의가 여전하고, 상이한 문명은 서로 충돌하겠지만 미래의 가능성은 보편적 종교성을 기반으로 하여 자랄 것이다.

새로운 종교를 위해 동아시아가 기여할 기본 자산이 바로 그 독특한 자연관일 것이다. 그것은 과학과 배치되지 않는다. 새로운 과학은 기계론적 자연관에서 생물학적 자연관으로 급속히 옮겨가고 있다. 그곳에서는 생명의 전일성과 외경이 숨 쉬고 있다. 이 새로운 '과학적 신학'을 받아들이기 위해서는 재래의 신학에서 민족적 편향과 배타적 고착을 떨쳐내야 한다. 기독교 등에서는 과감한 수정을 하고 있다고 들었다. 그렇게 수정된 자연신학이 동아시아의 자연관과 접목되는 날

이 올지도 모른다.

『철학 이야기』로 유명한 윌 듀런트는 1968년에 퓰리처 상을 받는 자리에서 20세기 문명의 가장 특징적인 사태를 '종교적 믿음의 쇠락'이라고 짚어낸 바 있다.[3]

종교적 믿음의 쇠락이라는 점에서, 유교든 기독교든, 양명학이든 주자학이든, 노장이든, 불교든 예외가 될 수 없다. 더이상 현자들의 목소리가 사회의 관행과 정치의 운용에 힘을 행사하지 못하고 있다. 그러니, 지금 서로 다른 작은 차이를 붙들고 다툴 때가 아닌 듯하다.

차이: 인간에게는 우주적 '의미'와 '책임'이 있다

시인 정현종은 이런 고백을 한 적이 있다. 벤치에 앉아 자갈을 들어 무심코 저쪽 숲 속으로 던졌다. 풀숲에 자갈 떨어지는 소리에 그는 '우주의 균형'이 바뀌는 소리를 들었다. 그처럼 나의 생각과 행동은 '심미적으로' 주변의 사물과 생명의 계기의 장場 전체에 영향을 끼친다. 나의 웃음은 너는 물론 그 소리를 듣는 돌의 웃음을 피우고, 나의 분노는 너의 가슴을 칠 뿐 아니라 곁에 선 나무의 가지를 시들게 한다. 자연에 던진 돌은 곧 나를 향해 돌아온다. 여기에 시간 차는 없다.

기氣의 변신은 무규칙적으로 자의적으로 일어나지 않는다. 그것은 일정한 패턴을 가지고 있다. 우주는 조리條理, 즉 바구니의 대나무처

---

3) Will Durant, *The Greatest Minds and Ideas of All Time*, Simon & Schuster, 2002, p.1.

럼 촘촘히 짜여진 그물의 형태를 갖고 있다. 그것이 이理이다. 이것을 자칫 정태적 질서를 뜻하는 것으로 오해하지 않아야 한다. 동아시아의 우주관은 기본적으로 동태적이다. 역易의 생성과 변화, 창조와 소멸은 이 맥과 결을 따라 역동적으로 조직된다. 그 조직의 그물은 다차원적 복합적이어서 단선적 인과의 고리로는 적절히 설명될 수 없다. 신체의 각 부분의 통합적 기능이나 불수의적 근육운동, 혹은 내분비 계통의 자율적인 조절 기능에서 연상되는 방식으로 자연은 통합되어 있다. 그것은 근본적으로 생리학적 전망이지 물리학적인 것이 아니며, 유기체적인 것이지 기계론적인 것이 아니다.

여기까지는 주자학이 노장과 다를 바 없다. 주자학은 노장의 우주론의 발상을 기본 토대로 하고 있는 것이다![4] 그렇지만, 그 차이를 또한 무시할 수 없다. 우주의 유기적 '조직' 과 '질서' 너머에서, 각 생명 유기체의 '의미' 와 '가치' 를 묻기 시작하면서, 주자학은 노장과 결별한다.

노장은 기의 자발적 자기 조직을 말한다. 우주는 말 그대로 기의 자연 발현이다. 스스로 분화하고 조직을 만들어가는 것, 즉 도道야말로 절대에 값한다고 했다. 여기에 아무런 '의미' 도 없다. 무의미에 철저함으로써 도가는 해방과 아타락시아를 성취할 수 있었다. 우주는 인

---

4) 우주론적 발상은 공맹의 시절에는 낯선 것이었다. 공맹은 인간의 사회적 본질에 주목했을 뿐, 그것을 우주적 지평에서 바라보지 않았다. 공맹은 인간의 도덕성을 초월적 지평에서 바라보긴 했지만 그것을 자연론적 배경 하에 짚은 적이 없다. 그런데 주자는 유가의 인문적 가치를 도가의 우주론적 전망과 통합한 새로운 형이상학을 발진시켰다.

간의 유용성과 권력의 편견으로 재단할 수 없는 절대이고 또한 신비이다. 세계의 중심은 인간 너머에 있다는 것, 그리하여 인간이 만물의 척도라는 오만을 버리라고 충고한다. 자연의 모든 과정은 동등한 가치와 위상을 갖는다. "학의 다리 긴 대로, 참새 다리 짧은 대로" 그 것들은 '평등平等'하다. 삶과 죽음은 동등한 자연의 과정이며 미美와 추醜 또한 자연의 선택과 축복이다. 인간사의 근본 범주인 시是와 비非 또한 자연의 혼돈混沌 앞에서 빛을 잃는다.

그러나, 주자는 이런 무위無爲의 기획에 동의하지 않았다. 그는 자연에 의미와 가치가 있다고 믿었다. "기氣보다 앞서 이理가 있다."(노장이라면 이는 기 안에 있거나 기와 동시에 있다고 말했을 것이다.) 즉, 현실을 지배하는 초월적 주재가 있다.

"천지가 있기 이전에 필경 이理가 있었다. 이 이가 있었기에 이 천지가 있게 되었다. 이 이가 없었다면 천지도 없었을 것이고, 사람도 사물도 없었을 것이고, 땅 위에는 아무것도 없었을 것이다. 이가 있어 기氣가 유행했고, 만물을 발육하게 되었다."[5]

주자가 제자들과 나눈 대화를 편찬한 『주자어류朱子語類』를 펼치면 곧바로 만나게 되는 말이다. 이 말은 흡사 "땅이 있으라 하니 땅이 있었고, 만물이 있으라 하니 만물이 생겼다"는 창조의 '의지'를 연상시

5) 『주자어류』 권1:2.

킨다. "태극이 움직여 양陽을 낳았다太極動而生陽"고 주자가 말할 때 이는 적어도 은유 이상이다. 태극이라는 영원의 중심이 천지의 운행과 만물의 생성 변화에 직접 역사役事하고 있음을 알린다. 다만 그때의 역사가 물리적 세계에서처럼 역학적이지 않다는 전제가 있긴 하지만……

이 주재를 그는 태극 혹은 이理라고 불렀다. "태극이 없었다면 천지를 만들어내지 못했을 것이다若無太極, 便不飜了天地." 여기서 '변飜'은 흡사 붕어빵을 뒤집듯 천지를 구워냈다는 말이다.

분명히 말하지만 주자에게 있어 태극은 기가 아니라 기의 '소이所以'이다. 그것은 기와는 다른 초월적 영역의 형이상자形而上者임을 명시해둔다. 그동안 학자들은 이理의 내재만을 중시했지 초월의 측면을 깊이 유의하지 않으려 했다. 퇴계는 이 측면에 깊이 경도한 사람이다. 그래서 그의 철학은 주자학 가운데 신학적 지평을 확장시켰다(이에 비해 율곡은 자연론적 지평에 더욱 충실했다).[6]

───────────

6) 사람들은 유학을 일상적 사회규범의 세속적 지평에서 바라보는 데 익숙해서 이같은 신학적 지평을 간과한다. 정통 유학자들은 유학을 기독교와 대척적이라고 믿고 싶어한다. 유교가 일종의 신학이며, 기독교와 닮은 데가 있다 하면 펄쩍 뛴다. 이유는 여럿일 것이나, 근본적으로 유교 전통을 폐기하고 들어선 근대 과학문명과 기독교적 정신이 한 통속이라고 생각하여 그 변별을 강조하려 한 결과일 것이다. 그들은 조선 후기 퇴계 계열인 남인南人의 기예들이 기독교 전래 초기에 풀이 쏠리듯 경도된 사실을 이해하지 못한다. 이벽과 다산 정약용 등은 기독교를 유학의 연장 혹은 보충, 즉 보유補儒의 관점에서 읽었다. 다산이 기독교도냐 혹은 유학자냐 하는 논쟁은 보다 근원적인 지평에서 읽을 때 서로 모순되지 않을 수 있다. 다산은 유학을 신학에서 읽기 위해 원시 공맹 유학을 끌어들였지만, 나는 주자학 자체가 이미 신학적 지평을 한 날개로 가지고 있었다고 생각한다.

주자에 의하면 우주 안의 모든 존재는 초월적 의미를 띠고 있다. 하늘을 나는 새와 땅을 기는 개미 등은 물론이고, 가장 세련된 종인 인간 또한 그 의미를 부여 받았다. 천명지위성天命之謂性이라, 우주는 의미로 차 있고, 각각의 사물과 생명은 그 의미의 분신들이다. 이일분수理一分殊, 주자는 이를 "달빛이 수많은 강에 비친다月印千江"고 표현하기도 했다. 그것은 흡사 동일한 바닷물이 국자나 밥그릇, 혹은 물통의 다양한 용기에 담겨 있는 것과 같다. 주자는 그러나 이 의미의 부여자가 하늘에 거소居所를 정하고 세상을 심판하는 인격으로 오해되는 것을 극구 경계했다. "저 하늘, 돌고 돌아 그치지 않는 것. 그런데 지금 그 하늘에 죄와 악을 판정하는 사람이 있다고 해서는 절대 안 된다而今說天有箇人在那裏批判罪惡固不可."[7]

주자는 이를 반쯤 의인화된 형태로 표현했다. 천지지심天地之心도 그 가운데 하나이다. 물론 그는 이 심心을 인간적 '의식' 혹은 인위적 '의도'와 혼동하지는 않았다. 그렇지만 어쨌거나 우주를 창생하고 만물을 생육하는 '비의지적 의지'인 것만은 틀림없다. 이로 하여 우주는 돌고 만물은 번성한다. 또 그래야 우주의 각각의 계기들이 무질서와 혼돈에 빠지지 않는다. "진정 무심無心이라면 말은 소를 낳고 복숭아 줄기에 오얏꽃이 피지 않겠는가."[8] 우주에는 신비神의 주재가 있다.

---

7)『주자어류』권1:22.
8)『주자어류』권1:18.

주자에게 있어 천상의 '의지'와 지상의 '질서', 그리고 삶의 '의미', 이 셋은 동일한 실재理의 서로 다른 측면이다! 그는 이들 요소들을 갈라 보지 않았다. 그런데 그게 이해하기에 여간 까다롭고 곤혹스런 것이 아니다. 그러다가 나는 이 발상이 신학이나 형이상학에서는 자연스럽고 일반적인 것임을 깨달았다.

그렇다. 우리는 지금 너무 깊이 계몽주의의 인간관과 근대 물리학의 세계관에 젖어 있다. 도덕과 자연, 사실과 가치는 분리되며, 과학과 윤리는 매개 없이 화해할 수 없다는 전제에 상식화되어 있어, 이 특이한 신학-형이상학을 이해하기 어렵다. 주자학을 이해하기 위해서는 우리가 근대의 문명 속에서 익힌 수많은 '우상'들을 괄호 쳐야 한다. 나는 이즈음, 주자학을 이해하려면, 무엇을 보태기보다, 오히려 내 속의 인식론적 장애물들을 덜어내야 한다는 것을 깨달았다. 퇴계가 토로한 대로, 역시 '진보進步'보다 '퇴보退步'가 어렵다.

그러나, 이 이해는 그 정당화와는 다른 차원의 것이다. 그 설득은 결코 쉽지 않다.

묻노니, 당신은 노장의 천지불인天地不仁에 동의하는가, 아니면 주자의 '천지즉인天地卽仁'에 동의하는가.

주자의 불교 비판—인륜은 사람의 본성이다

주자에게 있어, 천리天理는 비자각적 비물질적 탈시공적 특성을 갖고 있으나, 그것은 또한 우주의 탄생과 전변, 생명의 소장, 그리고 사건과 현상을 일으키는 살아 있는 중심이다. 그런 점에서 천리는 생물학적 생리학적 생태학적 원리이기도 하다. 그런데 불교는 세계를 '환망幻妄', 즉 인간적 관심이 투영된 우상으로 간주함으로써, 1) 실재하는 세계의 자연주의적 과정을 무시했다! 세계의 실재성을 부정함으로써, 불교는 2) 우주 안에서 인간이 갖는 의미와 위상은 물론, 그 안에서 인간이 감당해야 할 의무와 책임도 방기하고 말았다.[9)]

주자는 이 곡절을 한마디로 이렇게 비유했다. "물은 그냥 투명하기만 한 것이 아니다. 그것은 손을 넣으면 시리고 목이 마르면 마실 수도 있다." 요컨대 불교는 공空에 고착되어 본체의 또다른 날개인 실實을 읽지 못했다! 불교는 무극만 강조했을 뿐[10)], 그와 더불어 있는 태

---

9) 주자는 노장이 그래도 2)는 무시했지만, 1)은 보유하고 있다면서 불교보다 후한 점수를 주었다. "노자老子는 여전히 유有에 기대고 있다. 유에서 그 요徼를 관觀하고, 무無에서 그 묘妙를 관觀한다고 했는데, 불교는 천지를 환망으로 여기고, 사대四大를 가합假合으로 여긴다."(「석씨釋氏」, 『주자어류』 권126 : 12)

10) 주자는 "불교도 천리대본처天理大本處에서 어느 정도 본 바가 있다"(「석씨」, 『주자어류』 권126 : 16)고 인정했다. 주자에게 있어 천리는 천지가 생기기 이전부터 존재하는 형이상학적 원리로서, 우주 내에서 일어나는 끊임없는 생성과 변화를 가능하게 하는 질서와 의미의 중심이다. 생성과 변화의 물질적 담지자인 기氣와는 달리 비자각적인 특성을 갖고 있는 이 본체는 생명의 탄생과 소멸, 우주의 변화에 상관없이 영원한 자체동일성自若을 갖고 있다. 이 불생불멸의 특징은 불교가 법계法界나 진여眞如, 법성法性과 불성佛性, 반야般若와 화엄華嚴, 대승大乘과 여래장如來藏, 그리고 후에 선禪에서 채용하고 있는 수많은 형이상학적 본체와 겹쳐 있다.

극의 특성을 올바로 읽지 못했다. 그래서 주자는 말한다. "석씨는 허虛이고, 우리 유가儒家는 실實이다."

물은 그냥 투명하기만 하지 않다 거기 손을 넣으면 차가움을 느낄 것이다

이 점에서 우리는 주자가 『근사록近思錄』을 편집하며 무극이태극無極而太極을 전면에 내세운 이유를 새삼스러이 읽을 수 있게 되었다. 주자는 본체本體가 비어 있는 듯하지만 그곳에는 물에 손을 담글 때처럼 "도리道理의 품절品節이 삼연森然하다"[11]고 강조했다. 주자가 불교를 ─ 그리고 아울러 노장을 ─ 그토록 비판하고 비난하는 근본 지점이 바로 이곳이기 때문이다.

주자의 이 독특한 '인문적 우주관'을 좀더 상세히 살펴보도록 하자.

주자에 의하면, 우리가 몸담고 있는 세계는 무질서하거나 무의미하지 않다. 그것은 내적 질서와 패턴을 갖고 있는 생명의 장인데, 그 안에서 일어나는 크고 작은 사물과 현상은 그 선험적 법칙의 규범norm 속에 있다. 주자는 이를 유교의 전통경전의 말을 빌려 "유물유칙有物有則"이라고 정식화했다. 이때의 물物은 우주 안의 모든 사물과 현상, 생명과 변화 등을 포괄한다. '있는 것'은 예외 없이 그 자체에 예비된 일정한 패턴 혹은 규범, 즉 칙則을 갖는다. 주자는 이를 "천하에 이理 없는 기氣가 없고, 기 없는 이가 없다"[12]로 철학적으로 명제화하기도

---

11) 『주자어류』 권126:36.
12) 『주자어류』 권1:6.

했다.

이 발상에는 우리가 일반적으로 구분하는 자연 현상과 인문 영역이 따로 구분되지 않는다. 주자는 이른바 자연과 당위, 주자학의 어법으로는 '소이연지고所以然之故'와 '소당연지칙所當然之則'을 이원화시키지 않았다. 모든 존재하는 것, 즉 물物은 본래 예비된 칙則을 따르고 있고 또 따라야 한다. 그 길은 필연적 기제에 의해 자연적으로 구현될 수도 있고, 또한 우연적 선택에 의해 인위적 성취를 기다릴 수도 있다. 주자는 그러나 후자의 이 인위적 성취 또한 본유本有하고 있는 원리의 자각과 그 적용이지, 인간이 임의적으로—혹은 근대적 개인이 주체적으로— '선택'하고 '구성'해나가는 것이 아니라고 강조한다. 그는 말한다. "도가 인간으로 인해 비로소 존재한다고 생각하지 말라 道非因人方有."

이 말은 인간의 탄생과 더불어, 아니 탄생 이전부터 인간이 그에 따라 행위해야 할 방식과 지침이 미리 주어져 있음을 함축하고 있다. 성 즉리性卽理라, 인간이 구현해야 할 길이 우주적 지평에서 인간 안에 선험적으로 예비되어 있다! 이곳이 주자의 형이상학과 인간관을 이해하는 두뇌처이다.

그 본질 가운데 가장 중요한 것이 혈연적 사회적 관계이다. 주자는 인간의 혈연적 관계뿐만 아니라, 사회적 관계까지를 임의가 아닌, 필연의 영역으로 끌어올렸다. 다시 말하면 그는 오륜五倫으로 정식화된 유교의 인간관계를 선험적으로 승인하고, 그것을 인간의 본질로 확인해놓았던 것이다. 그는 말한다. "부자父子는 천성天性이다." 어디 부자 뿐인가. 군신부자형제부부붕우君臣父子兄弟夫婦朋友가 다 그렇다. 그는 말한다. "천하가 이 도리뿐이어서 종내 벗어날 수 없다. 불교와 노자가 인륜을 없애는 듯하지만 스승에게 절을 하고 제자를 아들로 삼고, 사형을 삼는 것을 보라."

주자학은 이렇게 유교적 인간관계를 자연적 과정의 산물로 이해하고, 그것을 선험적으로 범주화하며, 그 관계에서의 규범을 절대화한 독특한 철학이다. 주자는 이 철학적 정당화를 통해 이른바 체體와 용用을 잇고, 현顯과 미微를 아울렀으며, 간단間斷을 넘어 연속連續을, 불상응不相應을 넘어 상응相應을 확보할 수 있었다고 믿었다體用一源, 顯微無間.

그러므로, 노장 불교의 '무분별無分別'이 아니라 유교의 '합리合理'가 길이다
이에 대해 불교는 어떤가. 주자는 불교가 모든 것을 공空으로 돌리고 존재를 모두 유식唯識, 즉 심心으로 회귀시켰다고 말한다. 불교는 존재론적 측면과 인식론적 측면을 이원화시키지 않았다. 삼계유식三界唯識. 불교는 그렇게 통합된 심心을 '혼륜저물사渾淪底物事', 즉 무규범적 통일체로 본다. 그 공성空性 안에는 아무런 내재적 원리나 선험적 규범이 없다. 주자는 "불교의 심에는 도무지 도리道理도 분별도 시비도 없다"고 분통을 터뜨린다.

그러나 불교의 이 무규정적negative 접근에는 분명한 전략적 이유가 있다. 불교, 특히 선은 구원이 미리 성취되어 있다고 말한다. 이른바 돈오頓悟가 그것이다. 다만 무명無明으로 인한 자승자박만 떨치면 세계는 그 신선한 얼굴을 내보인다. 질투와 시기, 선망과 기대, 욕망과 좌절의 흔적이 없을 때 일상적 마음은 아무런 내적 갈등과 혼란을 겪지 않을 것이고, 그 안한의 아타락시아 속에서 주인공은 자신을 의식하지 않는다. 그곳이 바로 공空의 실천적 차원이다. 철저한 부동不動의 경지, 삶의 모든 표지는 탈각하고, 동시에 모든 제약이 흔적 없이 사라지는 그때, 심신은 가볍고 편안하여 사대오온四大五蘊의 이 육신은 더이상 짐이 되지 않는다. 정신은 모든 속박으로부터 해방되어 맑고 투명해지면 사물은 욕망과 도구의 침착으로부터 벗어나 '그 자체로', 즉 공으로 보이게 된다. 그때 존재의 진정한 모습이 드러난다.

그렇지만 주자는 "분별을 쉬면 자기 속의 절대가 무루無漏의 활동을 회복한다"는 불교의 작용시성作用是性의 교설을 믿을 수 없었다! 그는 정신의 내적 투명성이 곧바로 상황의 합리적 타개나 도덕적 규범의 실천으로 이어지지는 않는다고 생각했다. 어떤 일이든 사태를 인식하고 판단하며 해결을 모색하는 적극적 외면적 훈련이 없이는 '이치에 합당하기合理'를 기약할 수 없다는 것이다.

주자는 이 목표를 위해 인간의 신체적 정신적 기능을 적극적으로 개발하고 훈련시켜야 한다고 생각한다. 즉, "보더라도 밝게 보아야 하고, 듣더라도 선명히, 즉 총명하게 들어야 한다"는 것이다. 말할 때도 그 기능 자체가 중요한 것이 아니고 간결하고 정확하고 공손하게 말하는 '합리'가 중요하다. 요컨대 지각 운동과 모든 행동거지는 일정한 표준과 이념, 즉 예禮에 따라야 한다. "예가 아니면 보지 말고 예가 아니면 듣지 말며, 예가 아니면 행동하지 마라"가 바로 그런 취지이다.[13] 주자는 사유와 감정 행위의 '표준'을 돌아보지 않을 때 인간은 도덕적 무감각에 노출되고, 그리하여 일상의 사무와 행정 산업 등의 모든 직의 책무를 파탄시키게 된다고 우려했다.

묻노니, 그렇다면 불교는 과연 반인륜적 반사회적 가르침인가?

불교의 반론 ─ 사회적 관계와 그 규범은 선험적으로 정당화될 수 있는가

주자는 불교와 선禪이 초월적 관심과 개인주의적 지향을 유포하면서 인간의 사회적 책임과 기능적 역할을 폐기했다고 생각한다. 그는 이를 광정하기 위해 사회관계가 인간 속에 심어진 선험적 본질이라는 형이상학을 제창한다性卽理. 불교처럼 자폐적 좌선坐禪이나 황당한 화두話頭에 골몰하는 것으로는 자신의 본질을 파악할 수도 구현할 수도 없다면서, 주자는 사회관계 속에 선험적으로 내재한 선험적 본질을 규범적으로 확인하고格物 그것을 주체적으로 실천하라고力行 권했다.

---

13) "석씨釋氏가 말하듯 그저 앉고 보는 것이 옳다면, 공자께서 사람을 가르칠 때, 다만 '보고, 듣고, 말하고, 움직이라' 고만 했겠지, 어째서 '예가 아니면 보지도 듣지도 말하지도 움직이지도 말라' 고 하셨겠느냐. 집 안에 있거나, 일을 처리하거나, 사람들과 교제할 때, 다만 그렇게 하라고만 하면 되었지, 어째서 여기에 '공손하게' 와 '공경스럽게', 그리고 '신실하게' 라고 덧붙였겠느냐. '문을 나서고, 백성을 부린다' 고 하면 되었지, 어째서 그것을 '큰 손님을 맞이하듯, 중요한 제사를 받들듯' 하라고 말씀하셨겠느냐. 공자께서는 '자신을 극복하여 예로 돌아가는 것이 인仁' 이라고 힘주어 강조하셨다." (「석씨」, 『주자어류』 권126:54)

그렇지만 주자가 제창한 '사회적 관계의 선험적 범주화와 그 규범의 당위성'은 철학적 정당화를 필요로 하는 것이다. 이 점을 두고 불교 또한 유효한 반론을 펼 수 있다. 이곳은 또한 주자의 철학을 현재적 전망에서 다룰 때 가장 큰 논란거리로 등장할 것이다.

지금까지 주자의 입장에서 불교를 바라보았다. 기회를 주자에게만 주는 것은 좀 불공정할 것이다. 이제 불교 쪽에서 자신의 입장을 변호하고, 거꾸로 주자를 비판해볼 차례이다.

앞에서 살폈다시피 주자는 불교가 인간의 사회관계를 우연적인 것으로 치부하고, 그 방기를 통해 자폐적 법열을 구하고 있는 것을 비판했다. 그는 사회적 인간으로서의 책무와 도덕성을 그의 철학의 전면에 배치함으로써 불교의 독점적 위세에 맞서는 철학적 반전을 꾀했다. 그래서 그는 성즉리性卽理를 통해 존재 세계의 필연적 법칙과 규범을 설정했다. 여기서는 자연과 인간, 과학과 인문 영역이 구분되지 않고 유물유칙의 테제 아래 통섭되었다. 그 구상 안에서 인간의 사회관계는 선험적 지평에 있게 된다. 그는 그 논거로 불교 집단에 있어서의 의사擬似 가족관계와 사회관계를 예로 들고 있다.

"천하가 이 도리뿐이어서 종내 벗어날 수 없다(다시 말하면, 가족관계, 사회관계는 천리로서 인간의 본질 속에 있다). 불교와 노자가 인륜을 없애는 듯하지만 스승에게 절을 하고 제자를 아들로 삼고, 사형을 삼고 있는 등등인데, 이 모두는 가짜이다."[14]

가족과 사회의 제 관계를 떠나야 한다고 말하는 불교조차 그것을 떠날 수 없다는 사실은 인간에 있어 가족과 사회의 공동체적 관계가 선험적 지평을 갖는다는 것을 의미한다.

주자는 그렇게 생각했다. 그는 불교가 행한 사회관계의 방기에 놀란 나머지, 이를 문화적 문명적 상대성의 측면에서 읽으려는 여유를 갖지 못하고, 유교적 인륜과 그 규범을 절대적 지평에서 확정해두고자 했다.

그 고민은 물론 이해할 수 있다. 선학禪學의 풍미라는 그 역사적 존재 구속성의 차원을 십분 이해해야 한다. 그는 자신의 불교를 비판한 「석씨」편의 끝 대목에서 이렇게 토로하고 있다.

"석씨의 가르침이 성하기가 이와 같으니, 그 형세를 어떻게 돌이킬 수 있을까. 내가 (그 물줄기를) 한두 세대는 돌이켜놓을 수 있다 해도 그들을 숭상하지 않는 사람을 찾기는 어려울 것이다. 세 세대가 지나면 다시 그들의 세상으로 돌아갈 것이다. 큰 성인聖人이 나셔서 '지나치는 곳마다 교화되고 계시는 곳마다 신령스런 감화력을 발휘하는' 그런 시대는 언제 올 것인가."[15)]

---

14) 天下只是這道理, 終是走不得, 如佛老雖是滅人倫, 然自是逃不得. 如無父子, 却拜其師, 以其弟子爲子. 長者爲師兄, 少者爲師弟. 但是只護得箇假底, 聖賢便是存得箇眞底. (『주자어류』 권126:25)

15) 釋氏之敎, 其盛如此, 其勢如何拗得他轉? 吾人家守得一世再世, 不崇尙他者, 已自難得. 三世之後, 亦必被他轉了. 不知大聖人出, 所過者化, 所存者神時, 又如何. (『주자어류』 권126:136)

바로 그 막막한 비관의 시대, 선가禪家의 가르침이 횡일橫溢하는 시대, 대혜大慧가 황실과 온 지식인의 중망과 귀의를 받고 천하를 호령하던 시대에, 주자의 도전은 성과를 점칠 수 없는 외로운 투쟁이었음을 감안해야 한다. 그가 유학적 가치와 규범을 형이상학적으로 정초시킨 데에는 이런 사상사적 고민이 있었다.

그렇지만 지금은 그 점을 괄호 치고 바라보아야 할 때다. 그 이후 원명대元明代를 거치면서 주자학은 독점적 권위로 행세했고, 그 여파로 조선조 또한 그의 사유와 구상을 축으로 사회 전반을 규율했다. 이제 그가 비평의 도마에 올라야 했다. 그 비평의 중심에 나는 바로 그 형이상학적 전제가 있다고 생각한다. 그리고 이는 불교와 함께 공정한 자리에서 검토되어야 할 사항이다.

규범이나 덕목은 사회성과 역사성을 갖고 있다. 그것은 인간의 필요에 의한 문화적 자연 선택이다. 그런 의미에서 사회적 관계의 범주와 그 규범은 주자가 말한 대로 하늘이 규정한 천리天理라기보다 인간의 필요에 따른 고안과 습관일 수밖에 없다. 물론 세월에 따라 상대적으로 변하지 않는 것도 있고, C.G. 융의 원형처럼 인간 보편의 구조에 내재하고 있는 것일 수도 있다. 그렇지만 주자가 설정한 관계 범주와 그 덕목은 지나치게 딱딱하고 닫혀 있다!

근대 이후의 전혀 다른 삶의 구조 속에 있는 현대인들에게는 더욱 그렇다. 군신관계는 민주적 시민관계로 바뀌었고, 위계적 부부관계도 대가족의 의무와 복종을 넘어 상호 협력과 존중을 축으로 하고 있으며,

아니 한켠에선 이미 가족관계의 해체까지 상당 부분 진척되고 있는 형편이다. 그리고 또한 그가 설정한 범주는 게마인샤프트Gemeinschaft를 넘어 게젤샤프트Gesellschaft를 주조로 하고 있는 사회관계의 다양성을 염두에 두지 않았고, 상하의 직책들이 기능적으로 협동하는 노장적 자유주의의 시스템을 심각하게 고려하지 않았다. 그래서 '봉건적'이니 '권위주의적'이니 하는 폄하를 받고 있다. 주자학의 공과를 형량하고 미래적 전망을 살펴보기 위해서는 이 측면을 본격적으로 점검해야 한다.

이 점과 관련하여 그동안 주눅 들고 살았던 불교가 어깨를 펴며 다음과 같이 역습의 포문을 열지 모른다.

"사회관계는 선험적 규정에 매여 있지 않고, 우연적 선택과 상황의 다양성에 유연하게 열려 있다. 어떤 관계와 상황에서든, 인간이 자신의 사적 이기와 욕망의 흔적을 지울 때, 그곳에 바람직하고 합리적인 관계를 기약할 수 있지 않으냐. 주자는 늘 우리의 도덕적 무관심과 책임의 방기를 말하는데, 인간의 사적 관심을 지우면, 바로 그 자리에 타자에 대한 배려와 세계에 대한 건전한 책임의식이 자비의 이름으로 자라게 될 것이다. 불교를 도덕적 헤도니즘hedonism을 유포하는 체계라고 매도하는 것은 매우 불공정한 자의적 판단이다. 오히려 일체의 인습적 태도와 타율적 강제를 치워주면, 정신은 자신의 자유로운 운용을 구가한다. 분절分節과 이원화二元化로부터 자유로운 마음은 레세 페르laissez-faire의 창광자자猖狂自恣로 이어지지 않고 자발적 힘의 불사의 不思議한 공능功能을 회복한다. 거기서 우리는 아무런 인위적인 노력을 기울일 필요가 없다. 그때 길은 스스로를 현시할 것이다."

오늘의 시대는 이같은 불교의 비억압적이고 다문화적이고 관용적인 무위의 기획에 편들고 있는 듯하다.

묻노니, 당신은 불교의 이 무위無爲가 주자학의 유위有爲보다 더 나은 길이라고 생각하는가?

에필로그 — 주자학이 불교의 업그레이드 버전이라니?

2004년 5월 한국에서 '동아시아 불교와 한국의 여성 비구니比丘尼'를 주제로 한 국제학술대회가 열렸다. 첫날 '여성도 성불成佛할 수 있는가'라는 논문 발표가 끝나고, 점심시간에, 나는 앞자리에 앉은 워싱턴 아메리카 대학의 박진영 교수에게 웃으면서 이렇게 말했다. "박교수님, 주자학을 싫어하시겠지만, 주자학은 본시 불교의 업그레이드 버전입니다." 박교수는 황당하고 놀란 얼굴로 나를 쳐다보며, 이렇게 대답했다. "마이크로소프트도 윈도를 어설프게 업그레이드하는 바람에 버그bug도 많고 유저user들 고생시키고 있지 않나요. 저는 주자학은 잘 모릅니다마는, 어설프게 개선하려다가 오히려 개악하기 쉽습니다."

역시 '여성'과 '주자학'은 어울리기 힘든가보다. 박교수가 미국으로 돌아가고 난 뒤, 나는 나중 이런 후기를 써서 보냈다.

"곰곰 생각하니 그게 꼭 맞는 얘기였습니다. 주자학 가운데 많은 것을—아니 제 생각에는 거의 대부분을—버리고 고쳐야 합니다. 프로그램의 안정성을 위해서는 차라리 버전을 내려야 할지도 모르겠습니다. 그러나 '버그를 잘 수정하면', 새 시대의 요구에 맞는 프로그램으로 쓸 만하지 않을까요. 우리 같은 유저들에게야 초기 아래아한글1.5로도 아무 문제가 없지만, 새로운 니드need에 부응하고, 보다 광범위한 유저들에게 어필하기 위해서는 도리 없이 '업그레이드'를 해야 하는 것은 아닐까요.
머칠 전 찾아온 출판사 편집하는 후배가 이렇게 말했습니다. "아래아2004 버전이 나오면서, 그동안 매킨토시가 독점했던 레이아웃을 비로소 한글이 소화해낼 만하게 되었습니다." 이 말을 듣고, 저는 그동안 내 생각만 한 것을 반성했습니다. 그동안 익숙해질 만하면, 쓸데없이 복잡해진 새 버전을 내놓는 한글과컴퓨터에 대고 속으로 많이 툴툴거렸거든요.
마찬가지로, 주자학 또한 '정말 필요해서' 업그레이드를 시도한 것은 아닐까요. 노장의 자연과 불교의 초탈로는, 일상적 삶에 필요한 덕성과, 무엇보다 '지식'을 충분히 확보하기 어렵지 않을까요. 물론, 그 과정에서 오버도 하고, 무리수도 두는 바람에, 지나친 형식주의와 억압적 권위주의를 키웠습니다마는…… 그 '버그' 정도는 지금 손볼 수 있지 않을까요. 그것을 제대로 손본다면, 노장과 불교보다 훨씬 유용한 프로그램이 될 수 있지 않을까요."

대화

2

의미는 신성의 아들이다. 17세기 마테오 리치나 롱고바르디는 주자학에 무신론의 딱지를 붙였으나, 라이프니츠는 그것이 선교사들의 오해와 태만이었다고 일축했다. "태극太極이나 이理는 무한한 능력과 지성을 가진 절대적 존재이다!" 그럼 주자학과 가톨릭과의 거리는 얼마쯤인가. 이 글은 이 문제에 대한 비관습적 시론이다. 논점은 절대자의 인격과 영혼의 불멸, 그리고 내세의 존재이다. 주자학은 스피노자를 따라 이 셋 없이도 인간의 일을 규율할 수 있음을 설득해야 했다. 발견과 자기 책임이 그 문패 위에 적혀 있다.

6. 주자 신학神學 논고 시론

주자학이 유신론임을 부정하는
마테오 리치, 롱고바르디, 다산 정약용의 논의를 점검하고,
그 반대편에서 주자 신학을 변명하는
라이프니츠와 순암 안정복의 논의를 바탕으로,
스피노자의 신즉자연神卽自然의 도움을 받아
재구성해본 「주자 신학 논고」의 서론 겸 시론

그동안 주자학은 무신론의 한 형태로 이해되었다. 서양에서도 17세기 마테오 리치의 『천주실의天主實義』와 그 후계인 롱고바르디 이후 그 인식은 더욱 강화되었고, 조선의 정약용도 이에 기반해서 주자학을 비판하고, 자신의 새로운 상제上帝신학을 창도했다.

그러나, 나는 최근 '혹시 우리가 주자학을 근본적으로 오해한 것은 아닐까'를 더듬고 있었다. 그런데 얼마 전 라이프니츠의 『중국인의 자연신학에 관한 논문Discourse on the Natural Theology of the Chinese』을 읽어보고는 깜짝 놀랐다. 라이프니츠는 롱고바르디나 요아힘 부베의 서간을 통해, 주자학이 서구 기독교의 전통적 자연신학과 평행적인 것으로 이해하고 있었다. 즉, 주자학의 태극太極이나 이理는 무한한 능력과 지성을 갖고 있는 절대적 존재를 지칭한다는 것이다.

이 글은 주자학의 원전에 입각해서 그 유신론적 특성을 해명하고

논증해본 시론적 시도이다.

주자학과 가톨릭의 차이는 절대자에 대한 인격적 접근과 비인격적 접근, 혹은 인과론적 접근과 유기체적 접근에 있는 듯하다.

라이프니츠는 중국의 자연신학의 탁월함을 인정하면서도, 거기 계시신학이 결여되었다고 말하지만, 주자학은 스피노자를 따라 합리적 자연신학만으로도 충분하다고 생각한다. 그와 더불어 주자학은 "영혼의 불멸과 내세의 보장 없이도 인간의 일을 규율할 수 있을까"에 대해 대답해야 하게 되었다.

천진암 주어사 강학회

다산은 「녹암 권철신權哲身 묘지명」에서 1779년 천진암 주어사走魚寺의 강학회에 대해 이렇게 적고 있다. "옛적 기해(1779) 겨울, 천진암 주어사에서 강학했는데, 눈 속에 이벽이 밤에 도착하여, 촛불을 돋우어가며 경전을 담론했다."

이 기록만으로는 구체적으로 무엇을 주제로 어떤 토론을 했는지가 분명치 않다. 다산은 이때의 일에 대해서 「선중씨先仲氏 묘지명」에서 구체적인 얘기를 해주고 있다.

"형님은 녹암의 문하에 집지執贄하여 가르침을 구했다. 일찍이 겨울, 주어사走魚寺에서 우거寓居하며 강학한 적이 있는데, 모인 사람이 김원성, 권상학, 이총억 등 여럿이었다. 녹암 자신이 규정과 일과를 정해, 새벽에 일어나면 찬물을 떠 양치 세수하고, 1)「숙야잠夙夜箴」을 읊었으며, 해가 뜨면 2)「경재잠敬齋箴」을, 정오에는 3)「사물잠四勿箴」을, 그리고 해가 지면 4)「서명西銘」을 읊었다. 엄격하고 진지하게 법도를 지켰다. 이 당시 이승훈도 스스로 면려하는 때라, 서교西郊로 나가 심수를 빈賓으로 삼고 향사례鄕射禮를 행하자, 모인 사람 백여 명이 모두 왈, '삼대三代의 문화가 다시 찬란하게 빛난다'라고 했다. 이 소문을 듣고 찾아오는 사람 또한 많았다."

자료는 이것뿐이다. 문면 그대로 보아서는 모임의 성격이 어디까지나 '주자학적 강학'이었음을 알려주고 있다. 그런데 가톨릭 교회 측에서는 위에 등장하는 이벽과 이승훈의 이름에 기대, 위의 강학회가 가톨릭의 일과에 따른 수련과 미사 등이었을 것이라고 단정했다!

그러나 주자학에서 강학은 늘 하는 일과이자 공부였다. 강학은 함께 모여, 혹은 스승의 지도 하에 특정한 전적을 암송하고, 그것을 토론하는 과정으로 진행되었기에, 형식적으로는 가톨릭의 일과와 유사성이 있다.

교회 측에서는 또 위에 열거한 수련들이 매우 종교적 기풍을 갖고 있고, 또 가령, 「숙흥야매잠夙興夜寐箴」이나 「경재잠」 같은 것에는 현저한 가톨릭적 분위기가 있다고 생각하는 듯하다.

그러나 이 두 잠도는 퇴계가 주자학 공부의 핵심 매뉴얼로 편집한 『성학십도聖學十圖』 제9도와 10도라는 근본 사실을 잊어서는 안 된다.

과연 이 강학회는 주자학적이었을까, 가톨릭적이었을까. 둘은 소문처럼 그렇게 서로 다른 것일까. 다르다면 정말 어디가 다른 것일까.

우리의 통념과는 달리 둘은 혹 겹치는 것은 아닐까. 유교와 가톨릭의 같고 다름, 만나고 헤어지는 자리는 '정말' 어디인가.

문제가 되는 「숙흥야매잠」과 「경재잠」 가운데 제10 「숙흥야매잠」을 보여주기로 한다. 제9 「경재잠」이 경敬을 수련해야 할 다양한 '분야'를 보여주고 있다면, 「숙흥야매잠」은 선비의 '일과'에서 지켜야 할 경의 태도를 보여주고 있다. 이 짧은 글은 남당 진백이 선비라면 "일찍 일어나 늦게 잠자리에 들 때까지夙興夜寐" 지켜나가야 할 것이라면서 스스로 마음에 새긴 다짐箴이다.

"닭이 울고 잠에서 깨어나면, 상념이 점점 치달린다. 어찌 그사이에 마음을 차분히 정돈하지 않으랴. 때로는 지난 허물을 반성하고, 때로는 새로 깨달은 것을 음미한다. 순서에 따라, 조리에 따라 마음속에 새겨 본다.

이렇게 근본이 선 다음에, 동틀 무렵 일어난다. 세수하고, 머리 빗고, 의관을 갖추고, 단정히 앉아 자세를 곧추세운다. 이 마음을 다잡으니 환하기가 떠오르는 해 같다. 엄숙하고, 단정하게, 그리고 밝고도 고요 하게……

이에 서책을 열어 성현聖賢과 대면한다. 공자께서 앉아 계신 듯, 제 자들이 둘러선 듯. 성사聖師의 말씀을 절실하게 경청하고, 제자들의 질 의를 되풀이 참고한다.

일이 닥치면 일에 응하여, 배운 것을 증거한다. 천명天命의 환한 뜻 이 언제나 눈앞에 닥쳐 있다. 일을 마치고 나면, 나는 다시 옛적 그대 로라. 마음은 연못처럼 투명하고 고요하다.

나아갔다 돌아오는 끝없는 순환에도, 이 마음은 모든 것을 장악하는 예지監이다. 고요할 때에는 본바탕을 지키고, 움직일 때에는 혹시 싫어 살펴보아, 네 마음이 두 갈래 세 갈래로 찢어지게 하지 마라.

독서하는 나머지에 간간이 유영游詠하고, 정신精神을 릴랙스하고, 정신을 휴양休養하라. 하루해가 넘어갈 쯤이면, 피곤이 밀려오고 혼기昏氣가 타기 쉽다. 몸과 마음을 추스르고, 정신의 빛을 다시 떨치라.

늦은 밤에 잠자리에 들 때는 손발을 가지런히, 생각은 그만 그쳐, 정신에 휴식을 준다. 한밤중 신선한 기운이 너를 다시 채울지니, '다하고 나면, 다시 새로워진다' 하지 않더냐.

이를 늘 명심하고 또 명심하여, 날마다 달마다 꿋꿋하게 나아가라."[1]

유교는 과연 무신론인가

「숙흥야매잠」은 종교적 경건을 기조로 하고 있다. "마음을 가다듬으면 천명의 환한 빛이 언제나 눈앞에 있다!"를 보라.

『성학십도』의 제9 「경재잠」 첫머리 또한 "잠심이거潛心以居, 대월상

---

1) 鷄鳴而寤思慮漸馳, 盍於其間澹以整之, 或省舊愆或紬新得, 次第條理瞭然默識, 本旣立矣 昧爽乃興, 盥櫛衣冠端坐斂形, 提掇此心皦如出日, 嚴肅整齊虛明靜一, 乃啓方冊對越聖賢, 夫子在坐顔曾後先, 聖師所言親切敬聽, 弟子問辨反覆參訂, 事至斯應則驗丁爲, 明命赫然常日 在之, 事應旣已我則如故, 方寸湛然凝神息慮, 動靜循環惟心是監, 靜存動察勿貳勿參, 讀書之 餘間以游詠, 發舒精神休養情性, 日暮人倦昏氣易乘, 齋莊整齊振拔靜明, 夜久斯寢齊手斂足, 不作思惟心神歸宿, 養以夜氣貞則復元, 念玆在玆日夕乾乾.(제10 「숙흥야매잠」, 『성학십도』)

제對越上帝"라고 썼다. 이는 "마음을 경건하게, 상제上帝와 대면하듯"
이라는 뜻이다.

주자는 상제라는 원시 유학의 용어들을 자주 끌어다 썼다. 그래서
늘 "상제가 네 머리 위에서 임하고 있듯如上帝之實臨其上" 두려워하고
삼가라고 권한다.

주자학은 분명코, 초월적 존재를 중심에 둔 사유요 문화이다. 그 현
저한 종교적 기풍에도 불구하고, 사람들은 주자학을 단순한 에티켓의
권유, 혹은 오직 현세만을 말하는 대지적 사고로만 정위해왔다. 이것
은 심각한 오해이다.

오해의 시작은 마테오 리치부터였다. 롱고바르디는 한 걸음 더 밀고
나아가 원시 유학까지가 유물론적 혐의에서 자유롭지 않다고 했고, 다
산은 주자학의 유물론이 원시 유학의 상제신학을 배반했다고 주장한
다. 어쨌거나 이들에 의해 주자학은 무신론적 체계로 낙착되었다. 현
대 중국의 신유학가인 머우종산牟宗三도 그렇게 생각했고, 지금 한국
의 학자들도 이 성습된 판단의 라인을 답습하고 있다. 나는 말한다.
"우리는 그동안 주자학을 잘못 읽어왔다." 내 글은 여기서 시작한다.

그런데 왜 지금까지 주자학이 망각과 오해 속에서 부침해왔을까.
그 이유를 다음과 같이 들 수 있다.

근본적으로는 주자학의 원죄 때문이다. 조선을 망해먹은 이데올로
기, 공소한 관념적 형이상학은 폐기되고 잊혀져야 할 것인데, 거기 무

슨 볼 만한 것이 있겠느냐는 백 년 이래의 인식이 주요 원인이다. 하여, 주자학을 비판하는 것은 무엇이든 고무 찬양되었다. 가령, 조선에 근대적 사고와 문물을 대준 서학西學은 높임 받았지만, 그것에 맞서 정통 주자학의 '우주론적 신학'을 옹호하는 논의는 별로 관심을 끌지 못했다.

1)다산 정약용은 서학의 영향을 적극적으로 받아, '조선의 사회와 문화, 정치와 경제'를 과감하게 혁파하자고 나선 '실학의 대표자'인데, 거기 서학의 영향이 크게 작용했다. 2)박해와 순교의 역사 또한 그 동정적 분위기에 가세했다. 조선 정부의 불관용과 배타성은 근대화에 필요한 문화의 교섭과 지식의 유통을 원천 봉쇄했다는 점에서도 우리는 서학의 적극적 도입에 대해 깊은 아쉬움을 갖고 있다.

'실학'이 찬미되고 자주적 개화의 아쉬움이 커갈수록, 주자학은 잊혀지고 밟혀 덤불쑥 구렁텅이에 묻혀버렸다. 20세기 식민의 굴욕을 씹고 근대를 향해 매진해나갈 때, 우리는 그 대접을 너무나 당연하게 생각했다.

그러나 철학은 역사와 선입을 떠나서도 사유해야 한다. 그런 점에서 상식과 인습을 밟고 지나간다. 더구나, 지금은 박해로부터 2백 년의 세월이 지났고, 급속한 근대화의 성취와 더불어 '실학'의 콤플렉스는 근본적으로 해소되었다. 우리는 이제 근대 '그 너머'를 사유해야 할 시점에 와 있고, 그런 점에서 탈역사적 점검은 절실한 바가 있다.

태극 혹은 이理에 대한 롱고바르디와 라이프니츠의 서로 다른 관점

통념과 상식 너머에서 주자학을 묻는다. "주자학은 과연 유물론적 사고인가."

마테오 리치는 그의 『천주실의』에서 "유교의 옛 성현들과 그들의 예지"에 대해 감탄하고 있다. "중국인들은 상제의 예지와 감시를 믿고 있었고, 거기 따라서 삶을 영위했다는 점에서 가톨릭의 신앙에 흡사한 것이었다. 그런데 그 옛적의 예지는 2천 년 동안 잊혀졌다." 리치는 주자학이 그 잊혀진 예지 위에 선 무신론의 체계라고 생각했다.

하여 『천주실의』는 주자학을 비판하고, 원시 유학을 복고하면서, 그 위에 가톨릭의 신앙을 논증하고 설득하려는 책으로 요약할 수 있다. 라이프니츠는 이 적응주의적 전략을 매우 훌륭하게 여기며 감탄을 아끼지 않았다. 그러나, 그의 뒤를 이어 중국 전도의 책임자가 된 롱고바르디는 달랐다. 그는 상제가 천주와는 다르다는 것을 강조하면서, 중국을 순전한 가톨릭의 복음으로 덮고 싶어했다. 그 전략의 성패와 효율은 지금 따지지 않으려 한다.

두 사람은 중국의 전도에 있어 보다 적응적이냐, 아니면 근본주의적이냐의 차이는 있지만, 둘 다 당대 중국을 지배하고 있던 주자학의 우주관과 신학에 대해 부정적 인식을 갖고 있었던 점에서는 아무런 차이가 없다! 그들은 주자학이 유신론적 신학이라는 것을 인정하지 않는다.

이 글을 읽고 있는 사람들 누구나 그럴 것이다. 그러나, 나 이전에 주자학이 유신론적 신학의 일종이라고 확언한 사람이 있었다. 18세기 서양의 탁월한 수학자이자 철학자인 라이프니츠가 바로 그 사람이다. 나는 최근 '주자학의 신학'에 대해 여러 생각을 하고 있었는데, 마침 이동희 교수가 번역한 라이프니츠의 글들을 읽고 놀란 입을 다물지 못했다.

라이프니츠가 중국에 대해 가진 관심의 폭과 깊이에 대한 소문은 새로운 것이 아니다. 그는 중국을 유럽처럼, "인류가 이룩한 최상의 문화와 기술적 문명이 오늘날 거의 똑같은 정도로 축적되어 있는 것을 보고", 그것이 "운명이 행한 일"이라고 말할 정도이다.[2]

그는 중국인이 이성을 통한 '자연신학natural theology'의 완정한 체계를 갖고 있으며, 그리하여 "우리가 계시신학을 가르쳐줄 수 있는 사람들을 그들에게 보냈던 것처럼" 중국이 "자신들의 선교사들을 보내, 자연신학의 적용과 실천을 우리에게 가르쳐주었으면" 하는 희망까지를 피력하고 있다.

"그러므로 나는 어떤 현자가 우리(유럽인)들이 인간의 한계를 넘어

---

2) 라이프니츠, 「'최신 중국 소식'의 서문」, 『라이프니츠가 만난 중국』, 이동희 옮김, 이학사, 2003, 36, 72쪽.

서는 것, 즉 신의 선물인 기독교라는 한 가지 측면에서 중국인들을 능가한다는 점을 제외하고, 여신들의 미를 심판하는 것이 아니라 어느 백성이 더 우수한가를 심판한다면, 그는 중국인에게 황금사과를 줄 것이라고 믿는다."[3]

라이프니츠는 대체 무엇을 근거로 '중국의 자연신학theologie naturelle'을 말하고 있을까. 그가 『역경易經』의 이진법 체계를 깊이 주목했다는 것은 잘 알려진 이야기이다. 그는 이진법이 우주의 구성원리라고 생각했다. 그는 이 원리를 중국의 선천도先天圖가 보여주고 있는 것을 보고 이렇게 감탄했다.

"이 역易의 그림은 우주에 있어서 오늘날 존재하는 과학에 관한 최고의 기념물입니다. 더구나 이 과학은 내가 보는 견지에서는 4천 년 이상의 고대의 것으로서 수천 년이 지나는 동안에도 그 의미가 이해되어지지 않았습니다. 그것이 나의 새로운 산술과 완전히 일치하고 (…) 나는 당신께 고백하는 바이지만, 만일 내가 이 이진법 산술을 발명하지 않았다면 이 64괘의 체계, 즉 복희伏羲가 지은 도상의 목적을 통찰하지 못하고 막연하게 장시간 바라보았을 것입니다."

라이프니츠는 여기 그치지 않고, 그 이진법의 체계와 짝하고 있는 자연신학의 원리에 그 이상의 관심을 기울였고, 연구를 해나갔다. 그

---

3) 앞의 책, 45쪽.

결과가 『중국인의 자연신학에 관한 논문』이다.

라이프니츠는 중국에 관한 정보를 롱고바르디한테서 얻었다. 그중에도 특히 중국의 경전과 철학적 사고에 대한 인용문과 그 해설들에 깊은 관심을 갖고 연구를 해나갔다.

놀랍게도 그는 롱고바르디가 전해주는 중국의 경전과 철학에 관한 정보들을 액면 그대로 받아들이지 않았다. 그는 자신의 판단에 따라 롱고바르디가 잘못 이해하고 있는 곳까지를 분명히 지적했던 것이다. 놀랍지 않은가. 시쳇말로 하자면, "서울 아니 가본 사람이 가본 사람의 말에 토를 달고, 반박까지 하는 형국"이다.

그중 핵심적인 논제가 '태극과 이理의 해석'을 둘러싼 것이다. 중국인의 자연신학의 핵심인 이 주제에 대해, 라이프니츠는 롱고바르디의 무신론적 해석이 심각한 오해라고 거듭거듭 밝히고 있다. 라이프니츠는 말한다. "그럴 리가 없다. 당신이 잘못 본 거요……"

롱고바르디는 이理가 "그 자체로 볼 때, 영혼도 생명도 없으며, 섭리도 없고 지성도 없는" 수동적 제일질료라고 생각했다. 그러나 라이프니츠는 선교사들이 보내주는 단편을 통해, 이같은 이해가 심각한 결함과 오해를 품고 있다고 단언한다. 그는 이理가 무신론적이라는 롱고바르디의 말은 당대 중국 관료들의 세속적 견해를 옮긴 것일 뿐, 이理의 진정한 함의는 아니라고 말한다. 그는 말한다.

"태극은 힘이거나 제일원리이다. 이理는 사물들의 이데아와 본질을 포함하는 지혜이다. 우리가 정신이라 부르는 최초의 에테르는 의지이거나 욕구이며, 이것에 의해 비로소 활동이 시작되고 창조가 실행된다. 이理에서 나온 것이라는 덕들이 아무 짝에도 쓸모없는 것은 아니다. 당신은 아마도 이 덕들을 통해 이理 안에는 진리와 선의 근원이 들어 있음을 알 것이다."[4]

그는 또 이 이理가 모든 것을 보고, 모든 것을 알며, 모든 것을 할 수 있는 '지성'적 본성이라고 말한다. 그러면서 덧붙인다. "중국인들이 아무런 능력도 생명도 의식도, 지성도 지혜도 없는 자연물에 그렇게 고상한 속성을 부여하지는 않았을 것"이라고……

그는 롱고바르디가 오해한 "충막무짐沖漠無朕"이나 "무조작無造作, 무정의無情意, 무계탁無計度"을 인간의 유한한 지식이나 결단이나 숙고의 인위성이 배제되었다는 뜻일 뿐, 거기 '자연적 성향'과 '예정 조화'의 정신이 결여되었다는 것이 아님을 누누이 강조한다. 그는 이理를 무위無爲로 보는 롱고바르디에 대해 반발하면서 이렇게 말한다.

"이理가 그 자체로는, 그리고 기氣가 없이는 아무것도 하지 않는다면, 어떻게 기를 산출할 수 있겠습니까. 어떠한 행위도 하지 않고, 어떤 것을 산출해낼 수 있을까요. 그리고 기가 단지 이의 도구에 불과하다

---

4) 앞의 책, 78쪽.

면, 이에는 힘 또는 최초의 동력인 la vertu ou la cause efficiente이 있다고 말할 수밖에 없지 않습니까. 제일질료가 제일원리 또는 제일의 형식, 순수한 활동성, 신의 작용에 의해서 산출되었다는 것을 고려한다면, 중국의 철학은 고대 그리스인의 철학보다 훨씬 더 기독교 신학에 가깝다고 할 수 있습니다."5)

라이프니츠는 중국의 이理가 제일원리이며, 이를 통해 중국의 철학이 "그리스의 철학보다 더 기독교 신학에 가깝다"고 쓰고 있다.

여기서 하나는 짚어두고 가야겠다. 라이프니츠는 그러나, 이것이 주자학의 예지임을 알지 못하고, 그것을 2천 년 전의 오랜 예지로만 알았다! 그 점에서는 오해가 있었지만, 우리가 주목하는 것은 주자학의 태극론, 그리고 이기理氣철학의 근본 구상이 라이프니츠가 생각한 대로라면, 근본적으로 제일철학이며, 신학적이고, 기독교의 신학과 근접하고 있다는 것이었다. 그리고 니덤 또한 『중국의 과학과 문명』 제2권에서 이 점에 동의하고 있다.

태극은 신인가, 신이라면 어떤 종류와 성격의 신인가

퇴계는 기고봉과 논쟁하던 어느 날 그에게 이렇게 적어 보냈다.

---

5) 앞의 책, 111쪽.

"일찍이 옛사람과 우리의 학문이 차이나는 까닭을 깊이 생각해보았습니다. 그것은 단지 이理 자를 알기 어렵기 때문입니다. 그런데 이 자를 알기 어렵다고 말하는 경우, 그것은 대략 알기가 어렵다는 뜻이 아니라, 참으로 알고 신묘하게 깨달아 완벽에 이르기가 어렵다는 뜻입니다. 만약 뭇 이치를 끝까지 헤아려 완벽하게 꿰뚫어볼 수 있는 경지에 이르러서, 그것이 텅 비어 있으면서도 가득 차고, 아주 없으면서도 다 있으며, 움직이면서도 움직이지 않고, 멈추었으면서도 멈추지 않으며, 지극히 순수하여 한 올도 더하거나 뺄 수 없으면서 음양오행陰陽五行과 만물 만사의 근본이지만, 음양오행과 만물 만사에 '갇히지 않는다'는 것을 통찰할 수 있다면, 어찌 기氣와 뒤섞어 하나로 인식하거나 같은 사물로 볼 수 있습니까."6)

역시 이理는 우주의 창조력 자체이다. 이것은 "동작動作도 사려思慮도 조작造作도 없는 정결공활淨潔空豁한" 실체이다. 라이프니츠와 스콜라 철학의 어법으로 하자면, 이理는 제일질료가 아니라 제일원리이다. 그동안 여기 크나큰 오해가 있었다.

사람들은 이같은 형이상학의 사유에 익숙하지 않다. 그러나, 이 노

---

6) 蓋嘗深思古今人學問道術之所以差者, 只爲理字難知故耳. 所謂理字難知者, 非略知之爲難, 眞知妙解, 到十分處爲難耳. 若能窮究衆理, 到得十分透徹, 洞見得此箇物事, 至虛而至實, 至無而至有, 動而無動, 靜而無靜, 潔潔淨淨地, 一毫添不得, 一毫減不得, 能爲陰陽五行萬物萬事之本, 而不囿於陰陽五行萬物萬事之中, 安有雜氣而認爲一體, 看作一物耶.(「답기명언론사단칠정제이서答奇明彦論四端七情第二書」, 『퇴계선생문집退溪先生文集』 권16 書)

력은 삶에 필요하고 또한 보상도 있다. 주자학을 순전한 형이상학으로 매도만 하는 것은 근대화의 상흔 때문이지만, 이제 그런 스노비즘은 그만 접을 때도 되지 않았나 싶다. 우리는 사물의 관계도 알아야 하지만, 인간의 호기심은 영원의 모습 아래서 그 사물의 본성을 알고 싶어하기 때문이다. 인간은 그런 점에서 형이상학적인 동물이다. 사물과의 관계에서는 지식이 얻어지지만, 우리는 또한 지혜를 갈구하는데, 그것은 사물을 삶의 전체와 "영원의 모습相 아래에서sub quadam aeternitas specie" 그 의미와 가치를 판정하는 데서 자란다. 주자학 또한, 스피노자의 정의를 빌리자면, 현세의 질서가 아니라, '영원의 질서'를 살피는 형이상학을 주조로 하고 있다. 그것은 즉, 사물과 사건의 연관(주자학적으로 하자면, 음양오행의 착종錯綜)을 넘어, 법칙과 구조의 세계(주자학적으로 하자면, 태극과 음양陰陽의 묘합妙合)를 통찰하고자 한다.

주자는 분명히 말한다. "그가 주인이고 나는 손님이다他爲主, 我爲客."[7]

라이프니츠는 이를 "신은 모든 것을 채우고, 모든 사물 속에 존재하며, 따라서 모든 것은 신 안에 존재한다"[8]고 썼다. 그러므로 나는 나 자신의 주인이 아니다. 주자는 타자와 격리된 개인이나, 세계를 지배

---

7) 『주자어류 朱子語類』 권1:9.
8) 라이프니츠, 앞의 책, 109쪽.

할 주체로서의 근대적 인간을 떠올리지 않았다. 그가 생각한 인간은 오히려 기독교 신학의 피조물의 위상을 갖고 있다.

우주는 주재主宰의 영원한 생생生生과정 속에 있다! 우리는 이 근원적 사태를 잊고 있다. 그 태극은 우리가 만나는 질료 속에, 이 세계의 물질과 정신 속에 그것을 활성화하면서 충만해 있는 모종의 '힘'이다. 그런데 우리는 그것이 질료 내부의 속성일 것이라고만 생각한다.

"천지가 있기 이전에 필경 이理가 있었다. 이 이가 있었기에 이 천지가 있게 되었다. 이 이가 없었다면 천지도 없었을 것이고, 사람도 사물도 없었을 것이고, 땅 위에는 아무것도 없었을 것이다. 이가 있어 기氣가 유행流行했고, 만물을 발육發育하게 되었다."[9]

주자가 제자들과 나눈 대화를 편찬한 『주자어류朱子語類』를 펼치면 곧바로 만나게 되는 말이다. 이 말은 흡사 "땅이 있으라 하니 땅이 있었고, 만물이 있으라 하니 만물이 생겼다"는 창조의 '의지'를 연상시킨다. 나는 사람들이 그동안 주자의 이같은 유신론적有神論的 창조의 신학에 왜 귀를 기울이지 않았는지 의아해한다.

그동안 학자들은 이理의 내재만을 중시했지 초월의 측면을 깊이 유

---

9) 問: "昨謂未有天地之先, 畢竟是先有理, 如何?" 曰: "未有天地之先, 畢竟也只是理. 有此理, 便有此天地; 若無此理, 便亦無天地, 無人無物, 都無該載了! 有理, 便有氣流行, 發育萬物."(『주자어류』 권1:2)

의하지 않으려 했다. 그래서 주자는 분명히 말한다. "기氣보다 앞서
이理가 있다!"

라이프니츠는 태극에 힘과 지혜가 있다고 생각했다

여기까지 따라온 사람들이 혹, 헷갈려할지 모른다. "처음에는 상제
로 출발하더니, 다시 이理 운운하고…… 이번에는 또 왜 태극이
냐…… 셋은 같은가, 다른가." 이쯤에서 설명이 필요하다.

이 세 용어는 같은 것의 서로 다른 측면을 적시하고 있다. 이름 붙
이기 어려운 그 '무엇' 혹은 '그분'은 초월적上帝 성격의, 우주의 중심
혹은 배꼽太極이며, 그것은 온 땅의 자연의 과정을 지시하고 질서지워
나간다理. 그것은 동시에 길道인즉, 요컨대 사물의 내적 원리이자, 또
한 인간의 성숙이기도 하다. 이 모든 것이 하나로 연결되어 있다. 이
것은 전형적으로 신학적이며, '오래된 길'에 근거한 동서양의 종교적
신화적 전통이 공유하는 지점이기도 하다.

인간의 모든 것은 이 우주의 시원이자 중심에 근거하고 있다. 누구
도 이 끈을 떠날 수 없다. 당연, 주체적 자유와 합리적 계산을 주축으
로 하는 근대적 사고와는 십만팔천 리이다. 뼛속까지 근대적인 우리
는 그래서 이 오래된 주자학의 사유를 이해하기 어렵다.

우주의 중심, 혹은 배꼽 안으로 한 발 더 들어가보자. 여기 태극은
창조력 자체이기에 장소도 시간도 없다. 만일 그것이 일정한 장소에

국한되고, 시간에 제약된다면 그것은 영원의 절대자가 아니라 구체적 현상이나 사물로 떨어지고 말 것이다. 이 창조력은 그러나 시공간 속에서 일정한 연장을 갖는 '물질氣'과 결합하지 않으면 사건이나 현상으로, 혹은 사물이나 생명으로 스스로를 현실할 수가 없다.

여기서 '한정되지 않는 영원의 창조력'이 이理라면, '시공간 속에서 일정한 연장을 갖는 물질'이 바로 기氣이다. 우주 안의 모든 것은 그러므로 이와 기의 합合으로 이해된다.

익숙하게 들었겠지만, 여기서 이理가 없으면 기氣는 영원의 창조력으로부터 '생명'을 나누어받지 못하고, 기가 없으면 이는 자신을 표현할 '몸'을 확보하지 못한다.

이렇게 서로를 필요로 한다는 점에서 "이理와 기氣는 불리不離, 서로 헤어질 수 없다". 그러나, 또 한편 구체적 신체가 사라지더라도 영원의 창조력은 스스로 지치거나 다하는 법이 없다. 그런 점에서 이는 기속에 있지만, 그것과 완전히 일치하지는 않는다. 이기불잡理氣不雜! 만일 일치했다면, 우주는 영원한 창조를 지금껏 그리고 앞으로 계속해 나갈 수 없을 것이다.

라이프니츠는 바로 이 지점을 통찰했다. 선교사들이 전해주는 이차적 정보만으로, 그는 주자학의 핵심적 사고에 도달했던 것이다.

요약하면, 라이프니츠는 적어도 자연신학의 입장에서는 동양과 서양이 거의 일치한다고 생각한다. 라이프니츠는 그러나 그보다 더 높은 '계시신학'의 전통이 중국에는 결여되어 있다고 생각한다.

중국은 그러나, 초월자로부터의 직접적 선택적 은총이 필요하지 않거나, 그런 것은 없다고 생각했다. 만일, 은총이나 계시가 필요하다면, 그것은 내면적 방식으로 자연 안에 새겨져 있어, 누구든 그것을 자신의 본성으로 알 수 있고, 대면할 수 있는 것이라고 생각했다. 그래서 주자학은 근본적으로 '자연적' 전망과 합리적 지평을 벗어나지 않는다.

신은 과연 인간의 얼굴을 하고 있을까

주자학과 가톨릭의 차이는, 요컨대, 유신론이냐 무신론이냐가 아니라, '어떤 종류의 유신론이냐'에 있다.

단순화하자면, 주자학이 생각하는 신과, 가톨릭에서 생각하는 신의 얼굴이 서로 다르다. 이 차이는 얼핏 작아 보이지만, 그러나 결정적인, 결코 화해할 수 없는 균열점이다. 나는 유교와 가톨릭이 이 지점을 두고 부딪쳤다고 생각한다.

주자는 자신이 말하는 이理가 모종의 '인격'으로 연상되는 것을 극히 경계했다. 그는 이 혹은 태극이 하늘에 거소居所를 정하고 세상을 심판하는 인격으로 연상되지 않도록 자주 주의를 주었다. "그런데 지

금 그 하늘에 죄와 악을 판정하는 사람이 있다고 해서는 절대 안 된다
而今說天有箇人在那裏批判罪惡固不可."10)

그럼에도 그는 재래의 전통을 따라 자주 태극이나 이理를 의인화된 형태로 표현하고는 있다. 그러나 주자의 의인화된 표현들은 깊은 주의를 요한다. 가령 천지지심天地之心이란 이름에서 '인간적 의지'를 연상해서는 천만불가하다. 그렇다고 '의지가 없다'고 해서도 안 되었으니, 우리는 그 말을 곧 '무질서'와 동일시하는 함정에 빠질 것이기 때문이다. 그래서 그는 이를 '비의지적 의지'로 부르기도 한다.

이理는 문자 그대로의 무위는 아니다. 퇴계는 그것을 설득하기 위해 이의 체용體用을 내세워야 했다. 즉, 무위라고 부르는 것은 이 혹은 태극의 활동이 '우리와는 전혀 다른 방식으로 일한다'는 것이지, 문자 그대로 '아무 일도 하지 않는다, 혹은 할 수 없다'는 뜻이 천만 아니라고 역설한다. 이는 자신의 힘을 인간과는 전혀 다르게 행사한다. 즉, 그는 인간처럼 의도적 목표를 설정하고, 인위적 안배按配(이것은 주자가 늘 경계하는 말이다)에 따라 일을 추진하지 않는다. 그 방식은 즉, 현대적으로 하자면, 유기적 방식. 자연의 사건과 생명이 타자와의 계기 속에서 전체의 목적을 달성하기 위해 자신의 위상을 정위해나간다. 이 '부분들'의 자리 찾기, 즉 우주의 모든 부분 혹은 계기는 자연적으로 탄생, 성장, 성숙, 쇠퇴하는 원형이정元亨利貞의 '과정' 속에

---

10) 『주자어류』 권1:22.

서, 라이프니츠의 용어를 빌리자면, 예정 조화의 방식으로 행사한다. 그 활동은 요컨대 전혀 인간적이지 않다! 그렇다고 활동이 없다고 말하는 것은 이의 존재 자체를 부정하는 것이 아닌가.

그런데도 마테오 리치나 롱고바르디, 다산 정약용은 이理가 "스스로는 자립自立할 수 없는 의부자依附者"라면서 이의 권능을 빼앗고 존재 자체를 무력화시켰다. 그 자리에 천주를, 혹은 유교적 적응인 상제를 놓은 것은 우리가 익히 들어온 바이다.

그렇지 않은가. 우주 안의 어떤 생명, 어떤 계기도 그저 우연하고 맹목적이며 무의미하게 일어나지 않는다. 기氣의 변신은 무규칙적으로 자의적으로 일어나지 않고, 이理의 지도와 신호에 따라 일정한 패턴으로 드러난다. 우주는 조리條理, 즉 바구니의 대나무처럼 촘촘히 얽힌 그물의 형태로 짜여 있다. 그것이 또한 이理이다. 이것을 자칫 정태적 질서를 뜻하는 것으로 오해하지 않아야 한다. 동아시아의 우주관은 기본적으로 동태적이다. 역易의 생성과 변화, 창조와 소멸은 이 맥과 결을 따라 역동적으로 조직된다. 그 조직의 그물은 다차원적 복합적이어서 단선적 인과의 고리로는 적절히 설명될 수 없다. 신체의 각 부분의 통합적 기능이나 불수의적 근육운동, 혹은 내분비 계統의 자율적인 조절 기능에서 연상되는 방식으로 자연은 통합되어 있다. 그것은 근본적으로 생리학적 전망이지 물리학적인 것이 아니며, 유기체적인 것이지 기계론적인 것이 아니다.

이 사고 안에는 우주 '밖'에 존재하는 외재적 원인, 그것도 '인격'

같은 것은 생각할 수 없다. 주자는 말한다. "신은 세계 속에 거처하고 있되 세계와 동일시할 수 없다. 또하나 분명히 해둘 것은 그는 인간의 얼굴을 하고 있지 않다는 것이다." 그 점을 분명히 하는 주자의 목소리를 인용한다. 읽기에는 좀 까다롭다.

"무릇 하늘과 땅 사이에는 움직임과 고요함의 두 계기動靜兩端가 끊임없이 순환한다는 사실 하나만이 존재한다. 이것을 역易이라 한다. 그 움직임과 고요함에는 그 운동을 가능하게 하는 까닭所以이 있으니 이것이 이른바 태극이다. 성인聖人이 이미 그 실체에 명칭을 부여하셨고 주자周子(즉 주돈이周敦頤)는 이것을 그림으로 드러냈으니 온전히 밝히고 드러냄에 유감이 없다.

극極이라는 개념의 원형은 천문학적 축樞極에서 얻었다. 성인께서 말한 태극은 천지만물의 근원을 가리킨 것이다. 주자周子가 이어 무극無極이라 덧붙인 것은 (태극의) 소리도 냄새도 없는無聲無臭 신비妙를 드러낸 것이다.

하지만 (「태극도太極圖」에서) '무극이태극無極而太極'이라 하고, 또 '태극은 본래 무극太極本無極'이라 한 것은, 무극 다음에 따로 태극을 낳았다거나 태극의 위에 먼저 무극이 있었다는 것이 아니다. 또 '오행은 음양이고, 음양은 태극五行一陰陽, 陰陽一太極'이라 한 것은, 태극이 있은 다음에 따로 이오二五(즉 음양과 오행)를 낳았다거나, 이오 위에 먼저 태극이 있었다는 것이 아니다. (태극에서 음양오행 그리고) 성남성녀成男成女 화생만물化生萬物에 이르기까지, 무극의 묘가 있지 않은 곳이 없다. 이 그림의 강령과 대역大易의 유의遺意는, 노자가 말하는 이른바 '물物은 유有에서 생기고 유有는 무無에서 생긴다' 하여, 생성과 변화造化에 참으로 시작과 끝이 있다고 생각한 것과 현격한 차이가 나는 곳이다."[11]

그리고 이 신은 우주 밖에 있지 않다(요컨대, 태극이 있은 '다음'에 다시 음양오행을 낳거나, 음양오행 '위'에 태극이 있지 않다). 주자는 우주 밖의 실재를 인정하지 않았다.

태극은 음양오행의 세계 속에 있지만, 그러나 음양오행처럼 물질처럼 시간과 장소를 설정할 수 없다는 점에서 초월적無極이라 할 수 있다. 대개 이 위상을 '내재적 초월'이라고 부른다. 또 혹은 맨 앞 「숙흥야매잠」에 붙인 퇴계의 글에서 보듯, 도는 어디에나 편만해 있다는 점에서, 그리고 누구도 이 편재망에서 벗어날 수 없다는 점에서, '편재적 초월'이라 부를 수도 있을지 모르겠다.

시간과 장소도 없이, 그러나 세계 안에 있으면서, 세계를 생생 변역

---

11) 蓋天地之間, 只有動靜兩端循環不已, 更無餘事. 此之謂易, 而其動其靜則必有所以動靜之理焉. 是則所謂太極者也. 聖人既指其實而名之. 周子又爲之圖以象之, 其所以發明表著可謂無餘蘊矣. 原極之所以得名, 蓋取樞極之義. 聖人謂之太極者, 所以指夫天地萬物之根也. 周子因之而又謂之無極者, 所以著夫無聲無臭之妙也. 然曰無極而太極, 太極本無極則非無極之後, 別生太極而太極之上, 先有無極也. 又曰五行陰陽, 陰陽太極則非太極之後, 別生二五, 而二五之上先有太極也. 以至於成男成女, 化生萬物, 而無極之妙, 皆未始不在是焉. 此一圖之綱領, 大易之遺意, 與老子所謂物生於有, 有生於無, 而以造化爲眞有始終者, 正南北矣.(「답양자직答楊子直」, 『주문공문집朱文公文集』권45:12)

시키고 있는 이 창조력을 느낄 수 있는가. 주자는 이것이 우주의 위대한 중심이고, 위대한 근거라고 말했다.

"태극은 우주의 위대한 축, 위대한 근저라는 사실을 표현하고 있다. 일반적으로 말하는 극, 가령 북극北極(星)이니, 남극南極(星)이니, 집의 용마루屋極니, 상商의 수도, 혹은 네 방위의 극점처럼, 이 명칭을 지닌 모든 사물은 눈에 보이는 형태와 위치를 갖고 있어 꼭 집어 가리킬 수 있지만, 그러나 이 극極(태극)은 형태가 없어 공간과의 관련이 없다. 그래서 주자周敦頤는 무극이라는 용어를 덧붙임으로써 그것이, (가시적) 축이나 매듭, 뿌리나 기초처럼 어떤 '형태'가 아니라는 것을 (아울러 형태에 제약되지 않는다는 사실을) 표현했다. 그럼에도 그것은 실제 우주의 위대한 중심적 축이며 위대한 근거인 것이다."[12]

이 내재하는 초월의 편재로서의 태극은 그러므로 '인격'으로 환원되지 않는다.

여기가 라이프니츠와 주자학이 갈라지는 부분이다. 라이프니츠는 주자학의 근본적 사고에 다가갔으면서도, 중국인들이 자연신학을 넘어서 계시와 신의 은총을 결여하고 있다고 말함으로써 "아직 완전하

---

12) 太者大無以加之稱. 言其爲天下之大樞紐大根底也. 然凡謂之極者, 與南極北極星極商邑四方之極之類, 皆有形狀之可見, 方所之可指. 而此極獨無形狀, 無方所, 故周子復加無極二字以明之, 以無其樞紐根底之形, 而實爲天下之大樞紐大根底也.(요로饒魯, 『성리정의性理精義』권1, 니덤,『중국의 과학과 문명』, 465쪽에서 재인용)

지 않다"고 말했던 것이다.

그러나, 이 비판은 주자학에서 거꾸로 던질 수 있는 것이다. 우주의 영원한 창조력은 위에서와 같은 방식으로 자신을 드러낸다. 주자가 선교사들의 시절에 살아 있었다면 이런 질문을 던졌을 것이다. "신 혹은 제일원인에 '인격'을 부여하는 것은 지극히 인간 중심적인 편견 아니냐?" 스콜라 철학의 신의 존재 증명에 의하면, 신은 완전하기 때문에 당연히 인격을 포함하고, 마테오 리치도 그렇게 논증했다. 그러나 주자학은 그렇게 생각하지 않는다. 인간적 특성은 신의 주재의 무한한 능력과 무한한 예지를 오히려 협소하게 만들어버린다고 생각했다.

주자 신관神觀의 서양적 평행, 스피노자

서양에서도 그렇게 생각한 사람이 있다. 바로 스피노자이다. 스피노자는 전통적 신을 믿지 않는다고 하여 교회로부터 파문당한 사람이다. "이후로는 누구도 그와 말을 걸거나 식사를 하거나 하면 그도 더불어 신의 저주를 받을 것"이라는 무시무시한 저주와 함께…… 그러나 그는 철학을 너무 사랑했기에, 교회 공동체의 편안한 울타리를 마다하고 고독한 은둔자로 렌즈를 갈아 생계를 유지하며, 근세 철학 최고의 걸작이라는 『에티카Ethica』를 인류의 유산으로 남겨주었다. 그는 말한다.

"나는 신 및 자연에 관하여, 후대의 기독교도들이 믿는 바와는 전혀 다른 견해를 갖고 있다. 나는 신이 만물의 내재적 원인이지 외재적 원인은 아니라고 생각하고 있다. 지금 말한 대로 만물은 신 속에 존재하고, 신 속에서 살며 움직이고 있다. (…) 자연의 법칙이 곧 신의 의지이다."13)

이것은 주자의 생각과 꼭 같은 것이다. 그는 신을 여하한 형태의 인격으로 해석하는 데 반대했다. "왜 신은 남자여야 하는가?" 누군가가 신을 비인격적 자연으로 해석하는 그에게 격렬한 비난의 편지를 보내자, 그는 그리스 회의론자 크세노파네스를 연상시키는 말로 다음과 같이 쓰고 있다.

"신에게 보고 듣고 관찰하고 의욕하는 등의 활동이 없다면, 나는 그가 어떤 존재인지 모르겠다고 말씀하시나요. (…) 그렇게 생각하시는 것도 무리는 아닙니다. 삼각형은, 만일 삼각형이 말을 할 수 있다면, 신은 대체로 삼각형이라고 생각할 것입니다. 만일 동그라미라면 신이 아마도 둥글다고 생각할 것입니다. 이렇게 사람들은 자신이 속한 속성을 타자에게, 나아가 신에게까지 귀속시키려는 성향이 있습니다. (…) 지성도 의지도 인간이 생각하는 의미로는 신의 속성이 아닐 것입니다."14)

스피노자는 한 걸음 더 나아간다. 그 신은 '인격'이 아니기 때문에,

---

13) 윌 듀런트, 「스피노자」, 『철학 이야기』, 임헌영 옮김, 동서문화사, 1978.
14) 같은 곳.

자신에게 귀의하는 자들의 사사로운 일에 개입하는 자의나 변덕을 부릴 수 없다. 사건은 자신 속에 내재된 길을 법칙에 따라, 필연성에 따라 가는 기계일 뿐이다. "그 결정론의 세계가 인간이 생각하는 '목적'과 '기획'에 따라 구성되어 있다고 착각해서는 안 된다."

그러므로, 영혼의 불멸이란 것 또한 인간 중심의 망상이다. 스피노자는 아리스토텔레스를 따라, 죽음 이후에도 기억이 살아 있을 가능성을 전적으로 부정한다. "정신은 신체가 지속되는 동안만, 오직 그동안만 사물을 표상하고 과거를 기억한다." 그는 당연히 천국에 있어서의 보상도 믿지 않는다. "덕과 선행이 희귀하고 힘든 일로 보고, 신이 그 덕에 대해 큰 상으로 보답할 것이라고 믿는 것은 덕의 참된 진가를 모르는 것이다." 그의 주저인 『에티카』의 최후의 정리는 다음과 같다. "지복은 덕의 보상이 아니라 덕 그 자체이다."

이 점에서 스피노자는 주자의 생각과 한 치도 어긋나지 않는다. 순암 안정복을 위시한 정통 주자학자들이 가톨릭의 서교西敎에 대해 갖고 있는 의혹과 곤혹, 비판과 불신의 지점도 바로 위와 같은 곳에 있다.

예를 들면, 순암은 왜 가톨릭에서 "밤낮으로 기도하고, 간구하며 지난 잘못의 용서를 빌고, 지옥에 떨어지지 않게 해달라고 기구하기를, 무당이 기도하는 듯이 하면서, 하루에 다섯 번 하늘에 예배하고, 7일에 하루를 재소齋素해야 하는지" 이해할 수 없다. 그는 말한다.

"설사 천당과 지옥이 있다고 하더라도, 사람이 현세에 살면서 선을 행하고 악을 제거하여 행실이 온전하고 덕이 갖추어진다면 틀림없이 천당으로 갈 것이다. (⋯) 그러니 사람이 현세에 사는 동안에 열심히 선을 실천하여 하늘이 내려준 나의 참된 천성을 저버리지 않는다면 그뿐이지, 어찌 털끝만큼인들, 후세의 복을 바라는 마음을 가질 필요가 있겠는가."

순암은 보상을 기대하지 말고, 덕 자체를 닦는 것이 성학聖學이라고 말한다. 그것은 당연한 귀결로 현세에 집중하기를 요구한다. "세상을 원수로 여기다니…… 이 세상에 태어난 이상, 부귀와 빈천, 궁통과 이해利害가 따르는 것은 형세상 당연한 일이다. 그런데 이를 성찰하여 극복하는 노력에 대해서는 알지 못하고, 이 세속을 원수라고 여긴다면, 군신의 의리 또한 끊어지게 된다. 마귀에 대한 설은 더욱 이치에 닿지 않는다."

그는 유교의 제사가 '보답'인 데 대해, 가톨릭은 '기복'이라고 생각했다. 그런데도 가톨릭이 제사를 부정하는 것을 도무지 이해할 수 없다고 말했다.

"근래 어느 성균관 유생이 석전에 참석하려는데, 가톨릭을 하는 어떤 친구가 말리면서 이렇게 말했다. '무릇 거짓 형상을 차려놓고 지내는 제사는 모두 마귀가 와서 먹는다. 어찌 공자의 혼이 와서 먹을 수 있겠는가. 여염집 제사도 마찬가지이다. 나는 지금 풍속을 어길 수 없어 참여는 하고 있지만, 마음속으로는 하느님께 용서를 빌면서 제사를 지낸다'고⋯⋯"

순암은 만일 그렇다면, 가톨릭의 예배의식 역시 마찬가지 아니냐고 되받는다.

"천주의 자리를 설치해놓고, 대부들이 목에다 석 자 되는 깨끗한 천을 걸고는 손으로 정수리를 씻는 의식을 행하고, 또 촛불을 밝히고는 배우는 자들이 엎드려서 지금까지의 잘못을 모두 열거하면서 뉘우치는 뜻을 전하는데, 이런 예배와 기도 또한 '거짓 형상'이라 할 것이 아니냐."

외재하는 신의 감시 없이도,
그리고 영혼의 불멸이나 내세의 심판 없이도 인간의 일을 규율할 수 있을까

주자학은 이 물음에 답해야 할 의무가 있다.

다산 정약용은 주자학의 기획에 코웃음을 친다. 모종의 절대자가 하나의 인격으로, 감시자로서 존재하지 않는다면, "추상적이며 비인격적인 이理"[15]는 인간의 선택에 아무런 실질적 영향력을 끼칠 수 없

---

15) 도널드 베이커, 『조선 후기 유교와 천주교의 대립』, 김세윤 옮김, 일조각, 1997.

다는 것이다. 인간의 행동에 실질적 영향력을 가지려면, 선악에 대한 직접적 과보가 필요하고, 그 정의가 현세에 실현되지 않는다면 내세에라도 실현되어야 하기에, 영혼은 불멸이어야 하고, 천당과 지옥은 '요청' 되는 것이었다.

그런데 주자학은 노장과 불교를 따라, 영혼의 불멸이나 사후의 상벌이 없이도 인간세를 규율할 수 있다고 말하고, 또 그것이 진정 건전하다고 역설한다. 주자학은 노장과 불교와 더불어, 인간이 자기 '발견discovery'을 통해 행복하게(?) 이 목표를 달성할 길을 제시해주고 있다.

사람들은 이 성즉리性卽理의 기획을 믿지 않는다. 믿지 않기에 이해하기에 더욱 어렵고, 더구나 그 길을 직접 밟으려는 사람은 거의 찾아볼 수 없다. 그래서 늘 손쉬운 비판과 비난의 먹잇감이 되고 있는 것도 사실이다.

물어보자. "인간은 과연 선한가天命之謂性? 선한 본성이 있어, 그 발견과 순응만으로 인간은 완성되는가率性之謂道? 사람의 일은 본성을 가린 장애물을 제거하는 것, 그것 하나인가修道之謂敎?"

어떻게 생각하는가. 여기 관건은 "내 내부에 모든 길이 예비되어 있다萬象森然而具焉"는 것을 어떻게 확인하느냐에 달려 있다. 이 자각이 공부의 알파요 오메가이다. 그런 점에서 주자학은 '깨달음'에 전부를 거는 불교와 닮았다. 그래서 왈, '발견'의 기획이라 했다. 당근 체회體會, 혹은 실참實參이 쉽지 않으니, 모든 귀한 것은 얻기 어렵다.

문제의 성격을 좀더 분명히 해두는 것이 해결의 단서가 될 듯하다. 본격 논의는 다음을 기약하기로 한다.

주자는 각자의 자연적 경향성性을 전체적 이理의 분지分枝라고 생각했다. 그 이는 충막무짐인 듯하지만, 거기 아무것도 없는 듯하지만, 그러나 그 안에 만상삼연이구萬象森然而具焉, 모든 것이 다 들어 있다. 우주 안에, 본성 안에 새겨진 이 '무늬'를 읽을 수 있는가.

우리에게 '본성'이 있는가. 동물적 충동과 이기적 관심 너머에……이것이 있다면, 주자학이 구상하는 대로, 개인적 성취에서 사회적 질서까지, 윤리학과 정치학의 과제를 한거번에 통합적으로 완성할 수 있다!

그러나, 마테오 리치나 롱고바르디, 그리고 우리의 다산 정약용도 '자연 안에 미리 새겨진 이 무늬' 만상삼연이구를 믿지 않았다. 그래서 초월적 신의 감시와 독려를 통해 자신의 윤리학과 정치학을 새로 구성한 것은 우리가 익히 들어온 바이다.

그러나, 정말 그럴까. 우리에게는 미리 새겨진 무늬가 없을까.

라이프니츠는 사물은 '완전하다'고 말한다. 문두스 옵티무스mundus optimus, 즉, "사물의 속성 혹은 본성은 그 사물이 완전하게 존재하는 모범을 보여준다. 다시 말해 자신의 본질적 존재를 위해 필요한 모든 속성들을 모두 갖추고 있다". 그는 존 로크가 "본유 관념은 없다"고 주장하는 데 대해 자연에 새겨진 이 '대리석 무늬理'를 읽지 못한 소치라고 비판한다.

『라이프니츠가 만난 중국』에서 이동희 교수는 D. E. 문젤로의 『라이프니츠와 유교, 일치를 찾아*Leibniz and Confucianism, the Search for Accord*』를 참조하여 다음과 같은 주목할 만한 주석을 달고 있다.

　"라이프니츠는 자신의 본성을 따라 움직이는 이理와 이미 프로그램화된 모나드의 유사성을 보았고, 이와 관련하여 존 로크의 타블라 라사 tabula rasa 개념을 비판했다. 문젤로는 이에 대해 '옥玉의 결' 혹은 '옷을 짜는 결'이라는 의미에서 전용된 이理의 개념과 라이프니츠가 1704년에 쓴, 『인간 오성에 관한 새 시론*Nouveaux Essais sur l'Entendement humain*』에서 언급한 '결을 가진 대리석 덩어리'를 비교하고 있다. 라이프니츠는 1700년에 로크의 『인간 오성론*An Essay Concerning Human Understanding*』의 프랑스 번역본을 읽고 나서, 그 책에 나오는 백지 개념을 다음과 같이 비판했다. '영혼이 백지를 닮은 것이라 한다면 진리는 대리석 속에 들어 있는 헤라클레스의 모습을 띤 무늬와 같이 우리 안에 들어 있는 것이다. (…) 그러나 다른 어떤 모습이 아닌 헤라클레스의 모습을 띤 대리석 덩어리의 결이 있다고 한다면, 이 대리석 덩어리는 헤라클레스의 모습으로 결정된 것이다. 그리고 헤라클레스의 모습이 대리석 안에 있는 것처럼, 우리의 내적인 지각도 타고난 것이다. (…) 대리석으로 헤라클레스를 조각하려면 헤라클레스의 모습으로 결을 깎아서 그 모습을 분명하게 드러내고, 그 결을 방해하는 것은 잘라내면 된다.' 문젤로는 라이프니츠의 이 입장이 인간의 도덕적 계발은 인간의 타고난 본성을 따르는 것이라고 생각한 주자학의 입장과 상당히 유사하다고 적었다!"16)

경악하지 않았으면 좋겠다. 이곳은 인류가 동서의 현자들을 통해 반복적으로 숙고해온, 오래된 사유의 근본 지점이다. 현대인들 또한 이 화두를 벗어나서, 행복과 자유를 말할 수 없다. 묻노니, 그대의 대답은 무엇인가? 아니, 아니, 머리로 말고, 가슴으로, 네 삶으로 답해보라.

---

16) 라이프니츠, 앞의 책, 236~237쪽. 내용은 약간 수정함.

퇴계는 그토록 사람들을 벗어나고 싶어했다. 청량산은 너무 험준했기에, 차마 발길을 멈춘 곳이 도산陶山이었다. 거기 문패에는 '유정幽貞'이라는 두 글자를 내걸었으니, "내 여기 은거幽는 하되 인간의 길貞을 잊지 않았다!"는 각오이다. 도산은 퇴계의 자부와 변명이 뒤섞인 공간이다. "늦게사晚 철이 들어隱 도산陶 시냇가溪로 물러난다退"고 했던 사람, 온 나라가 그를 불렀어도 다만 "초야에서 풀과 더불어 썩고 싶다"고 거절했던 사람, 인적 없는 산속의 한 떨기 난초처럼 홀로 향기롭기를 꿈꾸었던 기인畸人 퇴계…… 그의 무책임은 비난 받아야 하는가, 다양성의 이름으로 관용되어야 하는가. 아니면 인문학의 이름으로 선양되어야 하는가.

7. 퇴계, 혹은 유교적 은자의 길

돌을 지고, 모래 파니, 어느새 집이 생겼네 負石穿沙自有家
앞으로 가다, 달리고, 발이 정말 많구나 前行却走足偏多
내 생애, 여기 산골짝 한 줌 샘물 속인 것을…… 生涯一掬山泉裏
강호에 물이 얼마나 많은지는 물어보지 않으련다 不問江湖水幾何
(15歲 作, 「가재石蟹」, 『퇴계선생속집退溪先生續集』 권1:1)

    퇴계退溪(이황李滉, 1501~1570)는 그윽하다. 그의 뜻대로, 깊은 산
속 향기는 은은한데, 정작 난초는 어드메쯤 피어 있는지 모르겠다. 그
를 찾아가는 길은 무성한 띠풀로 덮여 있다. 이 글은 그 모색茅塞을 작
대기로 두들기며 산경山徑을 헤쳐본 몇 걸음의 기록이다.

    그는 단순한 은둔자가 아니다. 산수에 있으면서도 유학자로서 학문
을 닦는다. 그래서 그는 "여름비 걷힌 달밤에, 말없이 고요히, 마음속
으로 주자의 존성명尊性銘을 새기고 있다".[1] 그는 이 '학문'이 자신을
다른 은둔자나 이단들과 준별시키는 결정적 지점이라고 생각했고, 세
상이 그렇게 알아주기를 바랐다. 퇴계는 수많은 시들에서 산수에 노

---

1)「東齋月夜」, 『退溪先生文集』 권3:5.

니는 기쁨과 함께, 유교적 덕성을 닦는 자신을 그리고 있다. 그러면서 자신이 "은둔하는 뜻은 바로 그 가야 할 길을 마치기 위해서隱志非他達所由"라고까지 자부한다.[2] 그 가야 할 길은 궁극적으로는 중정인의中正仁義의 인극人極을 세우는 일일 것이다. 퇴계는 시 속에서 이 목표를 위한 구체적 절목과 지침들을 다양하게 제시하고 표현했다. 요컨대, 그는 '은둔'과 '학문'의 두 길을 동시에 밀고 나간 사람이다.

이 뜻을 대표하고 있는 말이 바로 유정이다. 그는 만년에 깃들이게 된 도산陶山의 문패를 유정문幽貞門이라고 달았다. 그러면서 "길이 바로 유정에 있고, 그것이 평탄平坦함을 알겠다"고 읊었다.[3]

유정은 『주역周易』 이괘履卦의 효사爻辭에 나온다. "九二 履道坦坦, 幽人貞吉. 象曰, 幽人貞吉 中不自亂也." 괘는 "작고 부드러운 것兌이 크고 강한 것乾"을 밟는 형상인데, 여기서 이履는 "바른 길을 밟아 간다"는 뜻이다. 군자는 세상을 호랑이 꼬리를 밟는 것처럼 위태롭고

---

2) 「和子中閒居 二十詠」, 앞의 책, 권3:22.

3) 「陶山雜詠記」, 앞의 책, 권3:7. 그의 시 전편이 이 두 키워드에 대한 상세한 주석, 혹은 다양한 변주라 할 수 있다. 몇 예만 들어본다. 먼저 은거로서의 유幽이다. "유인幽人은 세상사의 괴로움이 없다."(「遊月瀾菴 七絶」, 『退溪先生文集』 권4:21) "유인은 코뚜레에 끌리고 매질을 당하는 소와는 달리 한가로이 풀을 뜯고 내키는 대로 배를 깔고 눕는다. 이 여유는 세상의 명리名利를 좇지 않는 초연함에서 온다."(「題畫二牛 二絶」, 앞의 책, 권4:19) "유인은 가슴에 세속의 인연을 끊어 가슴속에 한 점 먼지도 용납하지 않는다."(「金而精 出遊陶山 留宿 明早 見寄三絶(天淵玩月)」, 앞의 책, 권3:54) 마지못해 조정에 불려오면, "유인은 산에서 지내던 그때의 정취를 그리워한다".(「次韻惇敍 出山後 有懷山中諸友」, 앞의 책, 권3:54) "봄 여름 가을 겨울 할 것 없이 유거幽居의 사시사철 풍경과 정취는 너무 좋다."(「四時幽居好 吟四首」, 앞의 책, 권3:41) 나뿐만 아니라, "한석봉의 그 그늘 짙은 산속에 두견이 우는 유거 또한 별천지이다".(「韓上舍永叔 江墅十景(梅梢明月, 晴晝杜鵑)」, 앞의 책, 권3:39)

조심스럽게 헤쳐가야 한다. 내적 힘이 충일되기 전에는 함부로 위험 속으로 뛰어들어서는 안 된다. 그래서 초연히 물러나 사욕을 절제하고 천명을 보존하는 자기 수양의 길을 간다. 구이九二의 효사에 대해 리처드 빌헬름Richard Wilhelm은 이런 설명을 덧붙이고 있다. "이것은 외로운 성자聖者가 처한 상황을 가리키고 있다. 그는 삶의 떠들썩함으로부터 물러나, 어떤 것도 찾지 않고, 어떤 것도 요구하지 않으며, 어떤 유혹에도 흔들리지 않는다. 그는 평탄한 길 위에서 자기 자신에게 충실하며, 침해 받지 않고 삶을 헤쳐나간다. 그가 운명에 거스르지 않고 자족하기 때문에, 그는 속박과 곤경에서 자유롭다."[4] 이 부연설명이 퇴계가 지향한 유정의 지향과 이념을 잘 표현해주고 있다. 이 글은 퇴계가 그 '은둔자의 유교'의 길을 택하게 된 곡절과 그 행장의 대강을 그려 보이려는 것이다.

번롱樊籠을 벗어나다

그가 만년에 터잡은 도산은, 자신의 술회대로 인간人間도 아니고 그렇다고 조수鳥獸도 아니다. 그에게 세속世俗은 너무 어지럽고, 그렇다고 청량산은 너무 험준했다. 그는 이 '가운데' 터를 잡았다.

그럼 그곳은 대체 어디인가. 그곳을 찾아가다보면, 지재차산중只在

---

4) Richard Wilhelm, *The I Ching or Book of Changes*, tr. Cary Baynes, Princeton University Press, 1967, p. 46.

此山中으로 막막해 보이던 그의 모옥茅屋의 위치와 행장行藏의 규모를 짐작할 수 있다.

퇴계는 세속을 떠났지만 사람을 떠날 수 없었기에 고인古人을 찾아갔고, 조수를 그리워하지 않은 것은 아니되, 너무 험준해 산수山水에서 노닐었다. 환갑의 나이에 도산에 자리를 잡으면서 술회한「도산잡영기陶山雜詠記」가 그의 선택을 잘 설명해주고 있다.

1) "아아, 나는 불행히도 먼 시골에 태어나 투박하고 고루하여 들은 것이 없으면서도, 산림山林 가운데 즐거움이 있다는 것은 일찍 알았다. 그러나 중년에 들어서서 망녕되이 세상길에 나아가 바람과 티끌이 뒤덮인 속에서 여러 해를 보내면서, 스스로 돌아오지도 못하고 거의 죽을 뻔하였다. 그 뒤에 나이는 더욱 늙고 병은 더욱 깊어지고, 처세는 더욱 곤란하여지고 보니, 세상은 나를 버리지 않아도 내가 부득이 세상을 버릴 수밖에 없게 되었다. 그래서 번롱樊籠을 벗어나 전원田園에 몸을 던지니, 앞에서 말한 산림의 즐거움이 뜻밖에 내 앞에 다가왔다. 그렇다면 내가 지금 오랜 병을 고치고 깊은 시름을 풀면서 늘그막을 편히 할 곳은 여기를 버리고 또 어디 가서 구할 것인가."

2) "옛날 산림을 즐기는 사람들을 보면 거기에는 두 종류가 있으니, 첫째는 현허玄虛를 사모하여 고상高尙을 일삼아 즐기는 사람이요, 둘째는 도의道義를 기뻐하고 심성心性을 길러 즐기는 사람이다. 전자로 말하면, 몸을 더럽힐까 두려워함으로써 세상과 인연을 끊는 데로 흐르고, 심지어 새나 짐승과 함께 무리를 이루면서도 그것을 그르다고 생각하지 않

을까 염려된다. 후자로 말하면, 즐기는 것이 조박糟粕일 뿐이어서, 전할 수 없는 묘한 이치에 이르러서는 구할수록 더욱 얻지 못하거니 즐거움이 어디 있겠는가. 그러나 차라리 나중 것을 위하여 스스로 힘쓸지언정 먼저 것을 택하여 스스로를 속이지는 않겠다. 또, 어느 여가에 이른바 세속의 번거로움이 내 영대靈臺에 들어오겠는가."5)

1)은 세속의 번롱을 떠나 전원에서 쉬게 된 기쁨을 적고 있다. 2)는 그러나 그 전원이 세상과 인연을 끊은 현허의 고상이 아니라고 변명한다. 그는 '인간'을 떠나면서도 '조수'와 동군同群하지 않고 여전히 '사람의 길'을 따라 걷겠다는 뜻을 밝히고 있다.

이 사잇길은 잘 보이지 않고 위태롭다. 퇴계는 자신을 향해 돌아올 반문을 예상하고 있었다. "사람의 길을 따른다면서 어째서 인간人間에 있지 않고 산수간山水間이냐?" 이에 대해 그는 직접적 변호를 피하면서 우회한다. "옛 현인들도 산수를 만났으면 더 깊은 즐거움을 누렸을 것이다." 그는 그 유명한 공자의 기수지탄沂水之嘆과 주자의 졸세지원卒歲之願으로 원호援護를 삼았다. 여기가 미묘한 부분이다. 원문을 음미해볼 필요가 있다. 누가 물었다.

3) "옛사람의 즐거움은 마음에서 얻었지 외물外物을 빌리지 않았다. 저

---

5) 「陶山雜詠 幷記」, 『退溪先生文集』권3:9~10, 민족문화추진회, 1988. 번역은 심경호, 「퇴계의 수정守靜과 관조자연觀照自然」(김형효 외, 『퇴계의 사상과 그 현대적 의미』, 한국정신문화연구원, 1997, 376~377쪽)에서 인용.

안연顔淵의 누항陋巷과 원헌原憲의 옹유甕牖가 산수와 무슨 상관이 있는 가. 그러므로 무릇 외물을 기다리는 것은 진정한 즐거움이 아니다."

"그렇지 않다. 안연과 원헌의 처지가 마침 그랬던 것인데, 그때는 그 것을 편안히 여기는 것이 귀한 것이었다. 만일 이분들이 지금 이 경우를 만났다면, 그 즐거움이 우리들보다 더욱 깊지 않았겠는가. 그러므로 공자, 맹자께서 산수를 자주 일컫고 그것을 깊이 깨우치셨다. 만일 그대의 말과 같다면, '내 뜻은 증점曾點과 같다'는 탄식이 어찌 기수沂水 위에 서 나왔겠으며, '세상을 마치고 싶다'는 소원이 어찌 유독 노봉盧峰의 산마루에서 읊어졌겠는가. 이는 반드시 까닭이 있어서인 것이다."6)

그는 시와 편지에서 지나간 시대의 수많은 은자들을 발굴하고 표창 했다. 안회顔回, 상산사호商山四晧, 엄자릉嚴子陵, 도연명陶淵明, 고려의 길재吉再와 이자헌李資憲에서 심지어 한漢 제국을 세운 주역이었던 장 량張良까지. 처음부터 은자였던 사람들은 말할 것도 없고, 부귀영화를 보장 받고도 감연히 떨치고 숨은 사람들을 더 높이 쳤다.7) '현인이면 서 은자'가 그의 이상적 모델이었다.

그렇지만 유학의 본령은 역시 인간에 있다. 물러나 은거하려는 퇴계의 변명은 미흡했고, 당대의 인심을 충분히 설복시키지 못했다. 더구나, 그는 유위有爲를 하겠다고 벼슬길에 나선 사람 아니었던가. 퇴

---

6) 앞의 책, 권3:10~11.
7) 이혜순, 「퇴계 시에 나타난 역사인식」, 『퇴계학연구논총』 제4권, 경북대 퇴계학연구 소, 1997, 371~391쪽.

계는 "이 길을 섣불리 잘못 들어섰다"면서 깊이 후회했다. 아예 들어서지 않았으면 이런 낭패는 없었을 것을. 처음에는 하다 아니 되면 언제든지 그만둘 수 있을 줄 알았다. 지구知舊 간의 편지나 경계하는 시에서, 걸퇴乞退하는 소차疏箚에서 우리는 그의 깊은 자책과 긴 한숨 소리를 듣는다. 길을 잘못 들어선 걸 알았으니 빠져나와야 하는데 세상은 그를 놓아주지 않았다. 도도히 혼탁한 세상을 맑힐 귀한 한 덩어리 아교寸膠로서 세상은 그의 향기와 덕을 그리워했던 것이다.

그렇지만 그는 세상에서 할 일이 없었다. 시속時俗은 그와 "동그라미와 네모처럼" 서로 어긋났다. 기껏 올린 건의는 한 건도 채택되지 못했다. 그의 도학적 이상은 정치의 장에서는 아예 실현될 수 없었는지도 모른다. 새로 선 선조가 부를 때는 기대가 없지도 않았으나, 그의 뜻은 너무 크고 높아 인간세人間世가 감당할 수 없는 것이었다. 그는 이해관계의 달성이나 조정에 급급하지 않고 인간 자체의 근원적인 혁명을 꿈꾸고 있었다. 그의 지향은 이를테면, 기氣의 상대적인 균형이 아니라 이理의 절대적인 구현에 있었음을 기억해야 한다.

진퇴양난進退兩難! 퇴계는 젊은 신진 기대승奇大升에게 자신이 나아갈 수도 물러설 수도 없는 지경에 빠졌다고 토로했다.[8] 그가 몸을 움직일 때마다 물의物議는 비등하고 비방誹謗이 여산如山이었다. 나는 그

---

8)「答奇正字明彥」, 『自省錄』(日本刻版 李退溪全集 下), 퇴계학연구원출판부, 1975, 351쪽.

를 옥죈 번롱의 대살을 다음 세 가지로 정리할 수 있다고 생각한다.

조야朝野의 중망重望   시사時事가 어려우니 나라와 백성을 위해 역할을 해달라는 기대로 요약할 수 있다. 율곡은 퇴계에게 "벼슬하는 자가 남을 위하는 것이지, 어찌 자신을 위할 수야 있겠습니까"라면서 조정에 머물러 기풍을 바로잡아주십사고 간청했다. 남시보南時甫는 "물러나겠다는 것은 지극히 이기적인爲我 처사 아니냐"고 불만을 표했고, 알 만한 기고봉까지 그의 출처出處를 의심했다. 일부 재상들은 "무슨 산새山禽냐, 한사코 산과 숲으로 돌아가겠다니……" 하고 비웃기도 했다.

처사處士의 절조節操   그러나 다른 한편에서는 전혀 다른 주문이 있었다. 지금이 과연 벼슬길에 기웃거릴 때냐는 것이었다. 유도有道한 세상이면 나아가 일하고, 무도無道한 시국이면 물러나 자신을 지키는 것이 선비의 길일진대, 나아가기는 왜 나아갔으며, 잘못을 알았으면 어째서 한시라도 일찍 박차고 나오지 않느냐는 것이었다. 남명을 위시한 처사들의 주문이 그랬다.

이 두 기대 사이에서 퇴계는 오지도 가지도 못했다. 그래도 물러나는 것이 길이다 싶어 사직을 청했더니, 허락은 떨어지지 않고 거꾸로 관작과 품계만 올라갔다. 그게 또 곤혹스러운 일이었다.

조정朝廷의 시기猜忌   퇴계가 사퇴를 고집하는 것이 명예를 도둑질하고, 관작을 높이려는 심산이 아니냐는 의혹과 비난이 적지 않았다. 이

것이 조정에 있거나 그곳에 마음 둔 사대부들의 일반적인 정서였을
것이다. "경호景浩(퇴계의 자字)의 이번 행차도 소득이 적지 않았군"
이라거나, 심하면 "물러남을 구해 나아감을 얻고, 작은 벼슬을 사양
하여 큰 벼슬을 받는다求退得進, 辭小受大"고 빈정대기까지 했다.[9]

길은 다 막혀 있었다. 그는 물러가지도, 나아가지도 못했고, 그렇다
고 그대로 있을 수도 없었다. 오직, 이 갈등葛藤의 번롱을 박차고 훌쩍
날아가는 수밖에 없었다. 그래서 그는 인간을 떠나 전원으로 돌아왔
다. 앞의 「도산기」는 그렇게 어렵사리 얻은 자유의 노래이면서, 한편
으로는 인간을 떠난 자신을 위한 변명이다.

그러나 조정은 그를 돌아가도록 내버려두지 않았다. 59세 때, 그는
분황焚黃을 빌미로 산야山埜에 돌아와 도산에 은거, 소명召命이 있어도
나아가지 않았다. 65세 되던 을축 봄, 비로소 물러나도 좋다는 허락이
떨어졌다.[10] 그의 평생의 소원이 이루어졌다. 찜찜하게 붙어 있던 관
작이 마침내 떨어져나갔다. 그는 이제 인간의 시기와 혐의嫌疑를 벗을
수 있게 되었다. 그 기쁨과 안도를 그는 이렇게 노래했다.

　이런돌 엇다 ᄒ며 뎌런돌 엇다ᄒ료
　초야우생草野愚生이 이러타 엇다ᄒ료
　ᄒ몰며 천석고황泉石膏肓을 고텨 므슴ᄒ료

---

9) 정순목, 『퇴계 평전』, 지식산업사, 1992, 90~91쪽.
10) 『退溪先生言行錄』 권3:10, 퇴계학연구원출판부, 1999.

「도산십이곡陶山十二曲」의 첫번째 노래이다. 그냥 보아서는 별맛이 없어 보인다. 게다가 어째 고려 말 이방원이 정몽주를 회유하기 위해 부르는 「하여가何如歌」와 닮아 있다. 퇴계는 왜 혐의를 무릅쓰고 이런 노래를 지었을까. 「하여가」를 몰랐을까. 그는 늘 구속拘束을 싫어하고 방탕放蕩에 기우는 사습士習을 걱정했던 사람이고, 선비가 절조節操가 없이 권세에 영합하는 것을 실신失身으로 여겼던 사람이다. 이 노래는 앞에서 적은 바로 그 진퇴양난의, 이러지도 저러지도 못하던 번롱을 벗어나 이제 산야에서, "자못 행적이 어긋난"(「陶山十二曲」 跋) 대로, 내 뜻 이대로 살겠다는 의지를 표명한 것이다.

그는 비로소 마음 놓고, "병폐病廢한 몸으로 전리田里에서 초목草木과 더불어 썩어갈"(「進聖學十圖」 箚) 수 있게 되었다. 「도산기」의 마지막에 그는 '산주山主 노병기인老病畸人'이라고 서명했다. 옛적 글자는 한 자라도 허투루 스쳐서는 안 된다. 더구나 퇴계는 "일자일구라도 반드시 깊이 생각해서 고치지, 가볍게 남에게 내보이지 않는" 사람이었음에랴. 기인畸人이라는 말은 『장자莊子』「대종사大宗師」에 나오는 말이다. 노장老莊의 혐의를 무릅쓰고 쓴 이 말은 깊은 뜻을 함축하고 있다. 거기 의하면 기인이란 "인간에 어긋나고 하늘과 짝하는畸於人而侔於天" 사람이다. 그는 자신을 인간세에는 어울리지 않으나 선계仙界에서는 환영 받는 그런 사람임을 분명히 밝힌 셈이다.

그는 그렇게도 인간의 홍진紅塵을 떠나고 싶어했다. 특히나 출사出仕 후반기에 이 열망은 너무나 절실하고 간절했다. 그는 자주 신선이 되어 선계로 떠나가는 꿈을 꾸고 그것을 시의 주요 제재로 삼았다.[11]

고인과 벗하다

번롱을 벗어나 자유로워진 그는 지금 어디 있을까. 글 첫머리에서 그가 인간을 벗어났으되, 조수와 동군한 것도 아니라고 말했다. 조수와 동군하지 않았다면 어쨌거나 사람과 더불어 있었다는 말이 된다. 그는 인간을 벗어났으되, '사람'을 떠나지는 않았다. 지금 사람이 아니라면 옛사람밖에 없다. 그는 당대의 소란을 뒤로하고 그윽한 고인을 찾아 그들과 대화하며 완락玩樂했다.

그는 천성이 사람들과 어울리는 것을 좋아하지 않았다고 한다.

"선생은 어려서부터 늙도록 군거群居를 좋아하지 않았다. 홀로 방 안에서 지내며 의리義理의 본원을 함양하였다."[12]

젊어 성균관에서 수학할 때도 하서 김인후 한 사람을 허교許交하였을 뿐이다. 조정에 나가서도 공무가 끝나면 곧 돌아와 책을 보는 것을 즐겼다. 출사 초년에 선배 동료 들에 이끌려 연일 연음宴飮한 적이 있었는데, 곧 그 일을 부끄러워하였다.[13] 그 이후 그가 적극적으로 사람

---

11) 이동환 교수는 이 무렵의 퇴계의 시를 '선계에의 비상'으로 제題하고, 그것을 '구속으로부터의 탈각, 자유에로의 지향'으로 적중하게 읽었다. 이동환, 「퇴계 시詩세계의 한 국면」, 『퇴계학연구논총』 제4권, 경북대 퇴계학연구소, 1997, 190쪽.
12) 『退溪先生言行錄』 권1:12.
13) 같은 책, 권1:13.

을 사귀거나 한 적은 없어 보인다. 벼슬길이 거치적거리고, '이 학문
學問'에 더욱 뜻을 두면서는 그나마도 점점 성글어졌다. 그가 늘 아쉬
워한 것은 훌륭한 스승의 지도를 받지 못했고, 또 함께 강마講磨할 붕
우의 여택麗澤도 입지 못했다는 것이었다. 그는 홀로 길을 찾다가 마
음에 병을 얻는 지경까지 갔다.

"내가 어려서부터 학문에 뜻을 두었지만, 주위에 계발啓發하여줄 스
승이나 벗이 없었다. 그래 수십 년을 헤매면서도 '어디로 들어가 공부
를 시작해야 할지'를 모르고, 헛되이 심사心思를 낭비하였다. 그래도
탐구와 모색을 계속해나갔는데, 때로 밤새 잠도 자지 않고 정좌靜坐하
다가, 심양心恙을 얻어 오랫동안 학문을 폐하기도 했다. 만약 훌륭한
사우師友가 있어 내가 잘못 든 길을 깨우쳐주었더라면, 어찌 이처럼 심
력만 허비하고 늙도록 아무 소득이 없는 지경에 이르렀겠는가."14)

한 가지 짚어두고 넘어갈 것이 있다. 퇴계가 나아간 '이 학문'은 지
극히 예외적인 지향이고 성취라는 점이다. 우리는 이 점을 자꾸만 혼
동한다. 도학道學은 그 당시에도 일반적인 것이 아니었다. 기묘년 정
암靜菴의 시도가 좌절되면서『소학小學』같은 기초적인 예의범절도 쉬
쉬하며 가르치지 않았다고 한다. 퇴계는 조선에서 '이 학문'을 한 선
배로 겨우 대여섯 인물을 꼽을 뿐이다. 대개의 사람들은 사화詞華를
닦아 교양에 자資하고 과문科文을 익혀 환로宦路를 넘겨다볼 뿐, '이

---

14) 앞의 책, 권1:2.

학문'에 뜻을 두는 자는 희소했다. 나중에 도산을 찾아오는 사람 중에도 이런 부류가 적지 않았다. 부형들은 퇴계가 『소학』이나 『심경心經』 『근사록近思錄』 같은 수양서를 강의하는 것을 탐탁지 않게 생각했다고 한다. 일찍이 공자 문하에도 "몇 년 공부에 관작을 넘보지 않는 자가 드물었다". 어느 시대나 마찬가지로 퇴계 당대의 주류 또한 속학俗學이지 도학이 아니었다.

1558년, 퇴계는 계상溪上으로 자신을 찾아온 젊은 수재 율곡이 '이 학문'에 뜻을 두고 있는 것을 보고 크게 반가워하며 이렇게 당부했다.

"세간世間에 영재英才가 얼마나 많겠습니까마는, 다만 고학古學에 마음을 두려 하지 않으니, 다들 그렇습니다. 그 가운데 유속流俗에서 스스로 발을 뺀 사람이 있어도, 재주가 미치지 못하거나, 혹 나이가 너무 많습니다. 당신은 나이도 젊고 재주가 뛰어나니 바른 길로 나아간다면 후일의 성취를 어찌 짐작하겠소. 다만 천만 원대遠大하기를 기약할 일이지, 작은 성취小得에 자족하지 마시오."

애초부터 이 학문에 세상은 놀라고 의심했지만 從來此學世驚疑
이익을 노려 경전을 파고들면 도道는 더욱 멀어진다 射利窮經道益難
그대 홀로, 끊어진 실마리를 찾아내는 게 놀랍고 感子獨能尋墜緖
듣는 사람으로 하여금 새로운 자극을 주는구나 令人聞語新發知[15]

---

15) 李珥, 「瑣言」, 『栗谷全書』 권14:39.

둘러보니 그만큼 '사람'이 없었다. 금세今世에 사람이 없어 퇴계는 조박으로 남아 있는 고인을 연모했다. 공맹은 말할 것도 없고, 주자학적 전통의 수많은 인물들에게 묻고 배웠다. 『송계원명이학통록宋季元明理學通錄』은 그의 이같은 교유의 여적餘滴이며 결과이다. 그는 노장과 불교, 양명학 쪽의 인물들과는 아무래도 가까이하지 않으려 했다.

이중에서 그의 가장 그리는 사람은 주자였다. 주자를 알게 된 것은 어렸을 때부터이겠으나 본격적인 교제는 그가 43살 때, 『주자서朱子書』를 읽으면서부터였다. 벼슬길이 점점 험해지고 권간權奸들의 희작戲作질이 극성이었던 마당에, 이 책은 그의 마음에 '서늘한' 위로를 주고 '그 가던 옛길'을 좇도록 감발感發 흥기興起시키는 매개체가 되었다. 그는 이 만남을 더 깊고 풍부하게 하기 위해서라도 벼슬길에서 물러나야겠다고 마음먹었다. 퇴계는 47세 무렵 꿈에서 그를 만나는 감격을 누리기도 한다.[16) 흡사 공자가 주공을 만나듯, 퇴계는 자주 주자의 꿈을 꾸었을 것이다.

古人도 날 몯 보고 나도 古人 몯 뵈
古人을 몯 봐도 녀던 길 알픠 잇니
녀던 길 알픠 잇거든 아니 녀고 엇뎔고[17)

주자를 향한 퇴계의 그리움은 하 깊었다. 그것은 지식을 정보로 환원하고, 남에게 배우기보다 자신을 내세우는 데 익숙한 지금의 기풍

---

16) 「閒居 讀武夷志 次九曲櫂歌韻 十首」, 『退溪先生文集』 권1 : 34.

17) 「陶山十二曲」 9.

에선 이해하기 어려운 대목이다. 퇴계는 시에서 주자와 시대를 함께 하고 그 훈도를 직접 받지 못하는 한을 자주 읊었다. "땅은 좁고 사람은 얕은地偏人澆 이 해동의 또 그 동쪽 끝東海東濱"에서 태어난 자신의 신세를 가련하게 여기면서, 그럼에도 그는 주자가 남긴 조박을 나침반 삼아 그가 걷던 길을 따름으로써 그와 만날 수 있다고 생각했다. 퇴계의 심중을 이렇게 정리할 수 있다.

"맹자는 '요순은 누구고, 나는 누구냐'라면서 성인을 기약했다. 성인들은 나를 속이지 않았다. 사람의 본성은 고금古今이라 하여 다르지 않다. 본성이 다르지 않으므로 길 또한 다르지 않다. 길은 늘 옛길이다. 그렇듯 주자가 즐기던 것을 나도 또한 즐긴다. 주자처럼 나도 추환芻豢을 맛있어하고 그가 그랬듯 나도 또한 이의理義를 즐긴다. 그와 나는 같은 길을 간다. 그런 점에서 우리는 하늘 끝을 격隔해 있으나 서로 굳게 맺어져 있다."

퇴계는 그리하여 주자가 갔던 그 길을 누구보다 충실히 따라갔다. 퇴계 자신은 그러나 주자의 걸음에 아직 미치지 못했다고 늘 겸양하고 겸연쩍어했다.

퇴계는 『주자서』를 거의 육화肉化시켜 살았다. 그가 "평생에 힘을 얻은 것이 이 책을 통해서였고", 만년에는 수많은 전적 중에서도 "특히 이 책에만 전념하였다".[18]

---

18) 『退溪先生言行錄』 권1:6.

"선생의 집에 『주자서』를 베낀 것이 한 질 있었는데, 책이 낡아서 자획이 거의 떨어져나갔다. 워낙 읽어서 그렇게 된 것이다. 그 이후로 사람들이 이 책을 많이 찍었는데, 새 책을 얻을 때마다 꼭 대조하여 고치고 표시하였다. 한 번 죽 읽고 나면 장장章章이 융회融會하고 구구句句이 난숙爛熟하여 그 수용受用함이 '손에 잡고 발로 밟는 듯, 귀로 듣고 눈으로 보는 듯' 하였다. 그래서 일상의 언어와 행동에서 물건을 주고받거나, 거절하고 수용하는 것, 그리고 나아가 벼슬하거나 물러나는 도리에 이르기까지 이 책에 부합되지 않는 것이 없었다.

사람들이 미심쩍거나 어려운 것을 물을 때에도 반드시 이 책을 들어 대답했으니, 각각의 사정과 도리에 맞지 않는 것이 없었다. 이는 참으로 경험하고 실천해서 심융心融과 신회神會에 이른 것이니, 순전히 책册에만 의존해 읽고 외는 구이지학口耳之學으로는 불가능한 일이다."[19]

주자의 교훈적 가르침만 따른 것이 아니다. 그는 주자가 만난 사람과 사건들, 주고받은 말, 그리고 그가 느낀 감회, 의견을 올린 상소에 이르기까지, 그야말로 숨소리와 기침 소리 하나까지 놓치지 않고 들었다. 그리고 그것들은 그의 철학적 이론이나 수양론적 지침 못지않게 중요한 것이었다. 이런 일화가 있다. 『주자서절요朱子書節要』를 편찬할 때 왜 훈계나 경책 같은 '긴한 수작酬酌' 외에 일상의 서술적 묘사 같은 '한가한 수작' 들도 함께 넣어놓았느냐고 묻자 퇴계는 이렇게 말했다.

_____

19) 앞의 책, 권1:5.

"『절요서節要書』는 학문을 하자는 것이므로 훈계訓戒 책려責勵를 위주로 싣는 것이 당연합니다. 그러나 이렇게만 나가면 옥죄는 게 너무 심해서, 느긋하게 선인들을 그리며 분발하는 뜻을 놓치게 될 수도 있습니다. 그래, 그 사이에 직접 가르치고 깨우치는 말은 아니더라도, 이런 한가한 수작들을 많이 넣어두었습니다. 대현大賢 주자의 심상한 언동이나, 놀고 쉬거나, 사람을 만나고 사물에 응할 때, 그 느낌과 정취가 어떨까를 눈앞에 그리고 마음에 떠올리면, 당시에 제자들이 스승을 모시고 둘러앉아 움직이며 얘기하는 것이 선연히 떠오를 것이고, 혹 이런저런 풍광과 대상에 접하고, 이런저런 사람을 만나고 일을 하는 것을 보면, 문득 그분의 기침 소리를 듣고 그분의 몸가짐을 보는 듯해, 마음속에 기쁨과 즐거움이 절로 일 것이니, 옛사람을 사모하고, 도를 향해 쉬지 않는 마음을 일으키는 데 어찌 도움되는 바가 적겠습니까."[20]

그는 이 취지를 다른 문인 제자 들에게도 피력했다.[21] 그는 주자의 서書뿐만 아니라 시에도 심취했다. 그는 "도연명과 두보의 시를 즐겨 읽었고, 만년에는 더욱 주자의 시를 즐겨 읽었다". 이는 퇴계가 주자가 본 대로 사물을 보고, 주자가 느낀 대로 자연을 감상하려 했다는 것을 뜻한다. 그의 사상과 행동, 시상과 표현에 있어 주자의 영향은 결정적이다. "주자는 제가 스승으로 모시는 분이며, 동시에 천하 고금의 모든 사람들이 받드는 스승이십니다朱子-吾所師, 亦天下古今之所宗師."[22]

---

20)「答南時甫」,『退溪先生文集』권14: 11~12.

21) 특히「答李仲久」,『退溪先生文集』권10: 32~36에 자세하다.

22)「答奇明彦 論四端七情 第一書」,『退溪先生文集』권16:12.

퇴계에게 있어 주자는 그야말로 '님'이었다.

　유란幽蘭이 재곡在谷ᄒ니 자연自然이 듣디 됴해
　백운白雲이 재산在山ᄒ니 자연이 보디 됴해
　이듕에 피미일인彼美一人를 더옥 닛디 몯ᄒ애
　(일운一云, 이듕에 고온 ᄒ 니믈 더옥 닛디 몯ᄒ뇌)[23]

이 노래에는 퇴계가 지향한 중도中道의 두 축, 즉 산수와 고인이 함께 들어 있다. 즉, 인간을 떠나 자리잡은 산수와, 조수를 떠나 찾은 고인이 서로를 비추며 함께 있다.[24]
여기서 말하는 미인美人, 즉 고온 님은 고인, 그 가운데서도 구체적으로 주자를 가리킨다. 매화가 아니고, 임금은 더욱 아니다. 이 입이立異에 대해 몇 마디 해명이 있어야겠다.

그가 미인이라고 쓴 곳은 두 군데이다. 하나는 56세 때 쓴 「추회 십일수秋懷 十一首」의 마지막 연에 들어 있다.

　미인은 하늘가에 격해 있어도 美人隔天涯
　예부터 좋아함을 같이 했다오 宿昔同所好

---

23) 「陶山十二曲」 4.
24) 이때 고인과 산수는 서로 바꿀 수 있다. 둘 다 인간과 조수를 떠난 자리에 있기 때문이다. 즉, 앞의 표현을 다음과 같이 바꾸어도 무방하다. 퇴계는 "인간을 떠나 고인을 찾았고, 조수를 벗어나 산수에 머물렀다". 이런 뜻이 말미에 그려본 도圖에 담겨 있다.

그리며 능히 서로 못 잊었거니 相思不能忘

어이해 그대 옴은 이리 늦는가 爾來胡不早

내게는 한 이랑의 정원이 있어 我有一畝園

송국松菊으로 유정幽貞을 간직한다오 松菊幽貞保

또 한편 매화와 대나무 있어 亦有梅與竹

나와 함께 형체가 메말랐다네 幷我形雕槁

슬프다 더불어 못 만나다니 悵望無與晤

이 길을 기꺼할 이 그 누구랴[25] 誰哉肯此道[26]

아래에 매죽梅竹과 송국이 같이 있으니 미인이 굳이 매화일 리는 없겠다. 내용을 보아도 미인이 '사람'을 가리키는 것은 분명해 보인다. 두번째 줄에서 "좋아하는 바가 같았다"는 것은 앞에서 말했듯이 "함께 이의理義를 기뻐한다"는 뜻이다.[27] 주자는 세속의 명리와는 탁연히 절연絶緣하고 도의를 사모하고 심성을 기르는 '이 학문'의 동반자였다.

그 고인을 퇴계는 늘 그리워해왔는데, 중년에 길을 잘못 들어 홍진에 싸여 "거의 죽을 뻔하다가" 이제사 찾아왔노라는 것이다. 바로 이 시 앞 구절에서 퇴계는, "비단의 영화를 바라지 않고, 금석처럼 굳은

---

25) 이 시의 번역은 한양대의 정민 교수가 해주었다.

26)「秋懷 十一首」,『退溪先生文集』권2:37.

27) 그의「和陶集飮酒 二十首」의 其十一을 참고. "東方有一士, '夙志'慕斯道. 春糧欲往從, 守隅今向老. 孰能諭迷途, 人皆惡衰槁. 感感顧四方, 不見'同所好'. 空知五車書, 終勝萬金寶. 至哉天下樂, 從來不在表."(『退溪先生文集』권1:51)

뜻을 가졌더니, 이제 다행히 하늘의 명으로, 너무 늦지 않게 수레를 돌릴 수 있었다惟知金石堅, 不顧錦纁榮, 回車及未遠, 幸矣天所令"28)고 술회했다.

　임금을 미인으로 그리워한 것은 「사미인곡思美人曲」과 「속미인곡續美人曲」을 쓴 송강 정철의 경우이거나, 단종을 보내고 "천만리 머나먼 길에 고온 님 여의옵고"라고 울던 왕방연의 경우이지, 퇴계의 경우는 천만 아니다. 퇴계가 임금을 지칭할 때는 군은君恩, 성은聖恩, 천은天恩, 홍은洪恩 등 '은혜'에 주안主眼을 둔 용어를 썼다. 그는 당시의 명종에 대해서, 나아가 직분을 다하지 못하는 '부끄러움'과, 그럼에도 자신을 늘 불러올리는 그 은혜에 대한 '느꺼움'을 겹쳐 갖고 있었다. 그가 명종에 대해 갖는 기본 정서는 그래서 '고맙고 미안함'이다. 그렇지만 꿈에도 못 잊는 '그리움'은 아니다. 명종에 대한 퇴계의 정조는 복합적일 수밖에 없다. 고맙고 미안한 위에 야속함과 연민도 있었을 것이다. 명종은 어린 나이에 보위에 올라, 모후의 간섭과 권간들의 농단 속에서 정인군자正人君子들이 죽고 혹은 유배 가며, 정치의 기강이 무너지는 것을 적어도 지켜본 사람이었다. 퇴계의 형 이해李瀣는 그 와중에서 모진 매를 맞고 그 후유증으로 세상을 떠났다. 퇴계가 이 시를 쓰던 때 명종의 나이 또한 이제 갓 스물셋이었다. 퇴계는 늘 겸양했지만, 당대의 누구에게도 고개를 숙이지 않았다. 그의 흉중에 맹자의 그 결기, "저는 군주이지만 나는 덕을 갖춘 군자이다"도 있었을 것이다. 이 모든 것에도 불구하고, 그가 만일 조정 쪽을 돌아보는 마음이

---

28) 같은 곳.

남아 있었더라면 임금을 미인이라 불러 그리워할 수도 있었을 것이나, 그에게는 그런 미련이 조금치도 없었다. 그는 자신의 물러남이 명리의 탁류에 쓸려가는 사풍士風을 바로잡는 데 본보기가 되기를 바랐다.

　두번째 자료를 보기로 하자. 이 시는 「도산십이곡」과 같은 시기에 씌어졌다. 그러니 두 미인이 같은 대상을 가리킨다고 보아도 틀림없다. 앞에서 짚은 바 있듯 65세 때 임금이 마침내 사직을 허락하자 그는 기쁨을 이기지 못해 여덟 수의 시에 감회를 실었다. 「伏蒙 天恩. 許遂退閒 且感且慶 自述八絶」 그 마지막 수에 미인이 등장한다.

　앞의 일곱 수의 내용을 요약하고 해당 시를 번역해본다.

　"내가 거짓 사퇴하려는 것이 아니었는데, 이제 허락이 떨어졌다. 세 임금이나 모시면서 별다른 보탬이 되지 못한 미미한 신하가 이제 온갖 병을 끌어안고 백발로 여생을 보낼 수 있게 되었다. 재주도 없이 조정에 서 있는 바람에 시기도 질투도 많았는데, 이제 그것을 털고 새 물고기 무리 속에서 우두머리 노릇 하련다. 몇 칸 작은 집이 있고 흰 구름이 걸렸는데, 아직 유정幽貞의 진정한 길은 멀었다. 묵은 책을 뒤적이며 늦게나마 지혜를 구하려 하니, 공맹의 길이 수천 년 덤불에 묻혀 있고 제현諸賢을 사숙하려 해도 사설邪說이 눈앞에 걸려 있어 길을 찾기 어렵다. 나는 말을 알아듣지도 하지도 못하는 철 늦은 가을 매미寒蟬 같다. 그래도 늦었다고 생각하지 않고 배움에 힘쓰겠다."

미인은 저 아득히 천애天涯를 격해 있어 美人何許隔天涯

꿈속 옥황상제 집에서 만나보네 夢裏相逢玉帝家

홀로 잠 깨어 푸른 물가에 다다르니 獨自覺來臨碧水

둥그런 밝은 달이 금빛 물결에 비치네 一輪明月暎金波 [29]

전체 시는 두 부분으로 이루어져 있다. 첫째는 퇴계가 임금의 은혜를 입어 비로소 명실상부하게 병든 늙은 몸을 산야로 의탁할 수 있게 되었다는 것이고, 둘째는 이제부터 그동안 소홀했던 '학문'을 하겠다는 뜻을 밝힌 것이다.

그는 스스로를 늘 유정으로 일컬었다. 이 말에는 '은거幽'는 구했으되, '도리貞'는 아직 충분치 않다는 심사가 담겨 있다. 그는 일찍이 읊었듯이 신퇴안우분身退安愚分, 학퇴우모경學退愚暮境, 즉 "몸은 이제 물러나 내 분수에 맞으나, 학문이 뒤처졌으니 늘그막이 걱정"이었다. [30]

아무튼, 앞에서 말한 그 미인은 바로 그 '학문'과 연관된 사람임이 분명하다. 누구겠는가. 아득히 천애를 격해 있는 사람, 지금은 만나볼 수 없어 옥황상제 집에서나 만나볼 수 있는 사람, 그리고 나와 좋아하는 것이 같았던 사람, 나보다 그 길을 먼저 밟고 가서 내게 그 길을 일러주는 사람, 그 고인은 다름 아닌 주자이다. 나는 이 사실이 의심의 여지가 없다고 생각한다. 주자는 퇴계에게 있어 풍진風塵이나 산수간

---

29) "가정嘉靖 44(1565) 을축, 5월, 퇴계도산退溪陶山 노병한인老病閑人이 산사山舍에서 쓰다."(『退溪先生續集』 권2:27)

30) 「退溪」, 『退溪先生文集』 권1:47.

어디에 있든 그와 함께하는, 그리고 시간이 갈수록 "더욱 잊지 못하는", 둘도 없는 단 한 사람의 '저 고온 한 님彼美一人'이었다.

補 ᅵ 정민 교수는 시 전문을 번역해주면서 좀 다른 의견을 피력했다. "추회시秋懷詩 연작을 다 살펴보아야겠지만, 미인은…… 꼭 인격으로 보기보다는 내가 추구하는 가치, 또는 그 지향쯤으로 이해할 수 있지 않을까요?" 이종묵 교수도 미인이 고인일 수는 있겠으나 주자로 못 박을 수는 없지 않겠느냐고 말했다. 두 분 교수의 유보적 견해에 대해 나는 이렇게 생각한다. 대체로 사랑과 연모의 대상은 '구체적'인 것들이다. 더구나 평생의 그리는 '님'이 추상적 이념적일 수는 없지 않은가. 퇴계는 주자학을 추상화시키는 것을 학자들의 큰 병폐로 경계했던 사람이다. 그는 이理나 인仁 같은 이념적 원리나 보편적 가치도, 그 실질은 바로 '나自己'에 의해, '나'를 통해 구체적으로 현실화되고 의미화되는 것임을 기회 있을 때마다 강조했다(그의 편지들, 특히, 「서명고증강의西銘考證講義」의 취지가 대표적이다). 그가 만년에 말하는 이도理到 또한 그 구체성의 체험적 확인임을 잊지 않아야 한다. 그가 경敬을 말하면서 늘 상제의 임재臨在를 떠올리는 것은 우연이 아니다. 그래야만 "얇은 얼음 밟듯, 깊은 연못에 임하듯"이라는 유학적 권고가 실질을 갖출 수 있고 간단間斷 없는 지속성을 확보할 수 있다. 주자학의 추상적 이론적 언설들을 구체적 실천적 지평에서 통합시키려 노력한 그에게 '저 고온 한 님'은 구체적 인격이지, '이념적 가치'가 아니었을 것이라고 생각한다. 그리고 그 인격은 단 '한 사람'이지 '여러 고인들'이 아니었을 것이라고 생각

한다. 퇴계 자신 분명히 '저 고온 한 님'이라고 말했다. (지난 5월 고려대 민족문화연구원 한국문학연구소에서 이 글의 개요를 강의한 적이 있는데, 내내 그 구절을 숙고하던 김언종 교수가 그날 저녁, 전화로 아무래도 내 의견이 그럴 법하다고 짚어주었다. 세 분 교수님들께 고마움을 전한다.)

산수를 즐기다

퇴계는 늘 고인과 만남으로써 "세상과 인연을 끊지 않고, 몸을 지킬 수 있었다". 만남의 매개체는 당연히 그분들이 남긴 조박, 즉 만 권 책이었다. 퇴계는 자신이 "즐기는 것이 이것뿐"이라고 술회했다. 율곡은 계상溪上에서의 퇴계의 살림을 이렇게 요약했다.

　　살림은 경 천 권 活計經千券
　　규모는 두어 칸 집 行藏屋數間[31]

'책 천 권과 두어 칸 집'이 퇴계의 가진 바 전부였다는 말이다. 퇴계는 10대에 이미 만권서萬卷書를 읽었다. 이상은 교수에 의하면, 이 책들은 퇴계의 아버지가 그 처가로부터 물려받은 것일 것이라 한다.[32]

---

31) 李珥, 앞의 책, 권14 : 39.
32) 이상은, 『퇴계의 생애와 학문』, 예문서원, 1999, 21쪽.

19세 때 지은 시를 보면,

> 숲 속에서 홀로 만 권 책 읽기를 즐겨 獨愛林廬萬卷書
> 한결같은 마음으로 꾸준히 10여 년 一般心事十餘年
> 이즈음에 들어 원두源頭와 마주친 듯 邇來似與源頭會
> 내 마음 전체로 태허太虛를 바라본다 都把吾心看太虛 33)

『성리대전性理大全』의 수미 2권을 보고 우주의 비밀을 엿보았다는 자부가 도저하다. 그는 나중 제자들에게 자칫 고원해 보이는 이 원두를 강의했다. 『성학십도聖學十圖』의 첫머리에도 이 뜻이 실린 「태극도설太極圖說」을 실었다. 그 이유를 그는, 이 자리를 간파看破해야 공부에 목표와 힘이 생기기 때문이라고 했다. 그렇다면, 그가 이 길에 일찍부터 힘을 쏟았다는 말이 빈말이 아니다. 그가 벼슬길에 오를 때쯤, 즉 34세 때에는 그의 학문이 상당히 진척되었을 터이다. 그 어머니도 퇴계의 학문이 과거 합격을 걱정할 정도는 훨씬 넘었다고 했다.

> 당시當時에 녀던 길흘 몃 히를 브려두고
> 어듸 가 돈니다가 이제아 도라온고
> 이제나 도라오나니 년듸 ᄆᆞᆷ 마로리 34)

---

33) 李滉,「西厓本 退溪先生年譜」, 정순목,『퇴계 정전』, 지식산업사, 1991, 291쪽.
34)「陶山十二曲」10.

퇴계는 옛적에 가던 그 길을 이제 다시 걷겠다고 돌아왔다. 여전히 행장은 만 권 책이다. 그 안에는 무궁한 즐거움이 있었다.[35]

천운대天雲臺 도라드러 완락재玩樂齋 소쇄蕭洒ᄒᆞ듸
만권생애萬卷生涯로 낙사樂事이 무궁無窮ᄒᆞ얘라
이듕에 왕래풍류往來風流를 닐어 므슴ᄒᆞᆯ고[36]

그가 돌아와 쉬는 산수, 그가 만나는 풍광은 그가 갖고 들어온 만 권 책을 떠나서는 생각할 수 없다. 산수와 만 권, 둘은 서로를 비추는 상관相管, 서로를 지켜주는 보완의 관계를 갖고 있다. 그 점을 앞에서 살핀「도산기」가 선명하게 보여준다.[37] 이 둘은 퇴계가 '인간'을 떠나면서도 '조수'와 동군하지 않도록 지켜주는 기둥이다. 이 둘은 또한「도산십이곡」을 위시한 그의 수많은 시를 꿰고 있는 주조음이고, 또

---

35) 퇴계는 책을 통하지 않는 무리들을 이단異端이라고 생각했다. 이를테면,「도산기」
에서 말한, "현허玄虛를 그리워하고 고상高尙을 일삼아 즐기는" 도가道家와, 경전에 의
지하지 않고 직관적인 깨달음에 이르겠다는 선가禪家, 그리고 양지良知의 직접적인 파
지를 통해 인의仁義를 소통시켜 만물일체萬物一體를 이룬다는 양명학이다. 퇴계는 이
들 모두를 이단으로 단정하고 신랄하게 공격했다. 그는 길은 책을 통해야만 갈 수 있다
고 믿었다. "조박이 능히 묘妙를 전한다는 걸 알아야만, 웅어熊魚 중 어느 것이 더 맛있
는지 알 수 있다須知糟粕能傳妙, 始識熊魚孰味深."(「和子中閒居 二十詠(講學)」,『退溪先
生文集』권3:22) 물고기와 곰발바닥 중에 어느 것이 더 맛있는지는 책을 통해서 알 수
있다는 것인데, 여기서 물고기는 신체적 욕구를 가리키고, 곰발바닥은 도의적 심성을
가리킨다. 둘 다 맛있기는 하지만, 후자가 훨씬 더 근원적이고 본질적이다. 이 비유는
『맹자孟子』에 있다.

36)「陶山十二曲」7.

37)「陶山雜詠幷記」,『退溪先生文集』권3:9.

나아가 그로 하여금 문학과 철학을 함께 추구할 수 있게 한 바탕이었
다고 할 수 있다.

　그의 산수는 조박에서 읽은 주자의 상상력을 떠나서 운위될 수 없
다. 그가 지은 재齋와 헌軒, 암庵과 대臺의 인공물은 말할 것도 없고,
그가 만나는 자연 산수도 고인, 특히 주자가 읽고 의미 부여한 일정한
궤도를 따라 의양依樣된 바가 많다. 퇴계의 철학을 알기 위해서도 주
자를 알아야 하고, 그의 문학을 읽기 위해서도 주자의 문학을 알아야
한다. 그렇다고 퇴계의 시가 주자 시의 모방이나 모작이라는 것은 천
만 아니다. 퇴계는 예의 그 중도로 독창과 모방 사이에 난 길을 따라
자신의 체體와 격格을 갖추었다.

　퇴계의 산수시는 그대로 철학시인 경우가 많다. 산수를 읊은 듯한
데 거기에 철학적 메시지가 담겨 있는 것이다. 젊은 시절, 온계溫溪 근
처의 연곡燕谷에 놀러간 일이 있었는데, 그곳의 연못이 매우 맑았다.

　　이슬풀 함초롬히 물가를 둘렀는데 露草夭夭繞水涯
　　작은 연못 맑아서 티끌 하나 없구나 小塘淸活淨無沙
　　구름 날고 새 지나가는 것이야 당연한 일이지만 雲飛鳥過元相管
　　가끔 물결 치고 지나가는 제비가 두렵네 只怕時時燕蹴波

　이 시를 두고 제자 김부륜이 "천리天理가 유행流行하는데 인욕人欲이
끼어들까 두렵다는 말"이라고 했다.[38] 한 예를 더 들어보자. 퇴계는
주자의 그 유명한 「관서觀書」,

반 이랑 네모진 연못이 거울처럼 열려 있어 半畝方塘一鑑開

하늘빛과 구름 그림자 어울려 오가네 天光雲影共徘徊

묻노니, 그대 어찌 그리 맑을 수 있는가 問渠那得淸如許

아득한 샘에서 싱싱한 물이 솟아오기 때문이지 爲有源頭活水來

를 두고, 이렇게 해석했다. 첫 구절은 "심心의 전체全體가 담연湛然히 허령虛靈한 기상을 말한 것"이며, 둘째 구절은 "적寂하면서도 능히 감感하고, 물物이 오면 남김없이 조照한다는 뜻"이며, 셋째 구절은 "어떻게 그처럼 허명虛明한 체단體段을 가지고 있는가 하는 것"이며, 마지막 구절은 "천명天命의 본연本然을 밝힌 것"이다.[39]

퇴계는 자신의 시가 순전한 '자연의 감상' 이상임을 의식하고 있었다. 제자들도 늘 스승의 시에서 숨겨진 철학적 의미를 읽으려고 애썼다. 거기 읊어진 물상物象부터 상당 부분 주자학적으로 의미화된 것들이다. 예를 들면, '매미'는 그저 미천한 곤충이거나 시끄럽게 울어대는 불청객이 아니다. 그것은 그 "지극히 투명하고 깨끗한至淸至潔" 몸이 특징적이다. 대개 인간의 육신은 탁하고 비린내가 난다. 우둔과 욕망에 쩔은 심신을 정화해야, 본래의 이理가 가볍고 자유롭게 유행할 수 있다. '매미'는 그래서 주자학적 이상의 상관물로 등장한다. "매미 소리 들릴 때 그대를 생각한다"는 것은 그런 점에서 순전한 자연풍광의 묘사 이상임을 알아야 한다. 이런 소리가 담긴 시나 편지를 받는

---

38) 『退溪先生言行錄』권1:1.

39) 같은 책, 권2:9.

상대방은 흐뭇한 기분에 젖을 것이다. 난초蘭草는 숨어 사는 은자를 가리켰기에, 퇴계는 자신을 "심산深山에서 하루 종일 향기를 발하면서도 자신은 그것을 모르는 난초이고 싶다"고 했다. 백운白雲은 명리와 부귀를 떠난 고고함을, 이에 비해 청운靑雲은 출세를 위한 웅지를 상징하는 것으로 정형화되었다.

퇴계의 산수와 그것을 읊은 시에 일정하게 정형화된 상징이나 이미지가 미리 깔려 있지만 그것이 전부는 아니다.

그의 산수와 시의 또다른 원천, 보다 근원적인 기원은 이른바 원두에서 온다. 수많은 꽃과 나무가 산을 수놓고, 끝없이 흐르는 물이 강물을 이루고, 계절마다 태를 달리하는 풍경, 하늘엔 소리개 날고 연못엔 물고기 뛰는, 이 물비늘 번떡이는 활발발活潑潑의 생명의 무도는 놀라운 가흥佳興 자체이다. 주자학은 그 과정을 철학적으로도 설명하고 있는데, 퇴계는 이를 자신의 『성학십도』의 첫머리에 실어놓고, 또 제자들을 가르칠 때도 이것부터 가르쳤다고 한다.

이에 따르면, 만물의 시원은 태극이다. 그것은 형체는 없지만 우주의 근원이고 만물의 어머니이다. 그것이 움직여 음양의 두 힘을 낳고, 이들이 분화 교섭하여 오행이 생긴다. 음양과 남녀男女의 두 기氣가 교감하여 만물을 화생化生하고 그 변화는 무궁하게 이어진다.[40] 이 물상은 나의 밖에 독립적으로 존재하지 않고, 근원적으로 나와 연계되어 있기에 직접 감흥을 일으킨다. 이때 나의 기질氣質이 치우쳐 있거나 나의 욕망으로 가려져 있으면, 그 만남의 흥은 일어나지 않거나 시큰

---

40)「第一太極圖說」, 『聖學十圖』(日本刻版 李退溪全集 下), 251쪽.

둥하게 지나간다. 지금도 꽃 한 송이를 볼 수 있는 사람은 매우 드물다. 퇴계는 이 습기習氣의 장애물을 오랫동안 닦아냄으로써 감발융통感發融通, 자연과 온전히 소통하는 길을 찾아나갔다.

> 저렇게 많은 생명 다들 어디서 오나 芸芸庶物從何有
> 막막한 저 근원은 비어 있지 않다네 漠漠源頭不是虛
> 앞 현인들이 어디에 감동했는지 알려면 欲識前賢興感處
> 마당에 무성한 풀과, 어항 속의 고기를 보게나 請看庭草與盆魚[41]

퇴계는 이처럼 무극지진無極之眞과 이오지정二五之精이 어울려 촉발시키는 흥감에 흠뻑 취해 살았다. 그 흥을 이기지 못해 쓴 시들이 천여 편이 넘는다.

> 시가 사람을 그르치랴, 사람이 스스로 잘못되지 詩不誤人人自誤
> 흥이 오고 정에 맞으면 가만있지 못하는걸 興來情適已難禁
> 풍운이 이는 곳에 신령이 나서서 도와주고 風雲動處有神助
> 비린 피 삭을 제 속된 소리 끊어지네 葷血消時絶俗音[42]

퇴계는 여기서, 시가 의도적 개입 없이 물상의 변화와 더불어 작용하는 신의 손으로 이루어진다고 말한다. 그러면서 덧붙인다. 산수를 즐기고, 시를 짓기 위해서는 "창자 속의 속되고 지저분한 비린내와 기

---

41) 「林居十五詠(觀物)」, 『退溪先生文集』 권3:4.
42) 「和子中閒居 二十詠(養靜)」, 『退溪先生文集』 권3:22.

름기葷血脂膏를 씻어내야 한다"고. 문제는 역시 자신 속의 장애물을 걷어내는 일이다. 이 유척流滌은 사람이 되기 위한 수양의 긴한 수작酬酌뿐만 아니라 시 같은 말기末技의 한가한 수작을 위해서도 꼭 필요한 정지 작업이라고 생각했다.

그는 『자성록自省錄』 첫머리 남시보에게 준 편지에서 이렇게 말했다.

"(마음의 병을 치료하기 위해서는) 먼저 세간의 궁통득실窮通得失과 영욕이해榮辱利害를 일체 치지도외置之度外하여 영대에 누가 되지 않게 하십시오. 이 결단이 분명하면, 병의 5 내지 7할은 쉽게 됩니다. 이렇게 해서, 일용지간日用之間에 수작을 줄이시고 기욕嗜慾을 절제하시며, 허한념퇴虛閑恬退로 지내십시오. 도서圖書나 화초花草를 완玩하고 계산어조溪山魚鳥의 낙樂처럼 진실로 오의적정娛意適情하는 것들을 늘 접하면서, 심기心氣를 늘 편안한 지경에 두어 거스르거나 어지럽혀 화를 내지 않는 것이 요법입니다."[43]

세간의 궁통득실과 영욕이해에 연연해하고 있는 한, 산수간의 즐거움이나 시의 득의得意는 기대할 수 없다. 몸만 와서는 안 되고 마음이 홍진을 떠나야 하는 것이다. "산림에 있으니 편할 거라 말씀 마소. 마음의 원두를 모르면 걸리는 게 많다오休道山林已辦安, 心源未了相多干."[44]

43) 「答南時甫」, 『自省錄』(日本刻版 李退溪全集 下), 퇴계학연구원출판부, 1975, 321쪽.
44) 「和子中閒居 二十詠(養靜)」, 『退溪先生文集』 권3:23.

세간의 홍진에 일절 마음을 두지 않으면 비린내와 기름기의 반 이상은 털어진다. 그러고도 아직 일이 남았다. 남시보에게 권한 대로 기욕을 절제하고 수작을 절제하며, 마음을 한가롭고 편안하게 하여, 도서와 화초를 완상하고 산수간의 홍취를 즐긴다. 책도 억지로 많이 읽으면 안 된다.

이 일을 오래 계속하면 마음이 점차 순일純一해지고, 동정動靜에 걸림이 없어진다. 그 궁극처에서 몰아무간物我無間, 나와 남 사이의 구분이 엷어지고, 급기야 천인합일天人合一, 나와 원두 사이의 간격이 사라진다. 만년에 쓴 이 노인의 시에는 심신이 탈락한 이 경지의 섬뜩한 속도와 절대 정적을 느낄 수 있는 시들이 몇 편 있다.

도산의 지도를 그린다면

'묵은 책'과 '산수의 홍'과 더불어 사는 퇴계의 모습을 「도산기」는 이렇게 가감 없이 그리고 있다.

"나는 늘 오랜 지병에 감겨 있어, 비록 산에 있다 해도 마음대로 글을 읽지 못한다. 유우幽憂를 조식調息하다보면, 때로 신체가 편안하고 마음이 쇄락하여, 우주를 우러르고 굽어보다 감개가 이어지면, 책을 던지고 지팡이를 짚고 나가, 난간에서 연못을 완상하고, 단壇에 오르고 사社를 찾으며, 밭을 돌면서 약초를 심고, 숲을 헤치며 꽃을 따고, 혹은 바위에 앉아 샘물을 희롱하고, 대臺에 올라 구름을 바라보며, 혹은 기상磯上에 고기를 보며, 배 안에서 백구와 친하면서 마음대로 소요하다가, 경치를 만나면 홍취가 일어 한껏 즐기다 돌아오면, 방 안은 고요하고, 책은 벽에 가득하다.

책상을 대하여 묵묵히 앉아, 마음을 다잡고 연구 사색하여, 때로 이해되는 바가 있으면 문득 기뻐서 먹을 것을 잊어버리고, 혹 이해되지 않는 곳은 여택麗澤에 기대며, 그래도 얻지 못하면, 분비憤悱에 발할 뿐, 억지로 통하려 하지 않고, 한쪽에 밀쳐두었다가 때때로 끌어내, 빈 마음으로 궁구하여 자해自解를 기다린다. 오늘도 이렇게 하고 내일도 또 이렇게 한다.

산새가 지저귀고, 사물이 무성하고, 서릿바람이 차갑고, 눈 달의 빛이 엉기어, 네 계절의 경치가 같지 않으니 그에 따라 홍취도 무궁하다. 큰 추위나 큰 더위, 큰 바람이나 큰 비가 아니면 어느 때고 어느 날이고 나가지 않는 적이 없으니, 이렇게 나갔다가 또 그렇게 돌아온다.

이는 한가히 지내며 병을 요양하는 무용無用의 공업功業이니, 비록 옛사람의 문정門庭을 엿볼 수는 없지만, 마음속의 즐거움과 기쁨은 얕지 않으니, 아무리 말이 없고자 해도 그럴 수 없다."[45)

이것이 퇴도退陶의 모습이다. 보탤 것도 뺄 것도 없다. 지금까지 내가 횡설수설한 것은 바로 이 모습을 어째 더 잘 그려 보여주려는 첨족添足이었을 뿐이다.

---

45)「陶山雜詠幷記」,『退溪先生文集』권3:9.

도산의 행장行藏을 다시 한번 요약하면 이렇다. 그곳은 인간과 조수의 중간쯤에 있다. 인간을 싫어했기에 산수를 찾았고, 조수와 더불 수는 없었기에 묵은 책 속의 고인을 찾았다.

짐짓 옛사람을 흉내내어 형상形象 없는 퇴도에 도圖를 그린다면, 왼쪽에 '조수'가 있고, 오른쪽에 '인간'이 있으며, 위쪽에 '고인'이, 그리고 아래쪽에 '산수'가 있다. 퇴계의 삶은 남북축, 즉 산수와 고인으로 축약할 수 있다. 그것이 퇴계가 걸은 중도이다. 여기서 가로축은 좀 길게, 그중에서도 인간 쪽은 좀더 멀게, 그리고 세로축은 좁게 해야 한다. 그럼 이 한가운데 뭐가 있을까. 나는 거기 퇴계의 자기 정위인 유정이 있다고 생각한다. 유정의 삶은 '일용', 그 평이명백平易明白한 일상日常을 떠나지 않는다. 이곳이 네 축의 중심이다. 그 중앙의 머리 위에는 그를 늘 내려다보는 '상제'가 있다. 그리고 남북과 상하의 네 축을 동시에 꿰고 있는 간단 없는 원리가 '경敬'이다. 경은 또 좌우에 이끌려가지 않도록 지켜주는 힘이기도 하다. 이것을 대략 그림으로 그려보면,

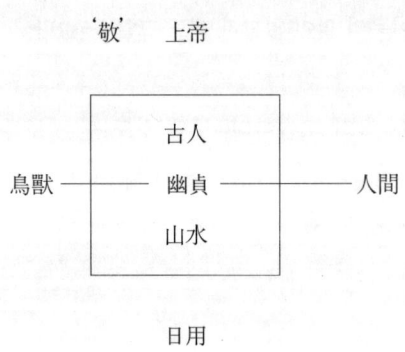

쯤이 되지 않을까 한다. 그림은 그야말로 대강大綱이라, 세부 절목은 다음을 기약해야겠다. 대강이라 하나, 이 글에서는 유정과 상제의 수직축을 전혀 설명하지 않았고, 그리고 경이 어떻게 이 전체를 꿰고 있는지도 언급하지 않았다. 김형효 교수가 이곳에 대한 탁월한 설명과 분석을 미리 해주었다.[46] 나는 곧 이을 글에서 이 긍경처肯綮處의 곡절부터 좀 다른 방식으로, 즉 퇴계의 시에 나타난 이미지와 상상력과 그의 이원론적 이기성정론의 철학을 서로 비추면서 살펴볼 작정이다.

덧붙이자면, 이 도圖에 인간세는 멀리 있다. '역사'와 '정치'는 퇴계의 몫이 아니다. 그의 성취는 위기爲己에 있지 위인爲人에 있지 않은 것이다. 그는 유학자이지만, 역시 은거의 사람이다.

그의 시와 편지, 그리고 소차疏箚는 인간세를 떠나야겠다는 그의 절실한 비원으로 가득 차 있다. 어디 한 군데 다시 돌아가서 일을 하겠다는 유위有爲의 뜻을 비친 곳이 없다. 조정에는 늘 마지못해 불려왔다가, 서둘러 산야로 내려가곤 했다. 그는 역시 산야의 사람이다.

퇴계는 스스로를 '초야草野의 우생愚生'이라고 불렀다. 이때 '어리석다'는 말에는 세 가지 뜻이 포함되어 있다. 1)하나는, "보장된 부귀영화를 사양하고 초야에 몸을 묻은 것"으로 이때 어리석음은 자부심이다. 그는 늘 자신의 이 어리석은 행동이 명리를 위해 환로에 뛰어드는 부박浮薄한 사풍을 되돌리는 모범이 되기를 바랐다. 2)둘째는 "옛

---

46) 김형효, 「퇴계의 사상과 자연신학적 해석」, 『원효에서 다산까지』, 청계, 2000.

사람들의 길을 충실히 따르지 못하는 것"으로 이때 어리석음에는 후회와 자책과 겸양이 섞여 있다. 이제 늦게라도 수레를 돌렸으니 뒤처진 공부를 위해 꿋꿋이 유정의 길을 밟고 가겠다는 각오가 담겨 있다.

3)마지막 하나는 스스로 변명하는 예의 그 "허명虛名만 났지 경제經濟를 감당할 재주가 없다는 것"으로 이 어리석음의 주조는 안타까움과 미안함이다. 그는 끊임없이 자신을 부르는 임금과, 그의 출사를 고대하는 조야朝野를 향해, "모기더러 태산을 짊어지라면 할 수 있겠습니까使蚊强負山. 應無令終畢"[47]라며 한사코 사양했다.

이는 그가 원래 산림을 좋아했고, 또 홀로 학문을 즐기는 성품인데다가, 중년에 겪은 조정의 시련이 혹독했고, 결정적으로 그의 뜻이 워낙 높았기 때문이다. 그의 '물러남'에는 이 네 가지가 복합되어 있다.

그의 면모는 다음 시에 그대로 축약되어 있다.

> 나는 본시 산야의 기질이라 我本山野質
> 고요한 걸 좋아하지 시끄러운 것은 싫어한다 愛靜不愛喧
> 시끄러운 걸 좋아하는 것도 안 될 일이지만 愛喧固不可
> 고요한 것만 찾는 것도 역시 한쪽에 치우쳤다 愛靜亦一偏
> 그대는 알지, 대도인大道人이 君看大道人
> 조정과 시장 바닥을 구름이나 산 속처럼 여기는 것을 朝市等雲山
> 올바르다 싶으면 사양 않고 밟을 일이라 義安卽踏之
> 나아가야 할 땐 나아가고, 물러가야 할 땐 물러가야 한다 可往亦可還

---

47)「三月三日 用晦菴先生一字韻」,『退溪先生文集』권4:15.

다만 두려운 것은, '마모되고磷', '물드는 것緇'但恐易磷緇

그래서 차라리 고요를 지키고, 말이나 닦으려네 寧敦靜修言[48]

1)나는 본시 고요한 것만 좋아한다. 2)큰 인물은 조정이나 시장 바닥처럼 시끄러운 곳에서도 마음의 내적 고요와 평정을 지킨다. 3)그래, 나아가 정치를 하거나, 물러나 학문하는 데 걸림이 없어야 하는데, 4)그러나 나는 두렵다. 조정이나 시장 바닥에서 부대끼다보면 내 성품이 '마모되고', 그 검은 논리에 '물들지' 않을 수 없기 때문이다. 5)하여, 편벽되었다 하겠지만, 나는 물러나 고요를 지키고 학문을 닦으련다.

이것이 퇴계의 진솔하고 분명한 의사意思였다. 여기에 과장誇張이나 분식粉飾이 없어야 한다. 그는 율곡의 평가처럼, "나아가 백성을 윤택하게 해주지 못했으나, 물러나 후인을 열어주었다進不澤民, 退啓後人".[49] 나는 이것이 중도를 얻은 평가라고 생각한다. 퇴계는 정치가가 아니라 학자였다.

퇴계 노인을 찾아서

지금 그에 대한 평가는 극단적이다. 하지만, 모든 것을 완성한 성인으로 퇴계를 추존하는 것도 중도를 잃었고, 한 일 없이 산야에서 소일

---

48) 「和陶集飮酒 二十首」, 앞의 책, 권1:50.

49) 李珥, 「祭退溪李先生文」, 『栗谷全書』 권14:11.

消日한 사람으로 홀시하는 것도 중도를 잃었다. 우리는 그 두 극단 사이에서 퇴계를 보아야 한다. 퇴계는 정책이나 경영에서 이룬 것은 없으되, 그 학문의 정미精微와 정신의 깊이에서 우러난 인격의 향기로 하여 조선 역사에서 우뚝한 분이다.

퇴계는 일찍이 기고봉을 두고, "세심하고 정밀한 공부도 없으면서, 자신과 뜻이 맞지 않다 하여 분연히 붓을 들어 공격하는 호기豪氣가 큰 병"50)이라고 안타까워했다. 율곡에게는, "보는 곳마다 시비是非의 마음을 내어, 선유先儒들의 설에서 반드시 그 옳지 못한 것을 찾아 힘써 깎아내리고 물리쳐 다시는 말을 못 붙이게 한 뒤에야 그만두더라"면서, "명백明白하고 평실平實하고 정당正當한 도리를 찾아 착실하게 공부해나가야 지식과 실천에 진전이 있을 것"51)이라고 충고했다.

우리도 퇴계의 충고를 따라 그가 놓치고 빠뜨린 것을 비평하기보다, 그가 진정 이루고 남긴 것을 배우고 익히려는 실질實質의 자세부터 갖추어야 한다. 무릇 비판은 쉽다. 그러나 이해는 진정 어렵다.

그러나 퇴계 노인 자신은 이런 후인後人들의 훤요喧擾 밖에 있다. 「도산십이곡」의 마지막 노래를 들어보자.

---

50) 유명종, 『퇴계의 일생과 철학체계』, 현대미학사, 2000, 55쪽.
51) 같은 책, 52쪽.

우부愚夫도 알며 ㅎ거니 그 아니 쉬운가

성인聖人도 못다 ㅎ시니 그 아니 어려운가

쉽거나 어렵거낫 듕에 늙는 주를 몰래라

　이 노래는, 해야 할 일도 말아야 할 일도 없는, 나도 남도 의식하지
않게 된, 그리하여 시간도 비껴가는 정신의 풍경이 그려져 있다. 퇴계
는 이 무렵 자신을 둘러싼 기대와 비난과 평가에 더이상 연연해하지
않게 된 듯하다.

　그는 마침내 자신이 바란 대로 "인간에 어긋나 하늘과 짝하는" 한
가하고閑 쓸모없는欅 기인이 되었다. 그리하여 퇴계 노인은 묵은 책에
너무 익숙해 자신이 그것을 읽고 있다는 것을 의식하지 않을 정도로
노성老成해졌고, 달아나는 방심放心을 거두어 그것을 간단없이 파지하
던 경敬도 더이상 힘들이지 않게 되지 않았을까. 퇴계 노인이 기울인
오랜 세월의 진적역구眞積力久는 막혀 있던 심心과 이理 사이의 소금벽
을 점차 허물다가相涵 마침내 융통融通하는 자리로 들어선 듯하다. 물
론, 퇴계 자신은 이 경지를 자임하지 않았지만, 그 소식을 곳곳에서
들을 수 있다.

　심心이 이理와 더불어 하나가 되면心與理一, 이때 나도 남도 탈각한
다. 이 순일 속에서는 아我도 물物도 존재하지 않는다. 오직 그 둘이
상관하는 사건과 과정만이 있다. 그 융통의 자리에서 하늘에는 소리
개가 날고, 연못에는 물고기가 뛴다. 그리고 구름 그림자와 하늘빛이
금빛 물결 속에서 '걸림이나 이지러짐 없이' 배회한다.

춘풍春風에 화만산花滿山ᄒ고 추야秋夜애 월만대月滿臺라

사시가홍四時佳興ㅣ사 사룸과 ᄒ가지라

ᄒ믈며 어약연비魚躍鳶飛 운영천광雲影天光이아 어늬 그지 이슬고[52]

여기 퇴계 노인은 없다. 그는 "사시가홍四時佳興과 하나가 되어버려 興一" 자신일 수 있는 표지를 잃어버렸다. 노인이 없으므로 시간도 없다. 스스로를 의식하지 않기에, "병으로 늙어가던" 그는 이제 자신이 "늙는 줄도 모른다".

이리하여 퇴계는 가을 매미寒蟬 같은 가벼운 몸으로 "선풍도운仙風道韻, 표표히 구름을 능질러"[53] 가버렸다. 문인 이덕홍은 다음과 같은 일화를 전해주고 있다.

"일찍이 (선생님을) 산당山堂에서 모시고 있었는데, 마침 집 앞으로 말을 탄 사람이 지나가고 있었다. 일하던 중이 '그 사람 이상하네, 선생님 앞을 지나가면서 말에서 내리지도 않다니' 하자, 퇴계가 말했다. '말을 탄 사람이 그림 속의 사람 같다. 좋은 풍경 하나를 보냈을 뿐인데, 무슨 잘못이 있겠느냐.'"[54]

이 풍경이 기거동작起居動作에 삼월三月 너머 불위不違하다면 그는

---

52) 「陶山十二曲」6.

53) 「奉酬金愼仲詠梅 三絶句 一近體」, 『退溪先生文集』 권5:3.

54) 『退溪先生言行錄』 권3:7~8.

원하던 곳에 이른 셈이다. 아마도 그는 그리 바라던 대로, 티끌 하나 없는 거울, 모래 하나 없는 연못이 된 듯하다. 그리하여 외물, 즉 밖의 사건은 그의 영대에 아무런 흔적도 남길 수 없고, 밖의 사람 또한 그의 흉회胸懷에 아무런 물결을 일으킬 수 없게 되었으니 그는 이제 인간의 진흙뻘 위로 대궁을 내민 정결한 연꽃으로 피어났다.

그렇다면, 퇴도 유선儒仙을 이제 어디에서 찾을까. 백운이 감도는 봉우리는 올려보았으되, 유란幽蘭의 향기를 듣기는 까마득해 보인다. 천재千載를 격한 후생後生 말학末學이 무성한 띠풀을 헤치고 오래 묵은 그 산길을 찾아낼 수 있을까. 혹, 그가 남겨둔 조박을 두어蠹魚하다보면, 이 궁핍한 시대에 그가 전傳하는 묘妙를 엿볼 수 있을까.

스펙트럼 2

조선의 유학이 어째 온통 '마음의 학문心學'뿐이냐고 울분을 토한 사람이 있었다. 그는 성선性善을 믿지 않았기에, '발견'으로서의 길道을 믿지 않았다. "삶은 현실의 당무當務를 헤쳐나가는 과정이며, 학문이란 그 해결의 매뉴얼로서만 의미를 갖는다." 이 캐치프레이즈로 조선의 유학은 일대 혁명을 겪었다. 그는 『사고전서四庫全書』를 쓸어버리고, 그 폐허 위에 새로 학문을 구축했다. 『기측체의氣測體義』는 인식론, 즉 현실을 읽는 도구와 과정을 적고 있고, 『인정人政』은 정치학, 즉 인적 자원을 개발하고 갈등을 해결하는 노하우를 담고 있다. 이 차가운 실용주의자, 성선과 도덕을 말하지 않는 그를 과연 유학자로 부를 수 있을까. 혹은 굳이 유학자가 아니어도 좋은가. 그의 학문은 지금도 쓸모가 있을까.

8. 혜강 최한기의 과격한 실용주의

혜강이라는 낯선 이름

"필요하면 동원하고, 쓸모가 없으면 버린다." 집 안에는 차마 버리지 못하고, 혹 언제 쓸모가 있을지도 몰라 그냥 둔 잡동사니들이 많다. 책도 그렇다. 오래 들추지 않아 먼지 앉아 있는 책을 나중에 보겠다고 모셔놓다보면, 새 책을 들일 자리가 없어 비좁고 산만해진다. 요즈음은 두어 달에 한 번씩은 책을 솎아낸다. 3년 동안 눈길이 가지 않은 책은 사전류나 참고서가 아니면 미련 없이 복도에 내어놓아 필요한 사람이 쓰게 한다. 그럴 사람이 없다면 청소차가 실어갈 것이다.

혜강惠岡 최한기崔漢綺는 조선의 말엽, 조선 문화와 전통의 허실을 가늠하고, 실용에 입각하여, 당대에 섭렵 가능한 동서의 자원을 취사하여 새로운 학문의 전통을 세워본 사람이다. 그동안 이 인물은 잘 알려져 있지 않았다. 실학實學의 대표 자리는 적어도 대중적으로는 다산 정약용이 차지하고 있기 때문이다. 왜 그렇게 되었을까. 여러 이유가 있겠지만, 근본적으로는 혜강이 전통으로부터 너무 멀리 가버린 탓이라고 생각한다. 전통의 비판과 취사에 있어 그는 과격하고 근본적이다. 그 정도는 다산보다 훨씬 심하다. 다산은 주자학의 질서를 넘어 원래 공맹孔孟이 창도했던 유학으로의 회귀를 꿈꾸었지만, 혜강은 공맹의 유학조차 연혁沿革할 대상으로 보았다. 그가 존중하는 것은 공맹 유학의 '근본 정신'이지, 그 내용이나 절목은 아니었다. 그는 명실상부하게 '새로운 학문'을 구상하고 구축했다.

그는 '마음'의 학문이 아니라 '사물'의 학문을 하고 싶었다. 그는 마음을 사물로서, 도구로서 이해하고자 했다. 요컨대, 마음은 그 자체 목적이지도 않고, 무슨 현묘한 깊이를 갖는 것이 아니다. 마음은 사물을 이해하고 욕망을 구현하는 생명의 자연스런 활동일 뿐이다. "마음과 사물은 둘이 아니다." 혜강은 그래서 전래의 심학心學을 한심하게 생각한다. 노장과 불교는 물론, 유교의 주자학적 심학, 그리고 서양의 경우 기독교를 싸잡아 허무학虛無學, 즉 사실이 아닌 헛된 그림자의 학문이라고 밀어냈다. 그런 것은 요컨대 "아무 쓸모가 없다". 그러니 아까운 시간을 낭비하지도 말고, 비현실적 일탈에 골몰하지도 말라고 했다. 책이 경험과 유리되고, 과거의 전통이 현재의 사태에 어울리지 않는다면, 그것은 하찮거나 해롭다고 생각했다.

이 태도에 벌써 심리적 저항감을 느끼는 사람이 많을 것이다. 그러나 한편, 대체 어떤 사람인지 궁금해지기 시작할 것이다. 동양 전통의 핵심을 내버리고, 서양 정신의 주축인 기독교를 물리치고 나서 대체 무엇으로 학문을 하려는가. 남은 것은 자연과학의 제 분야밖에 없어 보인다. 이렇게 생각할지도 모른다. "혜강은 아마도 당시로서는 잘 알려지지 않은 서양의 수학이나 물리학, 천문학 등의 지식을 북경의 한역을 통해 습득하고 그것을 자랑하려는 것이 아닐까." 그렇기도 할 것이다. 혜강의 저술로 알려져 있는 천 권 가운데 방대한 양이 서양의 과학기술을 소개 정리한 책이기 때문이다. 그러나, 혜강은 이 분과적 지식에 만족하지 않았다. 그는 일통一統, 즉 학문의 종합적 체계를 생각하고 있었다. 모든 학문은 기氣, 즉 구체적 사물이나 현상을 대상으로 하고 있고, 그들은 서로 다른 기와 교섭하고 변화하기 때문에 ─ 혜강의 전문용어로는 운화運化하고 있기 때문에 ─ 분과학들은 서로 연관된 전체로서 존재한다. 이들 자연은 인간의 지각을 통해 소통하고, 필요에 의해 의미화되므로, 이른바 자연과학과 사회과학, 그리고 인문과학은 하나의 '과학'으로 통합되고, 또 되어야 한다. 혜강은 이 통합의 체계 하나를 남겨주었다. 그 유산은 혜강의 자부대로 지금도 쓸모가 있다. 통합 학문이라니, 그게 가능할까 싶어 고개를 갸우뚱하는 우리에게 혜강은, 우리가 주관적 편견과 문화적 습성을 유보하고 '객관적 사실'에 충실하다면 그것은 불가능한 꿈이 아니라고 말한다.

혜강의 삶과 저술 스케치

혜강은 삼대를 무과에 급제해온 무반 집안 출신이다. 양부인 최광현은 중앙 군사요직을 지내다가 나중 물러나, 세거지 개성에 귀경당을 짓고 그곳의 학자들과 교유하며 지냈다. 그러다가 서울로 왔다. 혜강도 따라 지금의 회현동과 남대문 근처에서 살았다. 두뇌가 명석하여 독서를 즐겼는데, "기이한 책을 얻으면 즐거워 잠을 자지 못했다"고 한다. 그는 자잘한 예절과 투식에 매이길 싫어했다. 이 기질은 그의 저술 곳곳에서 "대체大體를 바로잡을 뿐, 세절細節에 너무 연연하지 말라"는 충고로 나타났다.

무반 가문에, 상업도시 출신에, 그리고 서울 한복판의 첨단이 최한기를 읽는 배경이라는 생각이 든다. 혜강 자신, 큰 도회지 출신을 지도자의 조건으로 내걸기도 했다. 조선 문화의 주류 혹은 중심은 역시 문반이다. 그들은 농업문화적 배경에서, 산림을 근거지로 하고, 과거와 전통의 정치를 이상적 형태로 복고하고자 하는 사람들이라고 할 수 있다. 그런 점에서 혜강은 변방적 이단의 소질을 집안 내력과 기질로 타고났던 셈이다.

1825년 나이 스물셋에 생원시를 치르기는 했다. 그때의 시험답안지가 남아 있다. 출제된 문제는 『중용中庸』의 "자성명自誠明, 자명성自明誠"을 해석하라는 주문이었던 듯하다. 혜강은 성실을 타고난 사람은 사물의 본질을 바로 이해하고, 그렇지 못한 사람은 점진적 이해로부터 성실의 바탕을 회복한다는 주자 등의 해석을 부연한다. 여기까지는 별다른 자기 주장이 없다. 아직 어렸고, 시험답안지라서 그랬는지 모르겠다. 다만, 그 끝머리에 "성명誠明의 이치가 역사歷史와 전적典籍 속에 뚜렷이 드러나 있다"는 인용문은 나중 그의 학문을 떠올리면 희미한 암시처럼 들리기도 한다.

그의 이름을 뚜렷이 새긴 것은 30대 중반에 쓴 『기측체의氣測體義』이다. 이 책은 이례적으로 북경의 정양문正陽門 내 인화당人和堂에서 출간되었다. 중국에서 조선의 서적을 출간한 것은 손꼽을 정도로 적다. 그들은 조선 유학의 최고봉인 퇴계나 율곡의 저서나 정치적 걸물 우암, 경학의 대가 다산 등의 저작조차 돌아보지 않았다. 화담 서경덕의 몇몇 논설들을 찍긴 했지만 장편으로는 혜강의 저작이 대표적인데, 그만큼 혜강은 '그들에게도' 새롭고 혁신적이었음을 알려준다.

『기측체의』는 『신기통神氣通』과 『추측록推測錄』을 합편한 것이다. 이 책은 경험적 과학적 인식론의 구상을 담고 있다.
조선 주자학의 인식론은 선험적 초월적이다. 그것은 인간의 육신이나 경험적 사실의 배후 혹은 그 너머에 선험적 '도덕'이 있다는 것, 그리고 이 실제와 접촉하는 깨달음을 진정한 '지식'으로 이해했다. 그 나머지 사물에 대한 지식은 견문見聞이라 하여 소홀하게 취급했다. 아니, 때로는 이같은 초월적 지식을 방해한다 하여 위험하게 생각했다. 그리하여 조선 유학의 지식은 깨달은 자, 즉 성현聖賢의 지식이었고, 그것이 담겨 있는 경전經傳을 절대적으로 추앙했다. 그 신성한 지식에 대한 의문이나 도전은 용납될 수 없는 것이었다. 백호 윤휴나 서계 박세당은 주자의 권위 너머에서 경전의 '주체적 탐구'를 내디뎠다가 혹은 죽고 혹은 다쳤다. 우암은 주자의 언론을 최종적 권위로 삼고 반대파를 억누르기 위해 『주자언론동이고朱子言論同異攷』를 편찬했다. 현실이 책을 참고하는 시대가 아니라, 책이 현실을 재단하는 시대였다.

임금이 죽자 대비가 어떤 상복을 얼마 동안 입어야 하느냐를 두고 피비린내 나는 전쟁을 수십 년 넘어 벌이기도 했다.

이 집단적 강박과 무지의 폭력적 사태를 바로잡고자 예禮를 재인식하고, 학술 전반을 재편하려는 노력들이 있었다. 담헌 홍대용은 주변에 몇 가지 예의 절목을 고증한 저술을 자랑하는 인사가 있자, 예의 중심은 전곡錢穀이나 갑병甲兵, 전장典章과 제도制度라고 면박했다. 재정과 군사, 법률과 제도에 대한 학문적 정치적 관심을 우리는 실학이라는 이름으로 부른다. 그중, 분과적 사회과학과 백과전서적 관심에 그치지 않고, '학문 전체'를 근본적으로 검토하고, 새로운 학문의 체계를 구성해본 사람으로는 다산과 혜강이 있다. 다산은 유교의 종교적인 이상을 살리면서 사회 정치의 전면적 개혁을 접목시켰다. 그래서 다산은 두 얼굴을 갖고 있다. 유교 근본주의와 이용후생적 실학이 그것이다. 앞에는 가톨릭의 자극이 있었고, 뒤에는 청대의 고증학의 영향이 있었다. 그는 이 측면들을 자신의 경학經學을 통해 구체화시켰다. 즉, '유교 경전에 대한 비판적 재해석'이라는 방식으로 자신의 학문을 일군 것이다. 이 방식을 택했기에, 그는 조선의 주자학적 전통을 직접 대면하여 철저하게 비판해나갈 수 있었다.

혜강은 한 걸음 더 나아갔다. 그는 경학을 돌아보지 않았다. "경학의 최종적 준거는 '구체적 현실'이다. 현실이 곧 경전이다. 그러므로 옛적의 언어에 굳이 의존할 일이 없다. 진정한 경전은 성경聖經이 아니라 천경天經이다." 혜강에게서 천天은 도덕적 신적 초월의 종교적 의미를 벗고, 액면 그대로 과학의 대상으로서 '자연과 현실'이 되었다.

이렇게 말할 수 있다. 성경이 높임 받을 때는 인식론이 필요 없다. 말씀을 믿고 따르면 되니까. 애매하거나 심오한 부분은 권위 있는 사람의 해설을 빌리면 된다. 그런데, 성경을 덮고 천경을 읽자면 그것을 읽는 '방법'이 당장 문제가 된다.

최한기의 『기측체의』는 이 '자연의 경전'을 어떻게 읽을 것이냐를 말하는 책이다. 이것은 조선 유학의 누구도 시도해보지 않은 것으로, 그만큼 놀랍고 신선한 것이었다. 물론, 지금 보면 그다지 신기하지 않을 수 있다. 인식론이나 심리학의 초보적 언급이라는 인상을 받을 수도 있다. 그러나 그렇지만은 않다.

혜강은 인간에게 선험은 없고 오직 경험만이 있다고 말한다. 이것이 대전제이다. 인간의 '마음'은 본래 백지 상태의 가능성이었다. 마음이라 불리는 신기神氣는 주어진 사태를 이해하고 외계를 인식하며 그렇게 축적된 경험들을 통해 행동을 결정한다. 이 과정을 추측推測이라고 불렀다. 그러므로 인간의 정신은 근본적으로 소통적이고, 도구적인 활동이다.

혜강은 조선의 학문이 지나치게 '내향적'인 것을 늘 불만스러워했다. 전통의 학문을 돌이켜보면 심학이 8할이고 물학物學은 2할이 채 되지 않는다는 것이다. 그러니 별로 건질 것이 없다고 했다. 조선의 학문뿐만 아니라 동아시아 학문이 일반적으로 그렇다고 비평했다.

『사고전서四庫全書』 가운데 쓸 만한 것은 이래저래 털고 나니 5퍼센트가 채 안 된다고도 했다. 그는 '사물에 관한 학문'의 상당 부분을 서양의 과학과 기술에서 얻었다. 그리고 '사람에 관한 테크닉'은 자신의 관찰과 체험을 유추하고 고금의 사적을 참작하여 새로 창안했다. 그의 학문은 이 둘이 종합되어 있다. 그는 새 학문의 구성을 위한 취사取捨에 있어 동서를 가리지 않았다. 인정된 권위도 고려하지 않았다. 문벌이나 당파나, 평판도 그냥 밟고 지나갔다. 그의 저술 가운데 이름이 거론되거나 인용되는 사람은 너무하다 싶게 없다.

그는 책을 구하기 위해 전 재산을 썼다. 북경의 신간서적은 때로 집 한 채 값이었다고 한다. 혜강은 개성에 부유한 전장을 갖고 있었던 듯한데, 책을 사고, 개인 도서관을 짓고, 학숙을 열고 하느라 재원이 고갈되었고, 이들 책을 저당잡혀 생활에 보태는 어려움을 겪었다고 한다.

그의 저술은 천여 권, 조선 제일로 친다. 지금 남아 있기로는 백 권에 못 미치지만, 그것만으로도 규모와 포부를 알 만하다. 분야는 자연과학과 사회과학, 그리고 철학에 두루 걸쳐 있다. 농업과 농기계에 대한 저술로『농정회요農政會要』와『육해법陸海法』이 있고, 지리서로『만국경위지구도萬國經緯地球圖』『지구전요地球典要』가 있다. 천문학으로는『의상리수儀象理數』와『성기운화星氣運化』가 있고, 수학으로는『습산진벌習算津筏』, 의학으로는『신기천험身機踐驗』이 있다. 사회과학으로는『인정人政』25권이 있고, 철학으로는 지금 살핀『기측체의』가 있다.

혜강은 벼슬길에 나서지 않았다. 저술과 학덕이 알려지자 당대의
세도가들이 그의 자문을 구하려고 청하기도 했다. 60세 무렵 좌의정
조두순에게 토지 개량과 전제 개혁의 지침을 주기도 했고, 70세 무렵
에는 신미양요가 있자 강화 진무사 정기원이 위기에 어떻게 대처해야
할지를 다급하게 물었다. 이 요청에는 대원군의 뜻도 담겨 있었다. 그
는 가서 직접 보고 조언을 해야 하나 나이와 건강 탓으로 그러지 못한
다면서 장문의 편지에 대책을 담았다.

그의 뜻은 지구적 평화, 즉 조민유화兆民有和였다. 그러나, 국가가
환란에 빠지면서 그는 국방에 대한 조언부터 해야 했다. 일제의 야욕
이 본격화되고 개항을 강요하자, 아들 최병대는 척사斥邪의 소를 올리
고 귀양을 자청했다. 혜강은 그것을 장하게 생각했다. 글로벌 마인드
를 갖고 있던 그였지만 무력을 앞세운 침탈에는 저항해야 한다고 생
각했던 것이다.

혜강의 학문과 재주는 생전에 쓰이지 못했다. 제자인 김수실은 그
한을 셋으로 정리했다. 그 아까운 재주를 써보지 못했고, 커녕 그의
저술을 알아주는 사람도 없다는 것인데, 마지막 한은 그 자신이 혜강
을 40년 모시면서도 차분히 배우지 못했다는 것이었다.

욕망은 자연이니, 재리財利가 관건이다

1873년 혜강은 만년에 『재교財敎』라는 책을 썼다. 저술은 남아 있지 않고, 지금 제자 김수실이 붙인 「후서後序」만 남아 있다. 「후서」는 저술의 핵심과 방향을 짐작하게 해준다. 좀 길지만 인용한다.

"공자의 수많은 말씀 중에 재리財利라는 두 글자는 잘 보이지 않는다. 이는 무엇 때문인가. 대개 백성이 재물을 좋아하는 것은, 물이 아래로 흐르는 것처럼, 가르치지 않아도 능하다. 공자는 사람들이 인의仁義를 돌보지 않고 재리만을 좇을 것을 우려했다. 그래서 번지樊遲가 밭 갈고 채소 가꾸는 법을 묻자, 공자는 "그런 것은 나이 든 농사꾼에게 물어라"라고 물리쳤던 것이다. 공자께서 '이利'를 드물게 말씀하신 뜻이 바로 여기에 있다. 그후에 사마천이 『사기史記』에서 「화식열전貨殖列傳」을 지었는데, 사람들은 이를 두고 세리勢利를 숭상하고 빈천貧賤을 부끄럽게 여긴다면서 놀리고 비판했다. 이로부터 지식인과 관료들이 점점 도학道學을 논하고 재리를 말하는 것을 부끄럽게 여겨 마침내 '귀천貴賤이 분열되었다貴賤岐貳'.

그렇지만 잘 생각해보면, 재리란 삶을 영위하고 죽은 자를 떠나보내기까지 잠시도 떨어질 수 없는 것이다. 왕이나 귀족은 물론, 여염의 서민들도 다 그 사이에서 움직이니, 예의禮義와 재용財用은 서로를 필요로 한다. 재용을 힘쓰면서 인의를 돌아보지 않는 것도 천박한 일이지만, 인의를 말하면서 재용을 의식하지 않는 것도 부끄러운 일이 아닌가. 또한 어떤 이는 학문보다 돈을 좋아하면서 겉으로는 아닌 척을 하는데, 나는 늘 이를 병폐로 생각했다.

선생께서는 지금 『재교』를 지어 '중정인의中正仁義의 도를 일체一切의 재용 위에 깃들게 하셨다'. 재용의 기원과 파생을 탐색하고, 근본과 지엽을 판단하여, 구체적 사항에 따라 잘 이끌어 충분히 설명을 갖추었으니, 재물을 이용하는 자가 이 책을 읽으면 이利만을 좇는 폐단이 없을 것이고, 아울러 도덕을 담론하는 학사 대부들도 또한 읽어볼 만하다. 천하에 재물을 쓰지 않는 사람이 없으니 이 책은 천하 사람 모두가 읽어야 할 것이다."[1]

유학은 이기理氣, 즉 물질적 삶과 정신적 가치를 선명하게 구분했다. "인간은 현실적으로는 신체적 욕망에 물들어 있지만, 본래는 초월적 도덕성을 갖추고 태어났다. 다만 우리가 그 고향을 잊어버렸을 뿐이다." 유학, 특히 주자학은 이 본래의 얼굴을 찾아 진정한 고향으로 돌아가기 위한 훈련으로 집약된다. 가족과 사회, 그리고 천하는 이처럼 회복된 도덕적 정신적 가치가 강물처럼 흐르고 넘치는 세상이어야 했다. 이 기획과 설계에 조선 유학의 누구도 의문을 제기하지 않았다. 허균 정도가 이의를 제기했을 뿐이다. 그러나 그것을 그는 학문적으로가 아니라 정치적으로 했기 때문에 역적으로 몰려 죽음을 맞아야 했다.

혜강은 정치가 아닌 학문으로 접근했다. 그것도 근본적인 재설계에 들어갔다. 그는 인간 속에 잠재된 본래의 초월적 본성이나 선험적 지식이 있냐는 생각을 일축했다. "인간은 다만 백지 상태로 태어난다.

---

1) 김수실, 「재교후財教後」, 최병대, 『난필수록亂筆隨錄』; 『증보 명남루총서增補 明南樓叢書』 제5책, 성균관대 대동문화연구원, 2002, 401쪽.

아이는 생명을 유지하기 위해 젖을 빨고 부모의 호오好惡를 살핀다." 그런 과정에서 외부의 환경의 순역順逆을 인지해나가고, 그것을 변통變通, 즉 변화시키고 소통시켜나간다. 이때 대상은 유익有益하냐 아니냐는 관심의 지배를 받는다.

놀라지 마시라, 그는 사람도 또한 유익하냐 아니냐로 바라본다. 그는 이런 발상이 파렴치하다거나 비인간적이라고 생각하지 않는다. 인간은 다른 사람에게 유용有用, 즉 적절한 도구가 됨으로써 자신의 존재를 확인 받는다. 그래야 "귀천이 두 갈래가 되지 않는다". 그러므로 문제는 재용, 즉 재화와 용역이다. 도덕 또한 고원한 어떤 것이 아니라, 재화와 용역을 매개로 한 인간 사이의 상호 의존과 상호 침탈을 합리적으로 조정하여 질서를 갖추는 것이 되었다. 그래서 혜강은 말한다. "중정인의의 도는 일체의 재용 위에 깃들어야 한다."

이 생각을 중심으로 그는 재래의 학문을 한자리에 놓고 취사선택했다. 사물과 실용을 고려하지 않은 전통은 모두 '이단異端'이다. 노장이나 불교, 기독교처럼 현실적이지 않은 종교적 관심이나 개인적 초탈 등등은 인간이 충분히 현실적이 되는 데 걸림돌이 되고 있다는 것이다. 문학과 경학 또한 '쓸모없는 몰두'로 비판 받았다. "모호한 언사와 화려한 수식, 주관적 감상의 토로는 물론이고, 경전 속에 있는 자구들을 시시콜콜 해석하거나, 특정한 주석을 권위로 독점하는 것은 한심한 일이다. 이런 재주를 높이거나 그것을 기준으로 사람을 판단해서는 안 된다. 더구나 관료로 뽑아 일을 맡겨서는 더욱 불가하다."

남은 것은 유학밖에 없었다. 그러나, 유학도 '마음'을 중심으로 한 재래의 도학은 다른 '이단'과 같은 대접을 받았다.

그는 공자조차 실용의 기준으로 취사선택했다. 그 말씀이 지금도 유효하고 적절하면 끌어쓰고, 그렇지 않으면 버린다는 것이었다. 그렇다고 그가 공자의 비판에 주력했느냐 하면, 전혀 그렇지 않다. 그는 유학의 인의仁義나 수기치인修己治人의 사회 정치적 이상과 그 기획을 존중했다. 그러나, 거기서 도덕적 이상주의는 털어냈다. 그는 유학의 이념과 가치를 철저하게 실용주의적으로 재편해나갔다. 그래서 혜강의 입을 통해 나오는 익숙한 유교적 용어들은 이전과는 전혀 다른 '의미'와 '맥락'을 갖게 된다. 당연하게도 주자학을 신봉하는 사람들은 혜강의 언설을 알아듣지 못하고 당혹스러워한다.

그는 도무지 '누가' 말했느냐는 권위에 대해서는 관심이 없었다. "말이 옳다면 나무꾼의 말도 귀담아들어야 할 것이고, 쓸모가 없다면 성현의 언사도 돌아볼 필요가 없다." '성현의 말씀을 통해' 세상을 보는 사람들을 향해 그는 이렇게 말한다. "물이 있다면 네가 직접 먹어보면 물맛을 알 것이다. 그런데 물을 먹어놓고도 물맛을 다른 사람에게 물어보느냐. 설혹 성현이 물맛이 이렇다고 말하더라도 네가 그 물을 먹어보기 전까지는 그 허실을 '확인'할 수 없다. 네가 경험적으로 확인할 수 없다면 그것은 진정한 지식이 아니다." 그는 나아가 이렇게 말한다. "경전을 한 자도 읽지 않았더라도 사물을 통해 경험과 지식을 얻은 사람이 더 훌륭하다. 그는 경전의 말을 형량衡量할 준거를 가지고 있기 때문이다."

그래서 그는 과학을 믿지 종교를 믿지 않으며, 천문학은 믿지만 점성술은 믿지 않으며, 형이하학을 존중하지만 형이상학은 터무니없다고 단정한다. 그래서 그는 과학적 탐구가 더 나아가지 않는 곳에서는 멈추어야 한다고 말한다. 이를테면 태극太極이라 불리는 우주의 기원이나 형이상학적 중심, 그런 것은 알 수 없다. "왜 코가 이렇게 생겼는지, 눈이 이렇게 둘인지 누가 알겠는가. 다만 우리는 그 기능을 확인하고, 그 기능을 통해 외계를 인식하고 지식을 얻으며, 그것을 실제적 목적에 활용할 뿐이다."

직업과 기능이 협력하는 공동체

그는 중中이 열려 있는 것이라고 했다. 주자학은 이 중을 우주적 중심, 형이상학적 원리로 설정하고 인간은 그 초월적이면서 내면적인 가치를 향해 나아가야 한다고 말했다. 우리가 현실에서 경험하고 있는 시중時中이나 화和는 이 절대적 중심의 불완전한 모방이라고 생각한 점에서 주자학은 플라톤과 닮았다. 그러나, 혜강은 단순하게 말한다. 중이란 '적절'이고 '균형'이다. 그것은 과불급, 즉 지나치고 모자란 것을 감안하여 조정하는 활동일 뿐이다. 그러니 중은 곧 화이다. 체용體用은 없다. 나아가, 주자학은 과불급을 주로 개인적 감정이나 욕망, 의지에서 찾지만, 혜강은 그것을 개인들이 어울려 사는 공동체에서 사무事務로 드러나는 갈등적 계기들이라고 생각했다. 중은 특정한 상황에서의 과불급을 가늠하고, 그것을 조화에로 돌리려는 노력을 통칭하는 말이다.

그래서 그는 도덕적 설교를 믿지 않는다. 그는 당위當爲를 소리 높여 외치지 않는다. 우리가 무엇을 어떻게 해야 할지는 '사실'을 더 분명하게 알고, '현실'에 더 가까이 다가감으로써 '자연히' 얻어지는 것이다. 이해가 곧 행동이다. 사태를 떠나 맥락과는 상관없는 그런 도덕은 없다. 있다면 그것은 해롭다. 혜강은, 도덕을 말하지 않는 사람이 도덕을 강요하는 사람들보다 더 도덕적이라는 역설, 그리고 진정한 이상주의는 철저한 현실주의와 배치되지 않는다는 역설을 역설하고 있는 듯하다.

"온 세계에 두루 퍼져 사는 사람들은 모두 자연의 운화運化를 품부받아서 형체를 이루고 땅에서 나는 산물로 자양을 삼는데, 모든 크고 작은 일들을 혼자서는 실행하거나 성취할 수 없다. 평범한 일용사도 여러 사람과 화협和協해야 하니, 이런 까닭에 용인用人의 도道가 생기게 된 것이다. 사람과 사람이 상호 쓰임이 잘되면 인도人道가 이루어지나 서로 쓰임이 되지 않으면 인도는 무너져버린다. 내가 먼저 다른 사람의 쓰임이 된 뒤에야 다른 사람을 쓸 수 있고, 내가 다른 사람의 쓰임이 되지 않으면 다른 사람을 쓸 수가 없다."[2]

혜강은 인간의 '본성'을 말하지 않고, '자질'을 말한다. 사람마다 각자의 기질과 재능이 있다. 각각의 '기질氣質'은 주자학에서처럼

2) 최한기, 「인정용인서人政用人序」, 『인정人政』 권20 용인문用人門 1; 『국역 인정』 4, 민족문화추진회, 1980, 14쪽.

'정화'되어야 할 대상이 아니라 '개발'되어야 할 어떤 것이다. 혜강은 모든 사람을 성자聖者로 만들겠다는 주자학의 기획에 동의하지 않는다. 그는 유학이 꺼리는 바로 그 '그릇'을 중시한다. 사회는 서로 다른 그릇들의 화협, 즉 상호 협력으로 유지되는 유기적 공동체이다. 그러므로 중요한 것은 각자가 그릇, 즉 '다른 사람의 쓰임'이 되도록 노력하는 일이다. 부문은 상업, 공업, 농업, 문예, 기술 등등 사회의 선善을 위해 필요한 것 가운데 하나도 빠뜨려서는 안 된다.

혜강은 '직업'에는 귀천이 없으며 모든 영역이 존중 받아야 한다고 생각했다. 그러나 직업에 따라 '쓸모'의 정도에 차이가 있다는 것을 인정해야 하고, 각각의 생산품의 질적 수준에 따른 대접 또한 당연한 것이니, 각자가 노력을 게을리 하지 않아야 한다고 말한다. 다만, 이런 기능과 유용성과는 상관없는 혼자만의 취미나 과시적 박식, 은둔이나 도피, 허세와 권위 등은 버려야 할 구태이고 악습이라고 생각했다. 혜강은 유교 교육의 중심인 수신修身 또한 그것이 '다른 사람의 쓰임'이 되지 않는다면 아무런 의미가 없다고까지 극언했다. "기능이 곧 덕성이다." 물론 쓸모는 있을 것이다. 적어도 다른 사람에게 위해를 끼치지는 않겠지. 그러나 그 이상의 의미와 가치는 없다고 말한다. 그는 이른바 안빈낙도安貧樂道 등의 재래적 가치를 높이 치지 않는다. 염빈廉貧이란 하등下等의 인간을 가리킨다고까지 했다.

그는 성자를 이상으로 하지 않고, 현준賢俊을 강조한다. 이 말은 직업과 기능의 수월성과 성실성에 유의한 말이다. 이들 역할들이 조화 협력할 때 사회의 건강과 번영이 기약될 수 있는데, 그는 이것을 통공역사通功易事라고 불렀다. 통공역사의 안정적 질서와 원활한 운영의 시스템이 바로 치국이고 평천하이다. 그는 긍업재肯業齋라는 이름의 건물을 짓고 학생들을 키웠는데, 이것은 각자의 사회적 역할을 강조한 것이었다. 그의 당호인 기화당氣和堂은 그런 기능적 역할들의 시너지로서의 지구적 우주적 질서와 평안의 이념을 담고 있다.

혜강은 각자 확실한 직업과 기능을 갖추라고 권한다. "자기 한 몸을 가릴 의복과 당장 끓일 저녁도 없으면서 장안의 거부가 될 수 있는 재주가 있노라고 장담한다면 반드시 남의 비웃음을 받을 것이다. 의식衣食을 구하고 도모하는 데 있어 착실한 단계를 밟을 줄 안다면 의식이 절로 풍족하게 되어 비웃던 자가 반드시 부끄러워하게 될 것이다. 만약 의식을 도모할 기술도 없이 허황된 장담만 치다가 춥고 배고픈 지경에 빠진다면 비웃던 자가 더욱 큰 소리로 비웃게 될 것이다."[3]

혜강은 도덕가들처럼 생산의 기능적 활동을 하찮게 여기거나, 거기서 불거지는 이기적 동기를 그다지 우려하지 않았다. 그는 그런 활동이 '다른 사람에게 쓰임'을 전제하고 있기 때문에 오히려 발전의 계기가 된다고 생각했다. 그는 원칙적으로 이기적 동기가 상호 제어를 통해 전체의 선에 기여한다는 사실을 관찰했다. 다만, 인간성 속의 바람직하지 못한 욕망이나 긴하지 않은 충동에 봉사하는 재화를 생산하는 활동은 적절히 제재되어야 한다고 생각했다. 그래서 '조정'의 역할이 필요하다. 보통은 서로 조정해나가지만, 자율적 조정이 아니 될 때 그리고, 전체적 균형을 잡아줄 때 '법률'과 '정치'가 필요하다고 말한다.

---

3) 최한기, 「기소허실譏笑虛實」, 앞의 책, 권23 용인문用人門 4;『국역 인정』 4, 224쪽.

구체적 지식과 학문의 혁신

도덕을 재용 위에 세움으로써 '지식'의 개념과 방법 또한 달라졌
다. 혜강은 '기술'로서의 지식을 말한다. 학문 또한 이같은 테크닉의
집적과 발전이라고 생각했다. 이 또한 성현의 말씀을 익히고 예禮를
실천하는 것을 학문으로 알아온 전통에서는 역시 파천황의 것이다.
그것은 책에서 배우는 지식이 아니라 사람과 일과 부딪치면서 확인하
고, 축적하고, 교정하며, 종합하는 지식이다. 혜강은 이런 예를 들고
있다. 유학자들이라면 아무래도 듣기 거북할 것이다.

"빚놀이하는 자가 돈을 빌려줄 때, 그 본전의 손실을 염려하여 찾아
온 사람을 십분 관찰한다. 그 사람의 평소 마음가짐과 행동의 선악, 남
을 상대하는 진실성, 그리고 경영하는 사업의 성패 등등을 낱낱이 참고
한다. 그러고도 쉽사리 돈을 내주지 않고, 동태를 관찰하며, 다른 소문
이 들리면 그 허실虛實을 판단하여, 의심이 없음을 확인한 뒤에야, 비
로소 빚을 내어주니 이는 재물에 대한 작은 일이나 그 본전의 손실을
염려하여 이처럼 온갖 수고를 아끼지 않는 것이다."[4]

혜강은 모든 지식이 이 과정을 거친다고 생각한다. 그래야만 허虛가
아닌 실實을 확보할 수 있다. 현실적 '관심'이 있고, 그를 둘러싼 '문
제'가 있다. 지식은 그 현실적 주제를 형성하는 계기와 역동, 그리고

---

4) 최한기, 「위재택인위민용인爲材擇人爲民用人」, 앞의 책, 권23 용인문用人門 4; 『국역
인정』 4, 202쪽.

근본과 지엽, 원인과 결과 등을 파고드는 데서 시작한다. 문제 해결에 필요한 기술과 노하우, 그리고 상황에 대한 적절한 판단력은 여기서 생긴다. 이 과정은 작은 기술의 습득에서 보다 종합적 학문에 이르기까지 동일한 원리를 갖고 있다.

그는 '책'도 이런 식으로 보아야 한다고 말한다. "책 속에서 사람을 헤아릴 줄 모르면 그것은 책을 읽은 것이 아니다. 또한 사무를 보여주지 않는 책은 아무런 쓸모가 없다." 가령, 조선의 문집은 혐의가 될 언행은 빼고 밋밋한 안부나 경전의 지엽적 해석으로 채워져 있고, 그 사람의 일생을 적은 행장行狀류도 기린이나 봉황을 들먹이며 공허한 칭찬이나 화려한 수사로 일관해서 도무지 참고가 되지 않는다는 것이다. 역사 속의 특정한 인물이 공적을 세우거나 일을 처리한 대목도 그 상황의 계기들과 판단의 근거, 행동의 추이를 밝히지 않고, 그저 포폄褒貶하는 언사들이 많아 '사람을 헤아리는 데' 도움이 되지 않는다고 불만을 토로했다.

그 모든 '참고'들은 현재의 사태를 이해하고 사람을 읽는 데 '도움이 되기 때문에' 읽는다. 그렇지 않고, 그 문자를 외서 박식을 자랑하고, 화려한 표현을 교양의 도구로 쓰며, 그 권위를 빌려 남을 억압하는 행태는 두루 헛된 일이라고 했다.

혜강은 책을 진리로 삼은 사람들이 사태를 구체적으로 접근하고 실용적으로 해결하는 데 어떻게 방해가 되는지를 반복해서 강조한다.

"경전을 학습하고 구문舊聞에 집착하여, 그 문사文辭는 풍부하나 당금當今의 사무를 조처하는 데에는 전혀 깜깜한 경우, 그 학식이 도리어 실용實用에 해롭기만 하다."[5)

경전의 의리義理나 따지고, 도통道統의 적서嫡庶를 따지는 것은 말할 것도 없고, 고결한 인품을 자랑하거나, 에티켓의 말절만 따지는 것은 독득獨得의 자부일 뿐, 치민治民 안민安民의 학문이 아니다. 그는 상투常套와 구문에 젖어 있는 우유迂儒 속사俗士들이 당위를 설교할 뿐, 사태를 객관적으로 이해하려는 노력은 늘 뒷전이라고 한탄한다.

학문은 "방금方今의 운화에 승순承順할 때", 즉 지금의 현실의 역동에 대한 존중과 주의에 철저할 때 비로소 실질을 얻는다. 그 실질이 쌓이고 범위가 커져가면 처음에는 개별적 분산적이던 지식들이 점차 서로 연관되고 소통하면서 비판적 종합으로 나아간다. 식견이 높아지는 만큼 그 아래의 작은 일들의 허실은 쉽게 드러나고, 일을 주선하기도 힘들지 않게 된다. 식견이 낮으면 이해도 흐릿하고 주견도 서지 않아, 일을 만나면 중심이 없고, 남의 말에 쉽사리 흔들려 망치기 십상이다. 결국, 그 사람의 '학문'과 '식견'을 보려면, 일을 맡겨 처리해보라 하면 알 수 있다고 한다. 그렇지 않고 혼자 골방에서 고매를 자랑하고, 천하를 우려하는 것은 괜한 허세일 뿐이라고 했다.

---

5) 최한기, 「용인재교用人在敎」, 앞의 책, 권23 용인문用人門 4; 『국역 인정』 4, 225쪽.

혜강의 말을 듣고 눈앞이 아찔했다. 나는 내 공부의 뒤꼭지를 늘 붙들고 있던 불안감의 정체와 만날 수 있었다. 나는 그동안 책을 통해 현실을 재단해왔다. 그러나 언제나 현실이 더 완강하고 절실했다. 생업에 종사하는 사람들은 범위는 좁으나 절실하고 분명한 식견을 갖고 있다. 그것은 살아 있는 노하우이지 죽은 목소리가 아니다. 혜강의 용어를 빌리면, 그것은 사법死法이 아니라 활법活法이었다. 나는 어촌 바닷가에서 조합장으로 오랫동안 사람들을 거느려온 사촌 큰형님이나, 중소기업을 일구었다가 은퇴한 장인어른의 조리 있고 단호한 식견에 언제나 무릎을 치고 감탄했다. 그러면서 내 지식의 뿌리가 허약하고 몽롱하다는 자괴감에 젖어들곤 했다. 그런 최초의 경험은 대학 시절, 휴교령 이후 시골에서 만난, 엿공장을 하는 선배와 박정희 정권의 공과에 대해 토론할 때였다. 거기 내가 주워들은 이념적 당위는 거의 맥을 추지 못했다. 회고컨대, 그것은 책과 현실, 추상과 구체와의 격돌이 아니었나 싶다. 나는 그때까지 거의 '현실'과 접촉한 바가 없었던 것이다.

현금 인문학과 사회과학의 위기도 같은 성격의 것이 아닐까. 우리는 그동안 현실보다 책에 의존해서 학문을 해왔다면 지나칠까. 전통시대에는 중국의 고전이 까마득한 권위였고, 지금은 서구의 다양한 학문 사조가 유행을 타고 학계와 문화계의 담론으로 행세하고 있다. 학문의 출발은 우리의 '현실'이어야 한다는 목소리는 간간이 들렸으나, 실제 어디서 어떻게 착수해야 할지 모르며 이제까지 끌려온 셈이다.

사람들이 인문적 가치와 사회과학적 지식에 등을 돌린 것은 아니다. 다만, 학자들이 그 주문에 안타깝게도 부응해주지 못하고 있다.

구체적 지식은 "누가 이렇게 말했다"가 아니라, "나는 이렇게 보았다"여야 한다. 적어도 "나는 그 말을 이렇게 이해하고 그 가치를 이렇게 판단한다" 정도는 있어야 한다. 그래야 그 학문이 '쓸모'를 확보한다. 그런데 우리는 그것을 모시는 데 치중하여, 그 쓸모를 형량하는 것을 소홀히 했다. 우리는 지금 고상이 지나쳐 실용을 돌아보지 않은 업보를 받고 있다.

경영으로서의 정치

혹자는 인간을 '쓸모'의 관점에서 보는 것은 너무 노골적이고, 인격 모독적이 아니냐고 물을 수 있겠다. 혜강은 그러나 그게 '현실'이 아니냐고 되묻는다. 그리고 나아가 그는 이것을 겁낼 이유가 없다고 말한다. "생명의 실제, 삶의 실상이 그렇지 않으냐." 그는 개미 등 동물의 세계를 예로 들면서 모든 군집群集의 활동이 그렇다고 말한다.

혜강은 구성원의 역할과 기능을 정확하게 읽고, 그 과불급을 조정하는 것을 '사람의 길'이고, 정치의 목적이라고 생각했다. 이 바탕을 떠나 인류애를 천양하고, 보편적 자비를 설파하는 것은 공허하고 때로 위험하다.

이같은 발상은 순자나 법가에서 일단을 보였던 사고이다. 그러나 순자는 이성과 사회적 제도를 통해, 법가는 법률적 규율과 힘의 강제를 통해 '질서'를 구축하고자 했다. 혜강은 이들과는 달리, 통제가 아니라 개발, 억압이 아니라 자유를 권장함으로써 안정과 번영을 기할 수 있다고 생각했다. 그는 문제의 진원을 이익의 과도가 아니라, 이익에 철저하지 못한 데서 찾았다. 만일, 이익에 정직하기만 하면, 인류사의 오랜 '분열'을 치유할 수 있다. 혜강은 이 실용주의적 자유주의적 원리가 인종과 문화, 시대와 상황에 구애 받지 않는 '보편적' 원리, 글로벌스탠더드라고 자신했다.

　이 발상은 동아시아 학술의 근본 원리를 뒤바꾼 혁명적 사고이다. 그리고 지금도 또한 우리가 귀 기울여 들어야 할 원리이다. 우리는 다들 재리를 좋아하고 명성과 권력을 좇으면서도 아닌 척하거나, 공개적으로는 경멸해왔다. 이같은 분열적 태도는 조선조 이래 물려받은 유구한 유산이다. 조선조 선비들의 근본적 분열증은 학문은 도학을 하면서, 목표는 과거科擧에 두었던 데 있다. 이 딜레마 앞에서 선비들은 다양한 타협과 절충을 했다. 아예 과거를 포기하고 도학을 하겠노라고 문고리를 건 사람도 있고, 도학은 호주머니에 넣고 모른 척 출세를 향해 나아간 사람이 있으며, 생각은 권력에 있는데 말은 언제나 도학을 달고 다닌 사람도 있다. 생각이 분열되어 있고, 길이 두 갈래이니 온전히 수습될 수가 없다.
　조선조를 통틀어 순수 도학형의 인물은 드물었다. 퇴계는 나중에야 도학이 정치와 어울리지 않는다는 것을 절감하고 도산으로 퇴거退去해버렸다. 율곡은 벼슬길에 나선 자신을 '생계가 어려워서'라고 친구들에게 변명해야 하는 콤플렉스에 시달렸다. 그 나머지는 말할 것도 없다. 산야에 물러나 도학을 자임한 사람들 상당수가 과거시험에 낙방했거나, 그것을 겁낸 사람들이었다. 정치에 들어서서도 그들은 별로 아는 것도, 할 수 있는 일도 없었다. '절대적 순수'를 명분으로 내어걸고, 정치적 파당과 자기들만의 권력게임에 열중했다. 그게 주류 정치의 현실이었다. 산림으로 물러난 도학자들도 그곳 지방의 정신적 권위이고자 했을 뿐, 사무와 민생民生에 별다른 구체적 보탬을 주지 못했다. 이 사태를 호도하지 말고 분명히 각성해야 길이 보인다.

국왕 정조는 '이익'과 '실무'에 밝은 인재를 목말라했다. 그리고 문文만으로는 홀로 설 수 없고, 무武를 겸비해야 나라를 보존할 수 있다고 강조했다. 신료들이 눈살을 찌푸렸음은 물론이다. 경전을 강독할 때도 군신이 이른바 코드가 맞지 않았다. 『맹자』의 첫머리에는, 수많은 제자를 이끌고 양나라를 방문한 맹자에게, 혜왕이 나라를 이롭게 할 방책이 없겠느냐고 묻는 대목이 있다. 이에 대해 맹자는 "하필이면 왜 이利를 말씀하십니까. 의義를 선양하십시오"라고 말문을 막았다. 이 대목에 대해 신하들은 주자의 명분, '의와 이는 빙탄불상용氷炭不相容'을 앵무새처럼 반복했다. 정조는 말한다. "맹자가 지나쳤다. 그렇게 말해서는 안 된다. 맹자는 제선왕을 만나서는 달리 말했던 것을 기억한다. 제선왕이 자신의 정원과 정자를 자랑하자, 맹자는 '좋은 일입니다. 다만 그것을 백성들과 함께 즐기셔야 합니다'라고 충고했다. 그렇다. 의란 이의 공동체적 향유라 할 수 있지 않겠느냐." 이 말에도 신하들은 고집을 꺾지 않았다. 그런 마당이었으니 정조가 비명에 가고 나서는 잠깐 빛나던 어둠이 다시 묻혔다.

조선 유학은 이利를 사적 배타적 이기적 차원에서만 이해하고, 그것을 일방적으로 경계하는 데만 급급했다. 조선 역사의 비극은 이렇게

'이익과 도덕이 갈라지면서' 시작했다고 할 수 있다.

혜강은 사적 이기심을 두려워하지 않는다. 개인이 이익을 추구하는 것은 자연스런 일이다. 그 이기심의 이타적 교환이 질서 있고 조화로우면 될 것 아닌가. 문제는 적게 주고 많이 가지려 하거나, 제 분수가 아닌 것을 넘보는 것인데, 여기에는 적절한 규제가 필요하다. 이런 일탈과 과도를 스스로 조율하는 사람, 그리고 받기보다 더 많이 주려고 하는 자세를 '덕성'이라고 불렀다. 혜강은 모든 덕목을 이렇게 '물질적' 차원에서 말한다. 다른 사람과 관계하지 않는 순전히 개인적 차원의 덕성은 별다른 의미가 없다고 했다.

혜강은 부정하지도 두려워하지도 않고 사적 이기의 '메커니즘'을 현미경을 들이댄 과학자처럼 이모저모 관찰해나간다. 그는 인간의 사적 욕구가 일률적이지 않고 다양한 분야로 나타나고, 더욱이 범위, 즉 다양한 층위 혹은 스케일을 갖고 있다고 말한다.

이를테면 자기 일개인의 안위에만 매달리는 사람도 있고, 가문의 영광을 위해 헌신하는 사람도 있고, 직업 집단 전체의 이익을 위해 동분서주하는 사람도 있다. 거기서 얻는 위신과 권위, 그리고 보람을 제 주머니의 재산보다 더 중요시하는 사람도 있다. 설정한 범위 안에서는 문제가 없지만, 그 범위를 넘어서면 다른 범위와 부딪치기 쉬우므로 감시와 조정이 필요하다.

개인이나 가문, 집단 들은 그들의 '다른 사람에 대한 쓰임' 혹은 사회적 기여보다 더 많은 반대급부를 요구하거나 침탈하기 쉽다. 이것을 조정하여 전체적 조화를 얻도록 애써야 한다. 그것이 정치의 목적이다.

그리하여 '범위'가 보다 큰 사람에게 하위의 범위를 조정하고 경영하는 역할을 맡겨야 한다. 혜강은 이 구상을 대표작인 『인정』에 담았다. 제목이 '仁政'이 아니고 '人政'인 것을 눈여겨보아야 한다. 여기 도학적 명분이나 도그마로서의 도덕을 강요하지 않겠다는 뜻이 담겨 있다. 현실은 다만 '조정'과 '조화'의 대상일 뿐이다. 그는 "정자정야政者正也"라는 재래의 정의를 수정하지는 않지만 그 실 내용을 전혀 다르게 규정했다. 그는 정치를 성자의 책무가 아니라 경영자의 능력으로 이해했던 것이다.

여기 누구도 배제되거나 제거되어서는 안 된다. 혜강은 '악을 지나치게 미워해서는 안 된다'고 충고한다. 그는 도둑이나 건달조차 '쓸모'가 있다고 말한다. 성질이 강퍅하고 용기가 남달라야 전쟁에 효과적으로 동원될 수 있다. 이런 사람들이 의분을 일으켜 부패한 관리를 응징하고 새 나라를 세울 수도 있다. 그러나 그들이 그 성정으로 경상經常 나라를 경영하게 해서는 안 된다고 했다. 조정자는 유연하고 부드러워야지 각박하고 신경질적이어서는 곤란하다.

혜강은 말한다. '이익'에 충실하면, 자연히 개방적이고 유연해진다. 여기 개인적 편견이나 가문의 은원은 물론, 지리적 국지성이나 문화적 습속도 양보할 수 있어야 한다. 혜강은 당대 가장 개방적 자세로 외국의 사고와 경험, 그리고 문물을 배우고 참고해야 한다고 생각했다. 유용한 합리성의 지평이라면 기원과 출처와 조건을 묻지 않았다. 그는 오직 '유용성'의 기준 하나에 철저하면, 한 국가나 사회뿐만 아니라 전 지구적 평화와 질서를 조화롭게 구축할 수 있다고 자신했다. 조민유화兆民有和! 그는 조선 유학의 풍토에서 희귀하게도 글로벌 마인드를 갖고 있었던 세계시민이었다.

옆방의 교수는 처음 임용되던 날, 책상 앞에 표어 하나를 크게 써 붙였다. "밥값 하자!" 나는 그게 품위도 없고 너무 노골적이라고 퉁을 놓았지만 떼려 하지 않았다. 밥값을 하느라, 논문이건 쪽지글이건 늦도록 불을 밝히면서도 마감을 넘기기 일쑤라, 내가 새 표어를 만들어주었다. "납기 엄수." 그래도 사태는 별반 나아지지 않은 듯하다. 논문 하나에 매달리면 여전히 책을 쓸 기세로 몰두하고 성에 차지 않으면 납품하지 않는다.

그런데, 오늘 갑자기 그때 떼어놓은 처음의 그 표어가 생각난다. 한쪽이 떨어져나갔겠지만, 그것을 내 책상 위에 붙여두어야겠다. "밥값하자."

지도

언필칭 주자학 독존이라 하나, 조선 유학의 스펙트럼은 생각보다 넓고 사유들의 차이는 근본적이다. 주자학은 그 우산 아래 양명학은 물론, 노장과 불교, 그리고 수입된 서학까지를 품어 안고 있다. 이 파천황의 발상 아래, 조선 유학의 유형적 지도를 그려보았다. 프레임워크는 낡은 이기理氣이다. 도표는 불완전하고, 특히 정치사상은 엉터리이다. 초안은 다시 쓸 것이고, 아니라도 누가 밟고 지나갈 것이나, 다만 바라기는 조선의 유학이 다만 흘러간 옛이야기, 만은 아니라는 것을 심금에 새겨주시기를…… 그것은 존재의 의미를 향한 추구이고, 삶의 기술이기에, 지금도 어디선가 씌어지고 있고, 그리하여 아직 오지 않았다.

9. 조선 유학의 지형도

프롤로그

나는 늘 조선 유학의 지형도가 궁금했다. 그런데 그것을 알기가 쉽지 않았다. 그들의 사유 도구가 이기론理氣論인데, 이 이기론이라는 것이 애매하고, 복잡하고, 미끄럽기 때문이다. 정약용이 이기론을 버리면서 탄식한 "녹피鹿皮에 가로왈曰"이 그 곤혹을 잘 대변해주고 있다. 부드러운 사슴가죽에 가로왈 자를 써놓았는데, 이리 당기니 가로왈이지만, 저리 당기니 날일 자고, 이쪽저쪽에서 잡아당기기 시작하면 그 형태가 신묘불측 종잡을 수 없다. 나는 그래도 실망하지 않았다. 이기理氣가 너무 포괄적이고, 애매하고, 다양한 맥락에 열려 있어 미끄럽긴 하지만, 그래도 그들이 이 용어로 '무엇인가를' 의미하고 있기에, 그것을 서로는 잘 알고 있기에, 이런저런 주장도 하고 비판도 하고 하는 것이 아닐까 싶은 믿음으로, 그들 사유의 의미와 함축을 캐고, 그것을 바탕으로 그들 사이의 좌표를 그리고 지우기, 나름대로 꽤 오래 했다.

다음 도표는 문득 얻은 것이다. 퍼즐 맞추기를 하고 있던 어느 날 동네 목욕탕의 탕 속에서, 느긋하게 릴랙스하고 있었는데, 아이디어 하나가 떠올랐다. 알몸으로 목욕탕 주인에게 볼펜과 메모지를 달라 해서, 나는 다음과 같은 도표를 대강 그렸다. 이어지는 글은 이 도표에 대한 부연설명이다. 여전히 임시적이고, 불완전하며, 자의적이다.

구분	성향	현실을 보는 시각	삶에 대한 태도	마음의 덕성	정치적 성향	직업	대표 인물
이학	(1) 유기	화해	향유	자연	자유주의	예술가	서경덕, 이광사, 임성주
	(2) 주기	긴장	참여	적응	권위주의	관료	이이, 정도전 (한원진)
	(3) 주리	좌절	은둔	자기 규율	개인주의	학자	이황 (이간)
					원리주의	무사	조식
*노론 주기에 대한 회의적 경향들 : 실학을 향한 과도적 균열 1) 양명학―소론 : 강화학 (최명길, 정제두) 2) 서학―남인 : 성호좌파 (이익, 권철신, 정약용) 3) 원시 유학―소론, 남인 : (윤휴, 박세당, 정약용) 4) 문학자들―북인＋소론＋노론＋서얼 등 다양 (허균, 이광사, 박지원, 이옥)							
이학＋기학	(5) 실학	갈등	해결	책임	혁신주의	개혁가	정약용, 정조
이학	(4) 유리	부정	저항	결단	민족주의	혁명가	이항로, 최익현, 신채호
(6) 기학		수용	생산	습득	실용주의	생산자, 경영자	최한기

그러나 그 와중에 그들 사유의 차이를 '한둘' 밝혀준 바는 있지 않을까 하고 스스로 위로해본다.

이 그림이 머릿속의 공상인지, 쓸 만한 작업가설이 될는지는 아직 미지수이다. 조선 유학의 다양한 유형들을 몇 개 안 되는 도구로 유형화한다는 것이 사실 무리인지도 모른다. 유형이 많으면 차이들의 경계가 산만해지고, 너무 적게 그리면 지나친 단순화로 떨어져 다양성과 풍요를 보여주지 못한다. 인물들을 중심으로 배열하면 '코드'가 모호해지고, 코드를 중앙에 세우면 인물들이 추상화되고, 그 격자에 외려 상처를 입는다. 분류의 용어를 전통 식으로 쓰면 지금 이해하기 어렵고, 현대의 수입된 명명을 쓰면 실상을 저만큼 벗어나기 쉽다. 이 딜레마 앞에서 나는 절충 식을 택했다. 사상가들의 용례를 존중하면서 현대에 들어 동양학자들이 시도하고 실험한—그 가운데는 교과서적으로 통용되는 것들도 많다—것들을 토대로 하고, 그것을 내 식대로 '재해석'해 쓰기로 했다.

유형의 개수로, 우선 여섯을 골랐다. 중간에 끼인 양명학, 서학, 원시 유학, 그리고 문학자들은 주기主氣에 대한 다양한 회의와 대안의 유형들이고, 중간적 과도적 성격을 갖는 것으로 설정했다. 그들의 서로 다른 기원에도 불구하고 한 묶음으로 묶은 것은 이 코드들이 자기 정립적이기보다 '반사적' 성격이 더 뚜렷하다고 생각해서이다(물론, 이것은 '사실'이라기보다 내 독단적 '해석'의 결과이다. 콘셉트를 다르게 설정하면 이들이 전혀 다른 얼굴로 드러날 것이다).

이 도표 구성에서 가장 어려웠던 점이 '역사적 전개'와 '유형적 분류'를, 시간성과 탈시간성을 조화시키는 일이었다. 그래서 도표가 좀 어정쩡하게 되었다.

이제 각 요소들을 자세히 살펴보기로 하자.

(1)에서 (4)까지는 이학理學의 계열들로 분류한다. 그래서 기학氣學과 칸을 나누었다. 조선 유학의 주류는 이학이었다. 이 용어는 내가 만든 것이라기보다 전통적 분류에 의한 것이다. 화담의 유기론도 이학이라 할 수 있느냐는 의문이 있을 수 있다.[1] 어숙권은 그의 『패관잡기稗官雜記』에서 화담이 "성리지학性理之學으로 자임自任했다以性理之學自任"고 쓰고 있다.[2] 화담조차도 스스로 이학이다. (1)에서 (4)는 이학 안의 여러 갈래일 뿐이다. 그럼, 이들과 기학을 가르는 경계선은 어떻게 설정할 수 있는가. 대표격인 혜강은 자신이 조선조나 이전의 이학들과 절연하고 있다는 것을 분명히 자각하고 있었다.

기학은 인간을 그 '개인적 사적 기氣'에서 읽는다. "나는 개인적 관심을 가지고 사적 욕망을 충족시키기 위해 자연을 이용하고 사람들과 관계를 맺는다." 기학은 인간을 우주적 유기적 전체의 관점에서 읽지

---

1) 손영식, 「조식 철학으로 들어가는 두 개의 통로」, 『남명학연구』제15집, 경상대 남명학연구소, 2003.
2) 서경덕, 『화담집花潭集』권3:18; 『화담집』, 김학주, 임종욱 옮김, 세계사, 1992, 301쪽.

않고 분절된 몸의 욕망 위에 선 주체로서 읽는다. 기학과 더불어 기는 '개인의 독립'을 말하게 되었고, 그와 더불어 자연과 세계를 '분절적으로, 도구적으로' 읽는 지평을 열어나가게 되었다. 이것이 서구의 근대성과 깊이 연루되어 있음을 쉽게 알 수 있다.

그러므로 이학에서의 기와 기학에서의 기는 '너무 다르다'. 이 사태를 구분 없이 한자리에 놓으면 길을 놓치기 쉽다. 이를테면 실학은 현실을 중시하는 학문이라 하여, 유기, 주기, 기학을 함께 뭉뚱그려 두서없이 계열화하는 것은 천만 피해야 한다. 이 점을 염두에 두고, 이학의 유기唯氣부터 살펴보기로 하자. 설명과 더불어 그 차이가 드러날 것이다.

理學	唯氣	화해	향유	자연	자유주의	예술가	서경덕, 이광사, 임성주

이학에서의 유기는 화담에게서 특징적으로 보이는 사고이다. 여기 기氣는 근대 물리적 세계관에서가 아니라, 지금의 과정철학이나 시스템론적 세계관이 그려주고 있는 세계관에 가깝다. 사물들은 독립적 단위가 아니라, 전체적 상관의 복합적 연동으로 드러난다. 하나의 계기 혹은 사건은 다른 것과 상관하여, 전체의 목적과 연동되어 있기에, 이 가운데 어느 것도 개별적으로 '분절'될 수 없다. 지금도 우리가 '개인주의'에 대해 부정적 뉘앙스를 갖고 있는 것은 바로 이 유구한 전체적 사고 집체적 문화의 흔적이다. 이 풍토에서 개인주의 혹은 전체로부터의 '일탈'은 악덕으로 치부된다. 개인의 덕성은 우주 코스모

스 혹은 사회공동체가 지시하는 적절한 자리에서, 필요한 조화와 협력을 의무가 아닌 자연으로 취하는 것이다. 화담이 그의 윤리학을 '그칠 지止'로 설정한 것은 이같은 인식의 결과이다.

여기 최상의 덕목은 자연성이다. 자연은 그 감응의 기틀機을 통해 우주적 덕성을 실현해나간다. 이 과정은 완벽하다. 인간 또한 그러하다. 꽃이 피면 감상하고, 달이 뜨면 바라본다. 배가 고프면 밥 먹고, 피곤하면 쉰다. 인간은 우주와 동형으로서anthropo-cosmic 그 음양동정陰陽動靜의 과정에 그대로 동참하는데 여기 별다른 '결핍'이 없으며, 그래서 아무런 '인위적 노력'을 기울일 필요가 없다. 유기의 사고는 그래서 이理를 따로 요청하지 않는다!

지금 이 발상을 이해하기 어렵다. 자연은 몰라도 인간이 아무런 결핍이 없고, 인위적 노력이 필요하지 않다는 것, 오직 사물의 연관과 그 과정에 대한 '충분한 인지'를 통해서 완전에 이른다는 주장은 사회과학자들을 놀라게 할 것이 틀림없다. 유교 안에서 화담이 그래서 이단의 이름을 얻었다.3) 나중 화담의 제자들이 그를 추존하려 하자, 선조 임금은 "기수氣數만 있고, 도덕道德이 없으니 어찌 그를 정맥이라 하겠느냐"고 난색을 표했다고 한다.

화담은 자연에 대한 관찰이 남달랐다. 종달새 날아오르는 기수를

---

3) 이이는 그를 "유가의 정맥이 아니다"라고 했다.(「경연일기經筵日記」2, 『율곡전서栗谷全書』권 29:64)

보다가 나물 바구니를 비운 채로 들어온 경우도 많았다고 한다. 그는 책보다 자연의 연관과 전체적 과정에 깊이 침잠했다. 이같은 생태적 각성은 지금의 심층생태학이 말하고 있듯이, 에머슨이나 소로, 노장 등 동서양의 은자들이 인정하고 있듯이 심원한 영적 개발로 이어진다. 그 생태적 각성은 그의 사회적 타자적 맥락에서 야기되는 의사擬似 문제들을 다 털어내도록 해주었다. "인간이나 사회에 있어 진정 생리적 문제들은 별로 많지 않지 않을까." 문제는 대개 인간과 인간 사이의 인정과 권위의 지대에서 일어나는데, 이 문제들이 정말 문제들일까, 화담은 이렇게 말한다. "만약, 우리의 흥중이 아무 일 없이 하루를 보낸다면, 또한 그 무궁함을 깨달을 것이니, 하물며 백 년이겠는가." 그는 "화담 아래 작은 봉우리 아래 집을 짓고 상쾌하게 소요하니, 자득한 것이 마치, 세간을 벗어난 사람인 듯하였다. 말년에는 덕성이 얼굴에 맑게 흐르고, 온몸을 두루 감쌌으며, 핵심을 꿰뚫는 경지에 들어섰으니, 이 모두에서 그 즐거움을 볼 수 있다".

유기는 자기 밖에서 다른 가치를 구하지 않는다. 모든 가치는 자기 속에 있고, 그 본원의 자연을 회복하는 것을 일대사—大事로 생각한다. 그는 주어진 삶에 자족하고 그것을 향유할 줄 안다. 내적 갈등과 분열이 적어지는 만큼, 여유와 풍류가 자란다. 화담이라고 공부를 안 한 것이 아니고, 자신의 역량을 정치적으로 실현해보고 싶은 생각이 왜 없었겠느냐만, 그는 이 삶이 더 귀한 것이라고 주체적으로 선택한다. 그는 행동적 삶 via activa보다 관조적 삶via contemplativa을 선택한다.[4]

홍인우가 물었다. "선비가 천지간에 태어난 것이 어찌 우연이리오. 치군택민致君澤民도 지워진 책무이다. 군자는 우주강상宇宙綱常을 기임己任으로 하는데, 이는 그 도道를 득得했으면 홀로 독선獨善해서는 안 된다는 소리가 아닌가." 왜 정치에 나서지 않느냐는 이 물음에 화담은 이렇게 대답했다. "선비가 세상에 나서는 도리는 한 가지가 아니니, 1)혹은 쓸 만한 도를 지니고도, 때가 아니다 싶어 은둔을 운명으로 받아들이는 경우도 있고, 2)시절은 좋더라도 자신의 덕이 덜 닦여 제 분수를 지키는 사람이 있다. 또 혹은 3)밝은 임금이 위에 있어 배운 바를 펼쳐볼 만하나, 스스로 산림山林이 좋아 제 즐거움을 추구하는 사람도 있고, 혹은 4)능력과 덕이 좀 모자라도 백성들의 처지를 두고 볼 수 없어 세상에 나가 일을 하는 사람도 있다." 홍인우는 재차 물었다. "선생께서는 분명 이 가운데 하나일 것인데, 어디 속하십니까." 화담은 '빙그레 웃으며莞爾' '한참을 있다가良久' 이렇게 대답했다. "평생 동안 성현의 글만 읽었고, 시속이 숭상하는 과거 공부에 익숙지 않아 두 번이나 시험에 떨어지고, 이제 나이 오십에 이르렀다. 번잡한 도시城市와 격절하고 뜻이 이미 '여기' 있으니 바랄 일이 아니지, 바랄 일이 아니야."5)

이 글은 화담의 미묘한 생각의 곡절을 잘 드러내주는 말이다. 때는

---

4) 조선조에 유행한 은거의 문화는 세밀하게 따져보아야 한다. 그 동기가 안빈독서의 즐거움에서였는지, 정치적 좌절이나 혐의의 타자적 계기였는지를 살펴야 한다. 이 지점은 앞의 유형들을 가르는 중요한 지표이기도 하다.

5) 서경덕, 「유사遺事」, 『화담집花潭集』 권3 : 18~19.

중종 때 기묘사화가 난 지 20년이 지난 후의 일이다. 굳이 나가려 했다면 못 나갈 '때'는 아니다. 그런데도 그는 도시를 떠나 산림에 방달放達하여 '내가 좋아하는 바吾其所好'를 지켰다. 나는 그가 3)의 영역에 속한다고 생각했을 것이라고 짐작한다.

이제 이 유기의 정치적 선택을 살펴볼 때이다.

자기 안에 평화와 안정을 찾은 사람은 다른 사람에게도 목소리를 높이지 않는다. 사람에 대한 생각, 사회를 보는 시각은 대체로 그 자신이 스스로를 생각하는 이미지의 투영이기 때문이다. 그는 자신이 자연이듯이 다른 사람에게도 '자연'을 권한다. 그리하여 개인적 결핍과 사회적 갈등을 "외적 도덕仁義과 규범禮義, 강제法制"를 통해 제어안배하겠다는 생각이 최소화되어 있다.

다시, 유기는 신체의 자발성을 낙관한다. 자극과 반응의 표출의 자연스러움을 그대로 인정하고 권유한다. 이런 예를 들 수 있다. 좋은 글을 읽었다. 정말 좋았다고 내 '느낌'을 전한다. 그런데 상대방은 이 칭찬을 '액면 그대로' 받는 데 익숙하지 않다. 그래서 겸양한다. "무슨 그런 말씀을. 변변치 않은 글을."

우리는 보고 느끼는 그대로를 표출하고 교환하는 데 익숙하지 않다. 오랜 유교문화의 예교禮敎 탓이다. 여기 좋은 점도 물론 많다. 예禮란 본래, "적절한 한도를 설정하여, 과도한 침탈과 억압을 막자"는 것인데,[6] 여기 부작용도 적지 않다. 유기는 형식보다 자연스러움을 좋아한다. 그야말로 마음 놓고 칭찬하고, 마음 놓고 받아들이는 것을 선호하는 것이다. 가령, 칭찬에 대해 적절한 회신은 쑥스러움이나 겸사보다 "고맙습니다, 칭찬해주시니……"란 적절한 수용적 태세가 아닐까. 유기는 이런 억압 없는 열린 마음을 높은 가치로 생각한다. 이런 태도는 내면을 보여주는 문학이나 음악 미술 등 '예술가' 들에게 절대적으로 필요한 덕목이다.

화담에게 정치를 맡겼으면 어땠을까. 예측은 두 가지이다. 1)내적 자각에의 길을 권유하고, 각자의 자연성을 재발견하라는 생태정치학 쪽으로 나아갔을 것. 그리고 수많은 제도를 만들고 규율을 제정하며, 법률을 공표하기보다 가족이나 마을 단위의 공동체적 대화와 자율적 조정을 강조하는 '무위無爲의 정치' 쪽으로 가닥을 잡았을 것.[7]

이것은 소극적 낙관의 정치학이라고 볼 수 있는데 레세페르laissez-

---

6) 이 이념은 특히 『예기禮記』「예운禮運」과 「악기樂記」에 잘 드러나 있다. "是故先王之制禮樂也, 非以極口腹耳目之欲也, 將以敎民平好惡而反人都之正也. 人生而靜, 天之性也. 感於物而動, 性之欲也. 物至知知, 然後好惡形焉. 好惡無節於內, 知誘於外, 不能反躬, 天理滅矣. 夫物之感人無窮, 而人之好惡無節, 則是物至而人化物也. 人化物也者, 滅天理而窮人欲者也. 於是有悖逆詐僞之心, 有淫泆作亂之事. 是故强者脅弱, 衆者暴寡, 知者詐愚, 勇者苦怯, 疾病不養, 老幼孤獨不得其所, 此大亂之道也. 是故先王之制禮樂, 人爲之節. 衰麻哭泣, 所以節喪紀也. 鐘鼓干戚, 所以和安樂也. 昏姻冠笄, 所以別男女也. 射鄕食饗, 所以正交接也. 禮節民心, 樂和民聲, 政以行之, 刑以防之. 禮樂刑政, 四達而不悖, 則王道備矣."
7) 유기는 넓게 보자면, 노장의 사유와 불교의 돈교頓敎와 손잡고 있고, 나아가 양명학, 그 가운데에서도 왕기王畿류의 현성파現成派와 결을 같이한다.

faire의 혼란과 무능으로 이어질 수도 있다.

2)만일 그 반대로 적극적 행동을 취한다면, 그 접근이 매우 실용적 상황 해결적 정치학이 될 수도 있다. 즉, '이理보다 기氣를'이라는 것은, 현실의 구체적 문제를 해결하고 조정하는 데 있어 사전의 기준, 선험적 해법, 이념적 강박이 없다는 말도 된다. 그리하여 유기론은 상황이 제기하는 목소리에 매우 착실하게 귀 기울이고, 그것을 실용적으로 해결하는 도구적 유연성을 발휘했을 가능성 쪽에 열려 있다.[8]

理學	主氣	긴장	참여	적응	권위주의	관료	이이, 정도전 (한원진)

주기의 단계에서 이理는 적극적 지평으로 부상한다. 앞에서 유기는 "기氣의 자연 발현이 곧 선이고, 그곳이 질서와 화해가 있는 곳(기의 자연이 곧 이의 주재主宰)"이라고 생각했음을 기억하자. 이렇게 유기의 일원론은 화해와 조화의 철학이다.

그런데 지금도 그렇지만 사람들이 이렇게 믿어줄까. 사람과 세상을 이렇게 낙관해도 좋은 것인가. 이 회의와 당혹, 절망과 비관으로부터 이원론二元論이 출발한다. 주기와 주리主理는 전형적인 이원론의 철학이다.[9]

---

8) 이쪽으로 한 걸음 더 나아가면 기학과 만난다. 그러나 역사적 주기와는 만나기 어렵다.
9) 그래서 전통적으로 율곡의 주기를 이기이원론理氣二元論적 주기론, 퇴계의 철학을 이기이원론적 주리론이라고 부르고 있다. 이들 명명에는 이유가 있고, 함의가 있다.

주기는 유기에 비해 '약간의' 비관론이다. 기氣, 인간의 '자연'과 세상의 '현실'이 바탕은 순수하나 — 이 점에서 유기와 손잡고 있다. 율곡이 화담을 일정 부분 인정하고 있는 대목도 바로 이곳이다 — 그러나, 어느 정도는 오염되어 있고, 일탈되어 있어, '정화'와 '교정'이 필요하다! 이것이 율곡이 본연지성本然之性과 기질지성氣質之性을 퇴계와는 달리 연속으로 설정하는 소이所以이고, 또 한편 화담을 전자의 측면에서 인정하면서도 후자의 측면에서 비판하는 소이이기도 하다.

율곡의 기는 이렇게 오염과 일탈에 노출되어 있고, 이것을 정화하고 교정하려는 의도 사이에서 '긴장'이 나타난다. 앞의 유기에 '여유'와 '웃음'이 있었다면, 지금 주기는 '긴장'과 '근엄'이 얼굴에 가득하다.

자, 유기에서처럼 '자연스러움'이 길이라고 하자. 화가 난다고 마음대로 부수고, 기분 내킨다고 인터넷 게임에 날밤을 꼴딱 새운다면, 그게 무슨 사람 모양이 되겠는가. 화담의 유기는 그것이 기氣의 본원이 아니고 '소외客氣'라고 하겠지만, 실제 이 둘을 갈라볼 선명한 구분이 애매한 것도 사실이다. 이 애매성과 위험성은 주자학이 노장과 불교, 양명학을 싸잡아 비판해온 지점이기도 하다. 주자는 이들 사고는 도대체가 '자연'만 외고 숭상하지, 도무지 '표준' — 전문용어로는 준칙準則, 혹은 규모規模, 저울 눈금, 모양模樣 등 — 을 의식하지 않는다는 것이다!

주기의 사고는 그래서 자연 위에 표준을 두는 사고이다. 슬픔이 애

절해도 날마다 울음바다일 수 없어 울음에 '절도'를 정해놓고, 기뻐도 마음껏 기뻐하지 말고 다른 사람 배려해서 '내색 않고, 겸양하는' 것이 필요하다. 그 절도의 총체적 체계를 주자학, 그 가운데서도 주기는 예禮라는 이름으로 불렀다. 주자학은 사람 꼴을 하지 못하는 것을 "모양이 없다無狀"라고 표현한다.

예禮는 천리天理의 절문節文이고, 인사人事의 의칙儀則이다. 문제는 이것을 어떻게 파악하고, 어떻게 그에 맞추어 살 것이냐이다. 그래서 '학문學問'이 중심에 떠오른다. 율곡의『격몽요결擊蒙要訣』은 이렇게 시작한다. "인간이 이 세상에 태어나 학문이 아니고는 진정 사람이 될 수 없다." 그 학문의 목표는 "일용日用 동정動靜의 사이에 일에 따라, 각각 그 '마땅함'을 얻는 것이다". 학문을 하지 않으면 "심지心地가 거칠고, 식견識見이 아득하여, (어떻게 행동해야 할지를 모를 것이므로) 마땅히 독서궁리讀書窮理하여 당행지로當行之路를 밝힌 다음에야, 조예造詣가 정正을 얻고 천리踐履가 중中을 얻는다".

화담의 유기에 있어 학문은 주로 자연과 몸에 귀 기울이는 것이었는데, 이제 율곡의 주기에 있어 학문은 책을 통한 독서궁리가 되었다. 유기에서의 기준은 '자기 내부'에 있었지만, 주기에서의 기준은 '자기 외부'를 참고하게 되었다.

주기의 '학문'의 성격을 이렇게 요약할 수 있다.

경전經傳의 지식 사물의 원리와 행동의 표준은 이미 이전의 성현들이 찾아서 환하게 밝혀놓았다. 그러므로 경전을 읽고 완전히 이해하여, 그것을 현실에 적용하는 법을 익혀야 한다.

예학禮學의 융성 그런데 과거의 예학이 지금 필요한 의칙을 다 적어놓은 것은 아니어서, 새로운 경우와 문제 상황에 맞닥뜨릴 때마다 그 적절한 충고와 조언을 듣기 위한 노력이 지속적으로 광범위하게 펼쳐졌다. 예학은 조선 유학의 실질적 주류라고 해도 과언이 아니다. 그것의 의미를 가장 견고하게 비타협적으로 강조하는 것이 주기의 계열이다. 그래서 주기는 보수적일 수밖에 없다.

보수적 태도 그 경전들은 고대의 것이고, 그래서 지금 필요한 지식과는 사뭇 다를 수도 있는데, 그리고 예의 또한 시대의 변화와 더불어 고치고 바꾸어야 할 것이 많을 텐데도, 주기는, 특히 조선 후기의 정통을 자임한 노론 주기는 '옛 지식과 의례'를 한사코 고집한다. 그들은 과거의 방식을 '혁신'하기보다, 과거의 방식에 '적응'하기를 권했다.

補 ┃ 물론, 예禮는 주기만의 전유물이 아니다. 주리의 퇴계는 물론이고, 앞의 유기의 화담조차 궁중의 상례에 쓰이는 의관이 적절치 않다고 토를 달 정도이다. 그러나, 유기나 주리의 예와 지금 보고 있는 주기의 예의 의미와 중요성은 매우 다르다. 유기의 경우, 예의 고착적 중요성이 가장 낮고, 주리의 예는 유연하다. 가령 예를 들면

퇴계는 아버지와 어머니의 상을 같이 당한 제자의 질문에 몇 번씩 해답을 번복하거나, 옛과 지금의 예가 다를 경우는 적절히 절충하기도 했다. 예를 들면, 옛 예는 아이들이 숟가락을 먼저 들도록 했는데, 지금은 어른이 먼저 드는 것이 예이다. 이 곤혹에 대해 퇴계는 숟가락은 아이가 먼저 들고, 밥술은 부모가 먼저 뜨면 어떻겠느냐고 조심스럽게 제안했다.

유기와 주리의 경우, 행동의 중심과 목표는 자연성과 자발성에 맞추어져 있기에, 예의 의미는 아무래도 부차적이라고 할 수 있다. 그러나, 주기의 경우는 사정이 다르다. 외적 표준, 행동의 준칙으로서의 예가 전면에 있으므로, 이를 어물쩍 절충하거나, 유연하게 임의에 맡겨둘 수 없다.

율곡 학파에서 예학이 발전하고, 이어 피를 부른 예송禮訟으로까지 나아간 것은 주기의 발상을 과도하게 고집한, 그러나 한편 자연스런 귀결이라고 할 수 있다.[10]

그럼 이 예를 어떻게 실천할 것인가. 율곡의 『격몽요결』을 일별하면 크게 네 단계로 정리할 수 있다.

---

10) 다시 말해두지만, 주기에서의 기氣는 다른 계열에서 생각하는 기와는 다른 성격을 갖는다. 가령, 유기에서의 기는 '전체적holistic 조화와 자발적 계기들'에 초점을 맞추고 있고, 기학에서의 그것이 '욕망의 자연성과 개체적 관심'으로서 수긍되고 있는 데 비해, 주기에서의 기는 '일탈되고 오염되고 위태로운, 그렇다고 이 유한한 현실을 부정할 수도 떠날 수도 없는' 인간 존재의 조건이자 운명이라는 뜻을 갖고 있다.

입지立志 우선 뜻을 세워야 한다. 성인聖人이 되겠다는 것, 인간의 일로서의 예를 완전하게 실천하겠다는 것을 결심하고 바로 행동에 착수해야 한다. 그 첫걸음은 그동안 누습陋習에 젖은 몸을 혁신하고, 유속流俗에 흔들리지 않고 '보편적 규범'인 예를 향해 나아가는 것이다. 이것을 나는 '적응'이라고 불렀다. 여기서 하나 짚어둘 것은 주기의 이 지향이 사회적 인습에 인순因循하는 것이 아니라는 것! 둘은 서로 대척적이다. 율곡은 성인이 되는 길에 가장 큰 걸림돌이 "무리와 어긋날까 싶어 두려워하는 것"으로 잡았다. 문장을 만지거나, 서예, 거문고, 음주, 바둑 등의 잡기도 또한 이 길에 해가 된다. 부귀에 연연하거나 성색聲色을 달가이 여겨서도 안 된다. 이 전향적 결단이 도道의 '기반'이다.

거경居敬 구용九容으로 몸을 다잡고, 구사九思로 마음을 다잡아 "예가 아니면 보지도 듣지도 말하지도 움직이지도 말아야 한다". 이렇게 하면, 마음의 바탕이 투명해지고, 들뜬 상념들도 차분히 가라앉는다. 이 준비 위에서

궁리窮理 이제 무엇이 길인지를 알아야 할 것이다. 평소에 '사유'하고, '독서'하여 일용에 양양洋洋한 이理들을 탐구한다.

역행力行 이렇게 깨친 이理를 상황에 따라 적절히 운용하고, 그 외화인 예에 자신의 심신을 합치시키도록 노력한다.

이 예禮에의 '적응'이 주기에서의 수기修己의 개요이다.[11] 여기 관
건은 '독서'이다. 책에 진리가 있으므로, 책은 신성시되었다. 이 책을

---

11) 정원재 교수도 이렇게 적고 있다. "이이의 수양론에서 가장 중요한 공부 조목은 예
의 엄수를 내용으로 하는 역행力行이다. (…) 이 결과는 그가 이理가 아닌 기氣, 인간의
본성이 아닌 지각知覺에 의해 인간의 수양이 가능하다고 볼 때부터 이미 내정된 것이었
다. 지각이란 처음부터 '외부로 열린 창'이며, 이 창을 통해 내 마음의 밖에서 찾을 수
있는 도덕원리란 성현들이 이미 제정해놓은 예일 수밖에 없을 것이다."(정원재, 「지각
설知覺說에 입각한 이이 철학의 해석」, 서울대학교 대학원 박사학위논문, 2001) 그런
데, 정원재 교수는 여기서 한 걸음 더 나아갔다. 즉 그는 율곡이 이처럼 인간 행위에 있
어 선험적 계기를 인정하지 않고, 그 선악을 순전히 외부적 기준인 '절도에 들어맞는지
中節' 여부에 따라 판정한다는 점에서 율곡을 주자학의 '바깥'에 두고 싶어한다. 율곡
이 주자학자라기보다 순자荀子의 가지에서 뻗은 호상학에 가깝다는 그의 파격적 주장
은 이상익 교수의 즉각적 반론을 불렀고, 『오늘의 동양사상』을 통해 세 차례나 논쟁을
주고받았다.(제7, 8, 9호) 이 논제는 주자학뿐만 아니라, 양명학은 물론, 유교와 불교의
두뇌처頭腦處인바, 대화와 논쟁은 더 치열하게 본격화되어야 한다. 내 의견을 묻는다
면, 나는 율곡이 인간의 내면적 도덕 본성의 존재를 부정했다고는 생각하지 않는다. 아
니 오히려 그 반대가 아닐까 한다. 율곡의 『격몽요결』 첫머리 「입지장立志章」은 율곡이
퇴계나 주자처럼 인간의 본래적 내면성에 대한 투철한 믿음을 가지고 있었음을 보여준
다. "보통 사람과 성인의 본성은 꼭 같습니다. 타고난바 체질이 다르고, 성격에 결함이
있더라도, 바른 지식과 실천으로 그 편향과 폐단을 제거하기만 하면 '본래 갖춘 본성이
회복될 것'입니다. 거기 한 치도 더할 것이 없습니다. 모든 선이 본성에 이미 갖추어져
있습니다蓋衆人與聖人, 其本性則一也, 雖氣質不能無淸濁粹駁之異, 而苟能眞知實踐, 去其
舊染而復其性初, 則不增毫末而萬善具足矣." 인간 행동의 선험적 계기에 대한 믿음이 투
철했다는 점에서 주자나 양녕이나, 율곡이나 퇴계나—심지어 다산까지도— 히등 디를
바 없다(그래서 이들 모두가 이학理學의 범주 안에 포섭된다). 차이는 다만, 그 계기가
표출되는 '양상'과 '조건', 그리고 그 실현을 완전케 하는 '방법'에 있다. 주자학자들은
이 '길'에 있어 내면과 외면 모두에 손을 써야 한다고 생각한 점에서 양행론자兩行論者
들이다. 물론 강조점은 서로 다르다. 율곡은 지금 보듯이 내면보다 외면의 길을 더 강조
한다. 혹은, 외면을 통해서야 내면에 이를 수 있다고 말한다. 나아가 그는 내면성은 외
면성 속에 있어, 둘은 분리될 수 없다고 생각했다! 그런데, 가만있자, 이거 그러고 보니,
내가 지금 정원재 교수의 주장이 옳다는 얘기를 하고 있는 거 아냐?

독점한 계급 또한 배타적 신성과 권위를 가졌다. 독서인士들은 그들의 지식을 통해 정치에 참여하는 것을 권리이자 의무로 알았다. 독서인과 정치인은 여기 한몸처럼 결합되어 있다. 그래서 이들을 사대부士大夫라 부른다.

하나 짚어둘 것이 있다. 이때 그들이 맡은 정치의 목적은 내성외왕 內聖外王이라는 캐치프레이즈가 보여주듯이, 재화의 합리적 공리적 분배에 있기보다, 사회적 예치禮治 질서의 확립에 있었다. 이 차이는 아주 중요하다. 명덕明德을 밝힌 다음에는 신민新民이 이어지는바, 정치적 참여는 자신들이 익힌 수기를 사회적으로 확장하고, 백성들을 자신처럼 교화시키기 위한 것이었다.

'사회적 예치 질서'는 각각의 구성원들에게 공동체적 덕성을 강조한다. 그것은 생산을 늘리고, 욕망을 충족시켜주기보다, 자신의 욕망을 억압하고, 타자를 위해 헌신하며, 주어진 사회 계급과 신분 질서를 존중하고, 가족이나 직업의 주어진 역할 '의무'에 충실하게 헌신할 것을 권고한다.

이것이 주기의 '보수적' 구상이다. 이 구상이 전형적으로 강화된 것은 조선 후기이다. 임진과 병자의 양란을 거치면서 이 예치 질서에 대한 회의와 균열이 다각도로 일어나고, 체제의 위기가 감지되자, 정치를 전담하고 있던 노론 주기의 구상이 이 원론적 체계를 더욱 공고하게 필사적으로 지키고자 했다. 거기 어떤 이의도 달지 못하게 했다.

이 점에서 율곡의 주기는 양란 이후 경직화된 노론의 주기와는 좀 다른 데가 있다. 앞의 원론을 바탕으로 하는 것은 변함이 없지만, 그러나 율곡은 이 기획의 실현에 있어 백성의 도덕적 교화와 더불어, 민생의 안정과 복지가 필수적이라는 '진보적' 발상을 갖고 있었다. 그 사회 개혁적 구상과 그 헌신의 노력은 우리가 그를 '이른 실학자'의 반열에 올릴 정도로 뚜렷한 것이었다.

補 | 그 차이를 사회 경제적 환경과 개인적 성격 양면에서 살펴볼 수 있을 것이다. 조선 전기는 주자학의 구상이 사회 문화 전반에서 전방위적으로 위력을 행사하지 않았다. 이를테면 자주 얘기되듯이 여성들이 상속권을 포함한 가정 내부의 실질적 권한을 갖고 있었고, 가부장적 질서가 남성 중심으로 고착되기 이전이었다. 율곡은 친가보다 외가로부터 더 큰 영향을 받았다. 조선에서 가장 위대한 여인이라는 사임당을 어머니로 모셨고, 그 어머니가 죽자 삶의 허무를 견디지 못해 금강산으로 들어갔다가 나중 두고두고 혐의에 시달리기도 했다. 벼슬 살던 시절에는 강릉의 외할머니가 보고 싶어 임지를 무단으로 비웠다가 탄핵이 된 적도 있다. 그는 외가 쪽에 아들이 없자, 제사를 자신이 받들었다. 외가는 서울의 집과 논 스무 마지기, 노비 네 명을 답례로 얹어주었다. 율곡에게는 적자의 아들이 없었다. 서자 둘만 있었는데, 그는 사회의 통념에 따라 양자를 들이지 않고 — 회재 이언적은 서자가 있었음에도 양자를 들이는 바람에 집안이 둘로 갈라진 사례가 있다 — 가격家格이 떨어지는 위험을 감수하며 서자를 적자처럼 여기고, 그악한 서모庶母를 극진하게

봉양했다.

역시 그의 주기는 임란 이후, 그를 종장으로 한다는 노론 적류嫡流의 주기와는 '상당히' 다르다. 그럼에도 앞에서 본 것처럼 공통의 지반과 연속성이 있다.

이렇게 보면, 주기의 구상은 사대부, 즉 학자-관료의 전형적 구상이지만, 그 정책 노선은 크게 두 갈래로 가를 수 있다. 율곡처럼 상황 변화의 인지와 그에 따른 적응적 개혁이라는 열린 보수로 나아갈 수도 있고, 주류 노론의 지향처럼 상황 변화에 둔감하면서 기득권적 질서를 고수하려는 닫힌 보수로 나아갈 수도 있다.

理學	主理	좌절	은둔	자기 규율	개인주의	학자	이황 (이간)
					원리주의	무사	조식

주기는 선비가 관료로서 정치적으로 참여하는 것을 당연한 선택이라고 생각한다. 그들은 과거科擧와 도학道學 사이를 분열적으로 인식하지 않는다. 사실 이 지점은 조선조 유학의 콤플렉스가 있는 곳이지만, 주기는 이 둘을 미봉하고 싶어한다. 율곡은 『격몽요결』마지막 「처세處世」장에서 이렇게 적었다.

"옛날의 학자는 벼슬을 나서서 구한 적이 없다. 학문이 이루어지면, 위에 있는 사람이 알아서 뽑아 썼다. (…) 그런데 지금은 그렇지 않아 과거를 통해 사람을 쓰니, 통천通天의 학學과 절인絶人의 행行이 있다고 해도 과거가 아니면 행도行道의 지위에 나아갈 수가 없다(이 때문에 사습士習이 비루해졌다. 그러지 않으려면 공부에만 열중할 뿐, 득실에 연연하지 않아야 한다). 사람들은 과거가 누가 되어 진정한 학문을 할 수 없다고 말하는데, 이건 핑계일 뿐이다. 옛적에는 농사를 짓고 등짐을 지며 부모를 봉양하면서도 행유여력行有餘力으로 학문을 하여 덕을 쌓았다. 그런데 지금은 다른 일 않고 과거 공부 하나 하라는데도 엄살이다. 과거가 이학과 다르다 해도 독서 작문作文하는 것은 마찬가지 아니냐. 둘은 얼마든지 병행할 수 있다. 그런데도 과거 공부하라면 '나는 도학에 뜻이 있다'면서 잘난 척을 하고, 이학을 독려하면 '과거 공부가 걸려 못 하겠다'고 뒤를 빼니, 어느 것도 이루지 못하고 늙어 후회를 한다. 어찌 경계할 일이 아닌가."

그렇지만, 과거 공부는 출세를 위한 것이고, 도학은 그와는 대척적인 인격 완성을 목표로 하고 있다. 둘 사이에 있는 균열은 심각한 것이다. 주리는 이 균열을 주기보다 더욱 절실하게 느낀다.

퇴계, 도산에 은거한 유정幽貞

이 태도는 정치적 참여에 대한 부정적 시각과 연관되어 있다. 이것은 시대 상황이 더욱 열악할 때 더 아프게 감지된다. 사화의 피비린내가 번질 때나, 권귀들이 정권을 농락할 때, 그리고 당파 싸움이 격심할 때, '현실에 대한 환멸'이 정치적 참여를 가로막는다. 세속적 현실과 도학적 이상 사이에 깊은 골이 파일 때, 그때가 주리가 잉육되는 시절이다.[12]

주리가 보는 현실氣은 주기가 보는 것과는 매우 다르다. 주기는 이기의 '현실'이 오염과 일탈에도 불구하고 교정하고 순화될 수 있다고 생각하는 점에서 '낙관적'이다. 그러나 주리는 그렇게 생각하지 않는다. 인간은 위태롭고 사회는 절망적이며, 역사는 그 깨어진 비극의 연속일 뿐이라고 생각한다.[13)

이것이 주리의 기본 발상이다. 주리의 대표격인 퇴계는 을사사화 때 형을 장살로 잃었다. 그의 절망이 어떠했겠는지는 짐작할 수 있다. 그는 사람이 성인 되기가 지난하고, 요순의 시절을 다시금 회복하기도 무척 어렵다는 것을 실감한다.[14)

그래서 그는 퇴은退隱, 물러나 은거하기로 작정한다. 그는 아무리 불러도 나가지 않았다. 정말 마지못해 나갔을 뿐이다.

주리는 물러나 '자신의 몸을 닦는 그 어렵고 험난한 길'을 가고자

---

12) 홍원식 교수는 『오늘의 동양사상』 제10호에 실린 「퇴계학, 그 존재를 다시 묻는다」에서 퇴계와 율곡의 차이가 '단순한 이론적 차이'가 아니라 '역사적 조건에 따른 차이'라는 조사연 교수의 말을 인용하고 있다. 즉, 퇴계의 시대는 사림士林에 대한 무자비한 탄압이 자행되던 '사화의 시대'였다면, 율곡의 시대는 사림이 정국을 주도하며, 제도 개혁을 통해 시대의 문제를 해결해나가던 '붕당의 시대'였다는 것이다.

13) 사회와 역사 현실에 대한 부정적 시선은 곧 안을 향해서도 같이 적용된다. 사회를 구성하고 역사를 이끄는 것은 인간이므로, 사회 역사에 대한 절망은 인간에 대한 비관적 인식으로 이어진다.

14) 율곡은 『동호문답東湖問答』에서 "지금도 요순의 시절을 회복할 수 있다"는 기대와 자신감을 보였던 것을 기억한다. 그래서 그는 절망적 상황에서도 끊임없이 정치적 참여를 고집했고, 거기서 산화했다.

한다. 이것은 주기가 '참여'를 통해 현실의 '실질적 개선'을 향해 나아가려 하는 것과는 대조적이다.

補 | 퇴계의 주리적 태도는 당대로부터 끊임없는 비판을 받았다. 명종이 죽고 선조가 들어서자, 조정은 청신한 기풍이 도니, 이제 그만 출사出仕하시라는 권유가 빗발쳤다. 퇴계는 끄덕도 하지 않고 물러나겠다고 버텼다. 믿는 고봉 기대승마저 "무슨 산새냐"라는 비난, 그리고 "사양할수록 관작이 올라가니, 이번에도 몇 품계가 올랐겠군"이라는 비방에 가세하는 듯하자, 그 섭섭한 마음을 토로하기도 했다. 율곡이 그를 간곡히 말렸다. "세상이 달라졌지 않습니까. 하실 일이 태산 같은데, 물러나시겠다니요." "나는 능력도 없고 재주도 없으니, 있어보았자 도움이 안 되네." "무슨 행정이나 사무를 보라는 것이 아닙니다. 선생 같으신 분이 계셔주시는 것만으로도 조정의 기풍이 달라질 것입니다." "아닐세, 건강도 좋지 않고, 어름하니 있어보아야 조정에 누만 끼칠 일이지." 퇴계는 끝끝내 도산으로 돌아가버렸다.

이같은 태도는 학자-관료로서의 통념적 기대와는 사뭇 다른 것이다. 은둔이나 독선기신獨善其身은 노장이나 양주楊朱, 그리고 선학禪學의 지향이지 유가儒家 도학道學의 지향은 아니다. 퇴계는 자신을 변명하기 위해 여러 장치를 끌어온다. 역사적으로 도道를 품고 은거한 사람들을 은근히 추키기도 하고, 역대 물러남의 도가 유학의 한 줄기였음을 변호하기도 한다. 퇴계는 유정幽貞이라는 『주역周易』의 말을 시와 편지에서 자주 썼다. '은자이면서 유학자'라는 뜻을 담고 있는 이 말은, 자신이 여전히 '유학자'임을, 산속에서도 자세를 흩뜨리지 않고 '일상의 유가적 규범을 힘겹게 실천하고 사는 고반^考^槃'임을 알아달라는 취지를 담고 있다. 이런 점에서 나는 그에게 '개인주의'의 이름을 붙였는데, 이 이름에 아무래도 혐의를 피할 수 없겠지만, 부정적 함축은 전혀 없다는 것은 밝혀둔다(서구의 유학 연구자 드 배리William Theodore de Bary는 유교를 자유주의의 전통에서 다루기도 했다.(『중국의 자유 전통 Liberal Tradition in China』) 밀의 자유주의는 자기 개발self-development에 기반하고 있고, 개인의 이익이 곧 사회의 이익임을 역설하는 점에서 유교와 근본 발상을 같이하고 있는 듯하다). 나중, 이 개인주의는 그 후예들이 노론의 득세에 맞서 자기를 지키는 철학적 보루의 역할도 했다.

주리는 현실의 기氣에 좌절했으므로 인간의 기를 근본적으로 신뢰할 수 없다. 이 생각이 그의 사단칠정론에 그대로 드러나 있다.

퇴계가 고봉과 더불어 논쟁한 것을 기억하자. 고봉은 주기론자답게 칠정七情의 합리合理 — 액면 그대로 "이理에 합치하는" — 가 바로 사단四端에 다름 아니라고 했다. 그에게 있어 사단은 칠정 속에 포섭된다. 인간의 희로애락喜怒哀樂의 조정과 조화가 있는 곳, 그곳이 바로 목표 지점이다. 이에 대해 퇴계는 기氣의 조정이 그렇게 쉽지 않으며, 인간의 현실적 자질才은 거의 '악하다'고까지 생각한다.[15] 그러므로 기의

---

15) "'마음은 본래 선하다'는 정자程子의 말을 두고, 주자朱子는 '약간 문제가 있다'고 했습니다. 왜 그랬을까요. 마음이라 하면 당연히 이理를 함장하고 있지만, 거기 기氣가 끼어들지 않을 수 없지요. 허면, 생각이나 동작으로 그 편향이 드러나기 이전에 이미,

자연 발현이라는 어설픈 낙관론은 접어야 한다. 퇴계는 이 제어와 통제가 익숙해지는 데 진적역구眞積力久 30년이 필요하다고 강조한다. 그는 어설프게 기의 통일적 유기적 전체성을 외는 화담류의 유기나, 그것의 합리적 조정이 가능하지 않겠느냐는 주기의 섣부른 낙관론을 크게 경계한다.

補 | 퇴계와 율곡의 사단칠정론에 대하여 — 퇴계는 이렇게 생각했다. 인간세에서 지지고 부대끼는 과정에서 드러나는 칠정은 불안정하고 위태롭다. 사랑에 웃고 돈에 울며, 달면 삼키고 쓰면 뱉는 인간의 희로애락은 생리적 욕구와 공포에 기인한 복합적 반응이다. 이들은 근본적으로 자기 관심에 입각한 국지적 개별적 한계를 갖고 있는 것으로, 제어하지 않고 방치하면 쉽게 반사회적 이기적 악으로 떨어진다. 인간이 회복해야 하는 것은 이와는 다른 지평에 있는 종교적 도덕적 심성이다.

예를 들어보자. 가령, 어린애가 우물로 기어들어가는 것을 누군가가 보았다고 하자. 가슴이 철렁한惻隱 그는 '본능적으로' 아이를 건지려고 뛰어갈 것이다. 그 과정에는 동네 사람들에게 칭찬 받겠다는 명예욕도, 보상을 받겠다는 이해득실도, 지나쳤다가 돌아올

불선不善의 뿌리가 네모난 작은 마음 한가운데 박혀 있다 하겠으니, 어떻게 그것을 '온전히 선하다'고 할 수 있겠습니까程子心本善之說, 朱子以爲微有未穩者. 盖既謂之心, 已是兼理, 氣便不能無夾雜, 在這裏則人固有不待發於思慮動作, 而不善之根株, 已在方寸之中者, 安得謂之善, 故謂之未穩."(이황,「답정자중答鄭子中」5번째 편지의 별지別紙,『자성록自省錄』)

비난에 대한 우려도 개입되어 있지 않다. 아이의 위험에 대한 자각과 건져야겠다는 충동, 그리고 실제 건지는 행위 사이에 아무런 간격이 없다. 이 '자연적' 발현은 타인에 대한 배려와 헌신을 목표로 하고 있는 우주적 충동이다. 물론, 이 발현은 희귀하고, 그것을 지키고 가꾸기는 정말 어렵다.

퇴계는 이들 사단과 칠정은 그 기원은 물론, 발현되는 과정도 서로 다르다고 했다. 요컨대 순수한 사단은 절대의 이理에서 온 것이고, 잡박한 칠정은 육신의 기氣에서 온다! 그는 육신의 기를 위태롭게 여기고, 영적 순수를 앙모했기에, 임금과 조정이 그렇게 불렀어도 언제나 자기 자신과 대면하는 절대의 공간으로 '물러나고자' 했다.

그러나 율곡은 울고 웃는 현실을 떠나 어떤 순수도 어떤 절대도 없다고 생각했다. 인간은 기氣의 네트워크 속에서 기를 발현하면서 살고 있다. 고립된 영역은 없고, 관계란 존재의 운명이다. 좁게는 가정, 마을에서 넓게는 사회, 국가, 나아가 천지간 만물과 저 너머 우주에 이르기까지 인간은 복합적 기의 연동 속에 있으며 그 영향과 신호를 주고받는 존재이다. 인간은 기의 소산이면서 그 유기적 기의 질서와 창조에 대한 책임을 지고 있다. 나의 몸짓, 웃음 하나가 우주의 균형을 바꿔놓는다. 그러므로 인간은 자신의 유위有爲를 통해 사회 조직의 구조, 생산과 소비의 구조, 권력의 배분의 구조, 규범과 법전의 구조를 합리화하고 조정 통제하는 '우주적 소명'을 안고 있다. 이 주기의 철학적 확신이 그로 하여금 절망적 상황에서도 언제나 사회와 정치 속으로 '나아가도록' 이끌었다.

요컨대 율곡이 정치적이라면 퇴계는 종교적이다. 이 특성은 앞에서 적은 대로 둘이 처한 사회 정치적 여건의 탓도 있지만, 나는 근본적으로 그들의 기질과 개성 탓이라고 생각한다.

주리는 이렇게 현실과 이상, 도학과 속학 사이의 골을 크게 파놓았다. 이理는 그래서 개인에 있어서는 '종교적 금욕'의 수준을 통해서야 다다를 수 있는 어떤 것이다. 나중 이익 등의 남인들 가운데 일부가 이 균열, 죄 많은 육신을 다스리기 위해 아내와의 잠자리를 포함, 종교적 금욕을 생활화한 사람들이 여럿 나오기도 했다. 서양에서 수입된 가톨릭의 종교적 수련이 퇴계를 이은 남인들 사이에서 유행하고 적극적 신자를 얻은 것도 이같은 주리적 성향의 근친성 때문이다.

예禮의 이상은 숭고하다. 그러나, 그것뿐일까. 주기는 정통 학자-관료에게는 어울릴지 모르나, 그 밖의 개성과 직업, 성별, 사회적 신분들에게는 뜨악하고 불편한 것이었을 것이다. 그러나 그런 주변의 목소리들은 주류의 굉음에 묻혀 거의 들리지 않았다. 그러나, 아주 없어진 것은 아니다. 그 다른 목소리들이 마침내는 자신들을 대변할 사유의 자식들을 어떤 식으로든 내놓게 되어 있었다.

조선 유학은 단일한 사고 유형이 기계적으로 반복되어 재생산되지 않았다. 다만, 그 변화의 틀이 주자학의 범주 안에서 변형되고 탈주되고 실험되었기에, 그 변폭이 그다지 크지 않다는 것은 인정해야겠다. 그러나, 이념이 삶을 배반하면, 삶은 자신의 새로운 전사들을 내보내는 법이다.

이학의 주류는 단연 주기이다! 이것은 조선의 역사가 그리했고, 주자학의 본래 이념에도 가장 가까운 것이었다. 퇴계의 주리는 그 안에서 온건한 일탈이자 대안으로 '수줍게' 자리하고 있다.[16]

주기에 대해 퇴계의 주리보다 더 진폭이 큰 반발과 대안의 목소리들이 있다. 이 계열들은 율곡의 주기가 현실적 정통으로 자리잡은 이후에 더 다양하게 나타났다. 심지어는 주기의 정통 계열 내부에서도 속출했다. 인물성동이론은 그 불꽃이 한 번 튀긴 것이다. 반발과 회의의 계열은 여럿이다. 나는 아직 이들을 한데 묶거나 분류할 틀을 갖지 못했고, 이들의 개성에 걸맞은 적절한 이름들을 부여해주지 못했다. 나는 그것들을 다만 '탈주의 대안들' 이라는 이름으로 한데 묶어놓았다.

그들을 묶는 코드의 중심은 주류인 주기의 기획에 대한 저항이라는 지점에 있다. 그들은 각각 다른 방향에서 각각 다른 무기로, 주기의 몸체를 형성하고 있는 세부적 코드들을 공격해나갔다. 그 타깃은 하

---

16) 앞에서 보았듯이 주기와 주리는 매우 다른 이념적 지형을 갖고 있지만, 그럼에도 불구하고 둘 사이에는 그만큼의 '공통점' 이 있다. 주기가 기氣의 조정과 균형을 통해 도달하려고 하는 지점과, 주리가 기의 억압과 이理의 발양을 통해 도달하려고 하는 지점은 공히 '예禮의 구현' 이다. 그런 점에서는 그다지 차이가 없을 수도 있다. 또 이를 실현하기 위한 공부로, 1)거경, 즉 소극적으로 그 방해물들을 제거하고, 2)궁리, 적극적으로는 경전을 통해, 그 이념과 절목을 이해하고 3)역행, 즉 그 '지식' 을 힘써 실천해나가는 것을 드는 데 있어 둘 사이에 별다른 이견이 없다. 물론, 어디에 더 무게를 두느냐, 그리고 그 세부적 훈련 내용이 어떤 것이냐에 대해서는 앞에서 보았듯이 상당한 차이가 있지만…… 언제나 이 동이同異를 '동시에' 고려하고 있어야 한다.

나이기도 하고 여럿이기도 하다. 그런 점에서 이 '대안적 사고 유형'들의 연대는 대체로 부분적이고, 익명적으로 일어난다. 여기서 부분적이라 함은 주기를 향한 공격의 타깃이 전방위적으로 일치하지는 않는다는 뜻이고, 익명적이라 함은 그들이 공격하고 있는 타깃이 같은 지점을 향해 있다는 것을 서로 충분히 인지하고 있지는 않다는 뜻에서이다. 우리는 얼마나 자주 같은 '대상'을 서로 다른 '이름'으로 부르는가. 용어와 어법은 다르지만 같은 취지와 내용을 알리고자 한다는 것을 알고 실소한 경우는 또 얼마나 많은가.

남명, 칼을 찬 유학자

임란 이전, '탈脫 주기'의 가장 강력하고 인상적인 개성으로 남명 조식을 들어야 한다. 남명은 호방하고 유협적이며, 무인적인 기상을 가진 유학자였다. 주기의 모델인 '엄격한 예법과 격식을 지키는 문사'는 남명의 기질에는 맞지 않았다.

예법禮法에 매이지 않고 유협을 즐기다 남명은 자잘한 예법과 격식을 싫어했다. 오연하고 결벽한 성격에 한가하게 책을 들추기보다 말을 달리고 진법陣法을 실험하는 것을 더 즐겼다. 그는 노장과 한비韓非 등 순수 유학이 아닌 영역을 호방하게 섭렵했다.

그러던 어느 날 마주친 『성리대전性理大全』을 계기로 도학에 전심하게 되지만, 이 기질이 그를 전형적 유학자와는 다른 풍모를 갖추게 했다.

문장도 하지 않고 글도 쓰지 않은 인물 그는 극단적으로 말을 아꼈다.

문자를 고르고 있으면 뜻을 잃는다면서 도학자들의 전유물인 시를 폐기했고, 병든 세상과 담을 쌓아 편지도 쓰지 않았으며, 정치를 한사코 물리쳐 상소조차 번거롭게 여겼다.

번쇄한 경학經學과 철학 논쟁은 무익하고 해롭다 그는 경전을 절대시하지 않았다. 이학은 주기이든 주리이든 경전에 대한 엄밀하고 상세한 독서와 이해를 축으로 하는 것인데, 남명은 이 '외면적 습득'의 방식을 좋아하지 않았다. 그는 경전이래야 사서四書와 『근사록近思錄』『심경心經』 정도, 그 밖에 의문이 나면 『성리대전』을 참고하면 된다고 말했다. 그리고 그 취지는 『대학大學』의 첫머리 16자에 귀착된다고 했다. 그는 경전의 일자일구를 신성시하지 않고 그것을 '일상의 실천적 관심'에서 취사했다. "몸에 절실한 가르침은 깊이 새기고, 다른 것은 대강 지나갔다."17)

---

17) 이같은 성향을 감안하여 손영식 교수는 남명을 주자학자라기보다 양명학자로 보아야 한다고 주장한다.(손영식, 「조식 철학으로 들어가는 두 개의 통로」, 『남명학연구』 제15집, 경상대 남명학연구소, 2003) 나 또한 남명에게서 그런 성향이 있음을 인정한 바 있다.(한형조, 「칼을 찬 유학자」, 『남명 조식』, 청계, 2001) 그러나 나는 주기로부터의 남명의 '일탈과 단순화'에도 불구하고 그를 주자학 안에서 읽고 싶어한다. "만사 제하고, 남명 자신이 주자학자가 아니라고 한 적이 없지 않으냐"라고 뻗대면 무식하다 할까. 각자 해석의 시각과 기준이 다르겠지만, 나는, 어느 편이냐 하면, 통념과는 좀 다르게, 양명학뿐만 아니라 심지어 수입된 서학조차도 '주자학의 한 계열'로 이해한다(보다 정확하게는 이학이라 불러야겠지만, 그 주류가 역시 주자학이라는 점에서, 그리고 조선 유학이 주자학의 이름 아래 양명학적 사고를 양명학 이전에, 가령 퇴계나 남명처럼, 이미 파종했다는 점에서 '주자학'을 포괄적 우산 개념umbrella term으로 쓰기를 제안한다). 요컨대 "주자학은 하나의 이름이 아니다". 사람들은 물을 것이다. "퇴계와 남명이 양명학적 경향을 갖고 있다 하고, 또 일찍이 양명 자신 「주자만년정론朱子晚年定論」을

남명은 주자학의 번쇄한 지식과 형식적 의례에 대한 신랄한 반발이다. 퇴계는 이 파격에 놀라 그를 두고 "기험崎險하다"고 평을 했다. 둘의 기질은 너무 달라 어울리기 어려운 것이었다.

남명은 직접적이고 단호한 수련법을 제창했다 그는 '외적 표준의 인지와 그 내면화' 라는 주기의 발상에 동의하지 않았다. 그의 수련법은 어느 편이냐 하면, 문사적이기보다 무사적이다. 심신의 방일을 막기 위해 칼을 턱 밑에 세워놓고 밤을 지새우는가 하면, 마음의 평소 수련이 외물의 유혹을 적으로부터 성채를 지키듯 엄정하고 단호하게 지켜나가야 한다고 가르쳤다. "적이 침범하면 단칼에 나가 쳐 죽여라." "혹 내 뱃속에 세속적 욕망의 때가 끼어들면 배를 갈라 창자를 꺼내 시냇물에 씻어야겠다." 이 '일도양단一刀兩斷의 극기克己'(송시열이 쓴 「신도비명神道碑銘」), 벽립천인壁立千仞의 수련이 지속적으로 파지되면 "모든 사악한 마음이 사라지고, 온갖 이치가 저절로 통하게 된다". 그는 이 전투적 공부법을 그림 달랑 하나뿐인 저술 아닌 저술『신명사도神明舍圖』에 담아두었다.

남명은 주기의 전체 코드 가운데 상당량을 '이미', 율곡이 주기의

썼다니까 처음 것은 백 보 양보한다고 쳐도, 대체 서학이 이학의 한 유형이라니, 그게 무슨 소리요?" 사람들은 내가 기준을 자의적으로 설정하고, 그 함의 또한 임의대로 안배按配하고 있다고 비난한 것이 틀림없다. 그러나 주자의 이理는 절대의 힘과 지성을 갖고 있다는 점에서 주자학은 신학의 한 유형이다.(이 책의 앞장에 있는 대화2 「주자 신학神學 논고 시론」 참고) 그렇지 않았으면 남인 급진 지식인들이 서학을 보유補儒의 이름 아래 받아들이지 않았을 것이다. 이학이 포괄하지 못하는 것은 혜강의 기학뿐이다.

이념을 확정해놓기 이전에 미리 부수고 일탈해놓았다. 아마, 확정되기 이전이었기 때문에 더욱 쉽고 자유로웠을 수도 있다. 그 자유를 우리는 이미 앞에서 화담의 유기에서 본 바 있다.

辨 | 남명을 주기의 관점에서 보는 사람들이 있다. 실제 남명을 상기尙氣라고 말하기까지 한다. 일리 있는 말이다. 이理가 외적 규범과 지식의 습득, 타율적 적응이라는 의미 지형을 갖고 있는데, 남명은 이들을 무시하고, 자신의 기질과 개성을 '통해' 독특한 표준을 만들어가고 있기에 상기의 이름이 어울린다. 이 이름은 퇴계가 평한 기험과 같은 취지를 담고 있다.

그러나, 내가 그를 굳이 주리에 배정한 것도 연유가 있다. 이理를 외적 규범과 지식의 습득, 타율적 적응의 의미 지형에서 보는 것은 전형적인 주기의 사고라고 해둔 바 있다. 남명은 이 사고의 틀을 벗어나, 문제의 중심을 '자기 내적'으로 설정했다. 즉 외물의 침탈과 유혹을 감시하고 내적 주시와 자각을 보존하는 '견결한 자기 대면'의 경敬 공부를 학문의 전체로 세웠다는 점에서 주리로 분류했다.

---

* 노론 주기에 대한 회의적 경향들 : 실학을 향한 과도적 균열
1) 양명학—소론 : 강화학(최명길, 정제두)
2) 서학—남인 : 성호좌파(이익, 권철신, 정약용)
3) 원시 유학—소론, 남인 : (윤휴, 박세당, 정약용)
4) 문학자들—북인+소론+노론+서얼 등 다양(허균, 이광사, 박지원, 이옥)

조선 후기 주기가 노론의 중심적 사고로 행세할 때, 이 주류에 대한 다양한 반발이 동시 다발적으로 제기되었다. 그 중심축은 지금 남명에게서 확인하듯, '내적 주체성의 자발성과 자기 형성력'의 옹호에 있었다. 이것을 다른 말로는 주재主宰라고 한다. 자기 안의 주재는 경전의 권위적 지식이나 예의의 타율적 적응에 만족하지 않고, 자신의 실질적 권능을 찾고자 한다. 이 반항적 목소리로 다음 넷을 대표적으로 들 수 있다.

양명학 주자학의 외향적 사고를 부정했다. 예禮의 질서와 경학적 지식, 사장적 교양을 벗고, 마음의 자각과 솔직함으로 돌아가야 한다고 했다.

서학의 도입 서학이 사실 가장 심대한 도전이었는지도 모른다. 주자학에 대해 비판적이었던 남인의 일급 지식인들이 여기 경도했다. 사회적 제도와 관습에 대해서는 파천황이었고, 또 경전에 대한 이해도 크게 달랐지만, 기실 서학과 유학 사이에는 닮은 점도 많다. 그래서 그토록 순식간에 평민뿐만 아니라 지식인들의 호응을 받을 수 있었다. 그 '대화'는 문명사적 기회였는데, 교황청의 무지와 독단, 그리고 조선 지배층의 배타적 우려로 인한 정치적 박해로 물거품이 되었다.

실천적 경학의 강조 윤휴와 박세당이 여기 속한다. 윤휴는 주자가 진리를 독점할 수 없다고 했고, 박세당 또한 주자의 경학과는 다른 독자적 해석을 하면서, 한 걸음 나아가 금기시되던, 노자와 장자를 높이면서, 전편에 대한 주석을 남겼다. 그리고 시세에 대한 실용주의적 민생 중심적 해결책을 주도했다.

문학자들 주자학의 교조에 매이지 않고, 새로운 문학을 창도한 사람들. 허균은 혁명적인 사고를, 박지원은 자유로운 유희 정신을 발양했다.

이 계열들에 대한 상세한 기술은 다음으로 미룬다. 아직 충분히 더 들어보지 않은 탓이기도 하지만, 이들이 어차피 각자의 '개성들'인데, 내 성긴 분류의 그물에 온전히 포획될 리가 만무하기 때문이다. 가령, 연암을 내가 어떻게 표본실에서 '핀을 꽂고', '이름을 붙이겠는가'.

理學+氣學	實學	갈등	해결	책임	혁신주의	개혁가	정약용, 정조

다만, 한 가지는 말할 수 있다. 이들을 묶는 공통의 기반에 대해서이다. 그것을 나는 "이理의 선험적 주재에 대한 회의와 부정"으로 친다. 주기에서 이는 천지가 창조되기 이전, 인간이 생명을 부여 받기 '이전에 이미' 주어진 입법자lawgiver였다(다시 강조하지만, 주기는 이학의 전형으로서, 철두철미 '이의 선험적 절대' 위에 서 있다는 것을 기억해야 한다).

삶의 현장에 있어 이 입법자가 기독교처럼 신의 얼굴을 하고 있느냐, 아니면 얼굴 없는 명령자인가는 실제 별 중요하지 않다. 그 선험적 초월적 주재가 이理의 지식으로서 경전 속에 있고, 예禮의 고대적 이상과 절목으로서 삶을 규율하고 있는 점에서는 매한가지이기 때문이다. 임란 이후 노론의 주기는 시대의 변화와 민생의 급무에도 불구하고, 이 선험적 초월적 이법을 실현해야 한다는 '당위'에 보수적으로 집착했다.

그 금제와 억압, 강요와 설득이 얼마나 집요했는지 지금 우리로서는 잘 상상이 안 갈 정도이다. 예를 들면, 1)주자의 경전 해석에 일자일구도 손을 못 대게 하고, 2)소소한 상례의 기간과 절차를 두고 죽고 죽이는 혈전을 벌였으며, 3)이 입법을 무시한 다른 인종과 문화는 이해하려고도 인정하려고도 하지 않았으며, 4)그리하여 결국, 인간의 자연적 삶에 필요한 적절한 배려를 소홀히 한 역사를 갖고 있다. 그때의 캐치프레이즈가 다음과 같은 말에 잘 나타나 있다. "과부가 재가를 한다고…… 목숨은 가볍지만 절개와 의리는 지중至重한 것이야."[18]

---

[18] 정말 주기의 어디가 문제였을까. 인간의 일상적 행동과 미시적 권력을 법法이 다 해결해줄 수는 없기에, 그랬다간 엄청난 소모와 갈등을 피할 수 없기에, 사고와 행동, 일상과 교환의 세세한 법도를 소프트한 예禮로 규율하겠다는 기염은, 그 장치가 아예 없어지고 유명무실해진 지금, 더욱 절실하게 그리운 바도 있다. 그런데 왜 조선 후기 그 예가 문제였을까. 나는 어느 날 니체를 읽다가 무릎을 쳤다. "거세나 근절 같은 것은 의지가 박약하고 퇴락하여, 도저히 절도를 지킬 수 없는 사람들이 욕망에 대항하여 싸우느라고 본능적으로 선택하는 수단이다. (…) 그러한 극단적인 수단을 동원할 수밖에 없는 사람들은 퇴락한 사람들이다. (…) 성직자와 철학자들의 역사, 그리고 예술가들의 역사를 조사해보라. 관능에 대한 가장 극심한 독설들은 노쇠한 자들이나 금욕자들로부터 나온 것이 아니라, 금욕자가 될 수 없었던 자들, 그리고 금욕자가 될 필요가 있었던 자들로부터 나온 것이었다."(니체, 「우상의 황혼」, 박찬국, 『해체와 창조의 철학자, 니체』, 동녘, 2001, 88쪽) 박찬국 교수는 이 구절에 대해 친절한 부연설명을 해주고 있다. "자신의 욕정을 적절하게 통제할 만한 의지력을 갖지 못한 자들만이 욕정과 정념을 적대시하고 제거하려고 한다. 우리는 보통 우리가 제어할 수 있는 상대에 대해서는 관대하다. 이에 반해 우리가 제어할 수 없는 적에 대해서는 두려움과 증오를 품으며, 그를 제거하고자 한다. 이와 마찬가지로 관능이나 욕정을 여유 있게 제어할 수 있는 힘을 가

조선 후기 주리와 유기의 계열들은 주기가 터하고 있는 이 선험적 초월적 '타자'로서의 얼굴 없는 입법자를 회의하고 경계하는 곳에서 시작한다. 그들은 경전의 타자적 지식을 회의하고, 번문욕례繁文縟禮의 소외된 행동을 넘어 자기 삶의 주인으로서의 존엄과 자발성을 되찾고자 한다. 이 노력은 양명학이 전형적으로 보여주고 있는 것이고, 또한 원시 유학이 일찍이 "극기복례克己復禮를 말하지만, 그 예운예운禮云禮云 악운악운樂云樂云이 어디 종고鐘鼓 옥백玉帛이겠느냐"라면서 열어놓은 회사후소繪事後素의 공간이기도 하다. 문학자들은 답답한 예교의 형식주의, 상투주의로는 삶의 구체적 실감을 제대로 드러내줄 수 없다고 생각했고, 서학은 전혀 다른 곳에서 초월적 입법자를 찾았다. 성균관에서 정약용 등으로부터 서학서를 얻어본 이기경은 나중 친구 홍낙안에게 이렇게 토로했다. "아비와 군주보다 천주의 말씀을 더 높이고 공경해야 한다는 말을 듣고 등에 식은땀이 흘렀네."

주기의 주류가 이런 불순한 반역의 움직임들을 얼마나 위태롭게 생각했는지 짐작할 수 있다. 그것이 극단적으로 충돌한 사태가 1795년 윤지충이 더이상 조상 제사를 지내지 않겠다면서 어버이의 신주를 태워버린 진산 사건이다.

지고 있을 경우, 우리는 그것을 증오하지도 적대하지도 않는다." 아, 알겠다. 이理를 내세우지 않은 화담이 오히려, 황진이의 적극적 육탄공세를 웃음과 여유로 받아넘길 수 있었던 곡절을…… 나는 그래서 지금 이 시대에도 도덕을 외치고 이상을 선포하는 사람들을 회의하고 경계하는 무의식적 버릇을 갖고 있다.

補 | 한마디 덧붙이자면, 주기에 대한 반발의 정도는 거의 주류에 대한 '거리', 그것도 정치적 거리에 비례한다. 예를 들면 소론은 정치 중심에서 노론과 경쟁하던 관계로 둘 사이의 거리는 그다지 멀지 않다. 그들이 주로 속한 양명학은 예학의 전통적 질서를 존중한다. 다만, 그것을 자발적인 방식으로 기쁨을 가지고 자연스럽게 할 수 있도록 권하는 정도이다.[19]

정치적으로 소외되어 있었던 남인들, 그 가운데 좌파는 지금의 예치禮治와 명분名分 질서를 보다 전복적으로 혁신하고 싶은 열망을 갖고 있다. 울울이 크고, 기개가 장한 젊은 부류가 은밀히 양명학을 읽고, 서학에 풀이 쏠리듯 경도하며, 그리고 주자 너머의 공맹 유학을 꿈꾼 사태를 잘 읽어야 한다. 이 혁신적 움직임과 함께 남인 우파는 더욱 강한 '보수'로 회귀하면서 좌파와 길항한다.

---

19) 여기서 양명학의 '일부', 가령 이광사 같은 경우는 화담류의 유기와 손잡는다. 그가 문학과 예술의 대가였으며, 집안 부인과의 사적이고 내밀한 정리情理를 솔직하고 과감하게 표출한 점을 주목해야 한다. 이는 예禮의 법도를 엄격하게 강조하는 특히 주기 계열의 태도와는 매우 다른 것이다. 양명학에서는 이런 '솔직한 개성'들을 성령파性靈派라고 부른다. 이 점에서 녹문 임성주도 같은 계열의 인물이다. 녹문의 '이기동실理氣同實, 심성일치心性 致'는 인물성동이론에서의 외임 이간의 구호와 같은데, 이것은 모든 권위와 입법의 주체를 '자기 자신'에게 부여하고, 마음의 자연성과 자발성을 중시하겠다는 태도이다. 녹문은 실제 고경명 등의 양명학으로부터 직접 그리고 깊은 영향을 받았다고 한다.(김현, 『임성주의 생의生意철학』, 한길사, 1995) 그의 이같은 비위계적 비차별적 발상이 동생 윤지당을 통해 '여성 주자학'을 가능하게 한 바탕이 되었다는 것도 기억해야 한다. "아! 나 비록 여자의 몸이오나, 하늘이 준 본성에 어디 남녀의 차별이 있으리오噫, 我雖婦人, 而所受之性, 則初無男女之殊."(이영춘, 『임윤지당─국역 윤지당 유고』, 혜안, 1998)

이렇게 말하면 실학의 개혁파 가운데 가장 개방적이었던 북학파를 들어 이의를 제기하는 사람이 있을 것이다. 분명 그렇다. 이들은 노론 벌열, 정치적으로는 가장 큰 기득권을 가진 노론의 귀족 자제들이었다. 그러나, 이들은 정치 사회적 개혁에 열을 올리기보다, 즉 사회체제의 급진적 개혁에 열을 올리기보다 자유로운 개성의 발현과 고착된 관념, 갑갑한 관습을 견디지 못하는 '개인주의자'들이었다. 이들은 계급을 무시하고 서얼들이나 다른 당파의 인물들과 쉽게 어울리고, 특히 연암처럼 '문학'에, 홍대용처럼 '예술'에 천재적 인물들이었다. 이들의 북학적 지향은 남인들이 주축이 된 이른바 경세치용經世致用적 경향과는 매우 다른 것이었음을 기억해야 한다(이런 점에서 주기의 예禮에 배반적이면서 화담류의 유기적 경향과 만난다). 어느 편이냐 하면, 그들은 근엄하지 않고 웃고 있다. 연암의 양반들에 대한 기지와 풍자는 너무나 유명하고, 담헌은 누가 옛적 의례儀禮에 대해 중요한 책을 썼다고 자랑하자, 예의 '정신'은 거기 있지 않다고 핀잔을 주었다. 이덕무는 서얼이었지만, 재래의 소학小學이 아니라 '당대'를 살던 사대부가, 그리고 부녀와 아이들이 각각 실제 삶의 관계와 일, 휴식에서 어떤 규범과 예절이 필요한지를 적은 『사소절士小節』을 적어나갔다.

어쨌거나 이들 회의와 반발들이 견고한 주기에 균열을 내고, 그것을 와해시켜나가는 데 직간접적으로 기능했고, 연루되어 있다는 점은 분명히 말할 수 있다. 그럼에도 이들은 실학의 전체적 이념을 보여주지는 않고, 단편적이고 과도적 성격을 갖고 있다(물론 개별적 사상가들은 그들 자체로서 '하나의 체계'이긴 하지만, 지금 보는 추후적 해석에서는 그렇다는 것이다).

여기 이 회의와 반발을 종합한 인물이 바로 정약용이다. 그는 주기의 체계에 돌이킬 수 없는 결정적 타격을 주었다. 그들이 터하고 있던 수많은 코드 전부를 때려부숴 — 적어도 사상적으로는 — 회복 불능의 일격을 가했다. 이를테면, 그는 다들 공격을 망설이고 있는 주기의 거점, 즉 '이기론의 철학적 구도 자체'를 와해시켜버렸던 것이다. 그에 의해 이理는 더이상 우주의 선험적 초월적 입법자로서의 자격을 박탈당했다. 그 공격기법은 서학에서 마테오 리치한테서 빌렸다. 그렇지만 그 무기를 서학에서 빌려왔다고 말할 수 없는 상황이었기에, 명목은 원시 유학, 공맹의 넘볼 수 없는 권위를 빌려서 했다. 다산은 그러나, 이理의 절대자로서의 위상은 박탈했지만, 그 자리에 상제를 대치했고, 더구나 예학을 그대로 두었다는 점에서 이학과 '반쯤만' 결별했다고 할 수 있다.

補 | 다산은 인격신적 믿음을 바탕으로 원시 유학을, '복고'했다기보다 '재구성'했지만, 이 '이理에서 상제에로의 대체' 작업의 사회철학적 의미는 심대한 것이었다. 그동안 예禮는 하늘의 새긴 무늬天理之節文, 인간사의 법도人事之儀則라는 선언에서 볼 수 있듯이, 김상준 교수의 표현을 빌리면, "기성의 종교체제가 기득권적 질서에 일정한 신성의 편재성the immanence을 부여한" 것이었고, 그것을 전유한 사대부들은 중세 교회에 비견되는 권력과 권위를 행사하고 있었다. 그런데 다산은 노론 주기의 신학적 보루인 이 이理를 해체함으로써,

기존 예의 강고한 권위에 균열을 내고, 무엇보다 거기 기대 번성하던 노론 권력을 무력화시키고자 했다. 다산은 이 '해체' 작업을 통해, 개인 주체의 승인에서 정치 권력의 교체, 그리고 사회적 질서의 재편에 이르기까지, 정통적 예치의 울타리를 벗어난 '또다른 수기치인修己治人'의 가능성을 열어놓을 수 있었다. 나는 이 '숨통'이야말로 정치적으로 소외된 남인들이 양명학과 서학으로 경도할 때 ― 적어도 암묵적 무의식적으로라도 ― 가슴속에 숨겨져 있던 은밀한 꿈이었다고 믿어 의심치 않는다. 다산도 그렇고, 그 선배인 성호 이익 또한 마찬가지였다. 성호 좌파에서 양명학이 유행하고, 서학이 전파된 것은 그러므로 결코 우연이 아니었다. 그들은 요컨대 노론과 경직된 예학 '너머'의 대안을 생각하고 있었던 것이다.[20] 다산은 이렇게 '열어놓은 가능성'에 기학의 몇 가지 핵심 코드를 자신의 '새로운 이학'과 접목시켜 방대한 실학의 사회 개혁안을 정초했

---

20) 여기 유의할 것이 있다. 다산은 자신이 이理의 해체를 통해 열어둔 운신과 대안의 공간에 결코 마테오 리치를 들여놓은 적이 없다. 다시 말하면, 서구 가톨릭의 신학체계와 의례, 그리고 교회제도는 다산의 관심을 끌지 못했다. 그는 「자명소自明疏」에서 자신이 서학서에 혹할 때는 제사를 폐하라는 패륜적 권유는 없었다고 억울해했다. 전례논쟁典禮論爭의 결과, 교황청이 상제의 이름을 쓰지 못하게 하고, 신주를 불태우라고 주문하자마자, 다산은 미련 없이 서학으로부터 등을 돌렸다. 나는 그의 고백을 의심할 이유가 없다고 생각한다. 그는 임금으로부터 능력을 인정받은, 장래가 촉망되는 주류의 정치 엘리트였던 것을 기억해야 한다. 유배기간이나 해배解配 후에도 그는 철두철미 김영식 교수의 지적처럼 '인사이더'의 정치가 혹은 관료로서의 정체성을 가지고 있었다.(김영식, 「다산의 과학과 유교 전통 Science and the Confucian Tradition in the Work of Chong Yagyong」, 『다산학』 제5호, 다산학술문화재단, 2004) 그러나 아쉽게도 다산의 전 저술은 좌절된 정치적 참여와 혁신의 꿈으로, 그야말로 '백 세 후를 기다리는' 심서心書가 되고 말았다.

다! 다산은 이학과 기학의 결합 혹은 동거이다.

김상준 교수의 입론도 내 판단과 궤를 같이하고 있는 듯하다. 그는 다산을 서양의 정치신학political theology과 유사한 형태로 이해한다. 정치신학은 중세에서 근대로 넘어가는 시기, '개인의 종교적 내면'과 '군주의 정치적 주권'을 결합한 것으로, 이 종교개혁과 절대왕정의 절충 혹은 과도가 근대 국민국가 출현을 예비하는 이념적 기반이 되었다고 말하면서, 그는 다산의 사상사적 의미와 위상이 꼭 여기 해당한다고 썼다.

"윤휴, 정약용을 비롯한 다수 남인 학인들이 강조하였던 인격신적 상제관은 윤리적 초월자가 내면화하고 있음을 보여준다. 일반적으로 말하면, 윤리적 내면화란 종교적 절대자에 대한 경배의 거처가 사회적 시선이 집중되는 교회나 사당으로부터 개인의 내면으로 인입되는 과정을 말한다. 이러한 내면화는 개인화이며 이 내면화-개인화는 종교적-윤리적 명령의 이완이 아닌, 강화의 결과다. 이러한 내면화한 윤리적 초월 속에서 우리는 전통의 편재망遍在網으로부터 탈피disembedding해나갈 근대적 주체, 근대의 윤리적 주체의 반아를 발견하게 된다. 시대의 이행의 싹은 과거로의 회귀라는 문법을 통해서 움튼다고 하는 역사적 아이러니가 유교에서도 발생하였던 것이다."21)

---

21) 김상준, 「백호 다산 예론禮論과 정치신학」, 한국정신문화연구원 발표문, 2002.

맞는 말이다. 역시 다산은 이학의 근본주의를 떠난 적이 없다. 그에게서 근대는 겨우 '맹아'를 말할 수 있을 뿐이다. 그는 누구보다도 인간 내부의 도덕적 긴장과 갈등을 첨예하게 의식했으며 — 비록 그 기원이 주자학자들의 이理와는 달리 상제의 요청에서 온다고 생각하지만 — 또한 그 도덕적 책임감을 현실에 대한 참여와 사회 정치적 개혁의 장에서 승화시켜야 한다는 이상주의적 열정을 갖고 있었다.

그러나, 한편, 그동안의 정설인 '실학의 대표자로서의 다산'의 면모 또한 덮을 수 없다. 그는 마루야마 마사오의 표현을 빌리자면 '정치의 발견자' 가운데 하나이다. 그는 인간의 현실적 욕망을 한편 존중했기에, 각 개인을 성인으로 만들어 문제를 근본적으로 해결하겠다는 악착과 고집을 유보하고, 아울러 '정치적 기술과 제도적 장치'를 통해 삶의 환경을 개선해야 한다는 생각에 충만했던 점에서 기학의 사유를 한 날개로 갖고 있었다.

예를 들면 1) 욕망의 인정("사람에겐 두 가지 기호嗜好가 있다"), 2) 사회 기능주의적 시각("선비도 직업을 갖고 사회에 기여해야 한다"), 3) 삶의 조건과 환경을 개선하는 것이 도덕적 인간이 되라는 주문보다 우선이다("창고가 가득 채워져 있고, 무기가 갖추어진 뒤에 교화가 시행되고, 백성이 신임한다"). 그의 경세치용, 이용후생의 실학적 성과들은 이런 발상 위에서 이루어진 것들이다.

이 모두를 감안하여, 나는 그를 '이학과 기학 사이'의 '절충'에, 혹은 '이학에서 기학으로'의 '과도' 지대에 배정했다.

실제, 이 '절충' 혹은 '과도'가 바로 실학이 처한 지점이었다.[22] 우리는 조선 후기의 실학을 근대의 이름으로 기학적 사유의 지평에서 읽으려고 노력하지만, 일찍이 천관우 교수가 토로했듯이, 그것은 "근

---

22) 이 절충 혹은 과도는 달리 보면 혼란과 모순이기도 하다. 김형효 교수는 다산의 사유에서 현저한 '초점 불일치'를 확인한다. 그 논지를 정리하면 이렇다. "다산은 박식한 만큼 그 안에는 다양한 사유의 잔재들이 파종되어 있지만, 그는 그것들을 깊은 철학적 통찰력으로 유기적으로 체계화시키지 못했다. 다산 안에는 심학心學과 실학이 혼합적으로 병립되어 있다."(김형효, 『원효에서 다산까지』, 청계, 2000, 596~597쪽) 어디 다산뿐이겠나. 거의 모든 실학자들이 다 그랬다. 다산을 위시한 실학의 '병립' 혹은 '혼합적' 성격은 그동안 실학과 다산을 근대성 위에 정초시키려는 수많은 학자들을 좌절과 혼돈에 빠뜨렸다. 그래서 아직도 실학을 둘러싸고 개념에서 그 성격, 그리고 범위에 이르기까지 이렇다 할 충분한 합의에 이르지 못하고 있는 실정이다. 그런 사정임에도 "나 괴롭다"는 탄식도 드러내놓고 하지 못했다. 그동안 실학은 조선 유학의 희망이었기 때문이다. 최근 그 좌절과 곤혹을 과감하게 발설하고 새 대안을 모색하자는 목소리들이 들리기 시작했다. 그 가운데 김용옥 교수가 가장 과격하다. 그는 아예 "실학을 폐기해야 한다"고 외치지만, 나는 그것을 고쳐 쓰는 쪽에 손을 든다. '실학'이라는 개념의 저작권이 본시 주자학에 있지만, 그리고 그것은 시대와 상황의 변화에 대해 얼마든지 열려 있는 일반명사이지만, 나는 백 년의 인습적 점유권으로 실학을 '조선 후기의 대안적 모색'에 우선 양도해주는 것이 마땅하다고 생각한다. 그럼에도, 조선 후기 실학이 '근대'이고, '반주자학적'이라는 통념은 재고되어야 한다는 그의 지적은 깊이 새겨들어야 한다. 실학은 근대적 코드를 일부 가지고 있었지만, 그것은 다산의 유교문명의 복고적 이상에서 볼 수 있듯이, 근대성을 지향했다고 보기는 어렵다. 아울러 그 새로운 혁신적 사고는 주자학적 모태 안에서 실험된 '개량'이었기에, 반주자학反朱子學을 중심 코드로 갖고 있지 않았던 것이 사실이다. 반계에서 성호, 다산에 이르기까지 한결같이 도덕道德과 정제政制의 병용을 말한다. 나는 그래서 실학을 '이학과 기학 사이'에 배정했다. 이 실상을 이념적 강박이나 인습적 편견에 휘둘리지 말고 자세히 살펴, 그 지혜를 듣는 것이 유용하고 적실한, 그야말로 실학적 자세라고 생각한다. 모든 사상은 잡종이다. 잡종만이 새롭다. 다들 실학이 왜 이학을 완전히 버리지 않았느냐고 타박이지만, 나는 실학이 이학을 버리지 않았기에, '실학적인 너무나 실학적인(?)'이 기술과 자본의 시대에도 경청할 가치가 있게 되었다고 오히려 고마워한다.

대에 철저한 것"이었다고 할 수 없다. 당연한 일이지 않은가. 그 전환이 어떻게 하루아침에 허물 벗듯이 이루어질 수 있겠는가.

실학의 철학적 이념의 완성, 주기에 대한 철저한 초토화는 다음 혜강 최한기에 의해 이루어진다. 그래서 기학氣學이다.

理學	唯理	부정	저항	결단	민족주의	혁명가	이항로, 최익현, 신채호

주리는 특히 조선 후기 '체제 내부의 개혁' 마인드를 대변하고 있다.

그런데 한말에 들어서면서 위기가 급박하게 돌아간다. 대외적 제국주의적 침탈이 노골화되고, 국가의 존망이 바람 앞의 등불일 때, 그리고 대포와 군함으로 밀려오는 그 힘을 한 줌 인의도덕仁義道德으로 대적하기 어렵다는 것을 알았을 때, 사상적 대응은 앞의 것과는 매우 다른 양상을 보인다.

나는 그 양상을 크게 셋으로 구분할 수 있다고 생각한다. 1)피난 2)항거 3)개화. 이 셋은 서로 매우 다르다. 그러나, 그 차이에도 불구하고 그들을 묶는 중심이 있다. '현실에 대한 좌절을 넘어서 부정하는 것' 그것이다.

한말의 선택지, 그 세 갈래를 구체적으로 살펴보도록 하자.

피난(주기) 보수파의 선택. 특히 간재의 주기를 대표로 들 수 있다. 주기가 전통적 경전과 교화의 예법에 대한 확신과 믿음을 전제로 하고 있다는 것은 앞에서 말했다. 간재 전우는 비록 시절이 이적夷狄의 총칼과 무력 앞에 유린되고 있지만, 언젠가 이 미친 바람이 지나고 다시 올 요순의 시절을 꿈꾸며 절해고도絶海孤島 계화도界火島에 수천 명의 제자들을 이끌고 들어갔다. 거기서 전통적 방식으로 고전을 강독하고 일과를 지키며, 예법을 준수하고 심신을 수양했다. 길은 오직 그것뿐이다. 주자학의 이념은 인간의 본성에 합당한 것이고, 그 방법 또한 그에 걸맞은 공동체의 질서이기 때문에 다른 대안은 생각할 수 없다. 더구나 지금 서양의 비린내 나는 금수들이 무력으로 '이 문화斯文'를 끝끝내 말살할 수는 없을 것이다.[23]

저항(윤리) 이항로 등의 화서학파는 간재의 이 대응이 좀 비겁하다고 생각한다. 그리고 지금도 평가는 부정적이다(그러나 최익현의 아

---

23) 금장태 교수는 주기의 선택에 대해 이렇게 진단했다. "간재의 학문적 세계는 급격한 변화와 근원적인 동요 속에서도 전통도학의 정통을 확고한 신념으로 재확인하고, 엄격한 순수성을 추구하며 방어하였다는 사실에서 독특한 성격을 지니고 있다. 그는 한말 도학에 강력하게 새로 대두된 심주리론心主理論의 이론을 심즉기心卽氣의 율곡적 전통에 근거하여 성주리론性主理論(성리심기론性理心氣論)을 제시한 것으로서, 심心의 자의적 판단을 견제하며 가치 기준의 보편적 진실성으로서의 성性의 위치를 강화하고 있는 데서 그 특성을 인지할 수 있다. 여기서 심즉리설心卽理說이 마음의 도덕적 주체성을 강조하여 인간의 도덕적 책임을 각성시키는 의미가 있다면, 간재의 성존심비설性尊心卑說은 인간의 마음에서 자의성을 견제하고 도덕규범의 객관적 표준에 순응하기를 요구하는 규범주의적 성격임을 이해할 필요가 있다. 이런 면에서 간재는 한말 성리학의 주리론적 입장보다 좀더 보수적이고 엄격성이 강한 특징을 가지고 있다."(금장태, 「한국 사상사에서 간재학의 위치」, 『간재사상연구논총』 제1집, 간재사상연구회, 1994, 55쪽)

들은 자기 아버지의 대응과 간재 전우의 대응이 길은 서로 다르지만 같
은 목표를 향해 있다면서 너무 각박하게 비난하지 말라고 말렸다). 그
들은 서양의 이적과 그 앞잡이인 일본의 침략에 저항으로 맞서야 한
다고 생각했다. 국체뿐만 아니라 '이 문화'의 위기 앞에 저항한 이들
의 사고를 대체로 주리라고 생각한다. 이것은 좁게는 간재 전우 등의
주기에 대해서 붙인 이름이지만, 좀더 넓은 지평의 많은 함축을 갖고
있다.

나는 이 '저항'의 선택에 깔린 사상적 베이스를 유리로 읽는다. 주리
에서 유리로 이동하면, 기氣의 현실감이 더욱 희미해진다. 현실에 대한
기대와 희망이 제로로 이동한다. 이들은 현실을 도무지 인정할 수 없
다. "저들이 우리 국가를 복속시키고, 우리 산하를 노략질하고, 우리
의관을 종들의 것으로 바꾸고, 우리 소녀들을 납치해가고, 우리 정신을
금수로 만들 것입니다. 만일, 교통이 한 번 열리면 2~3년이 지나지 않
아 이 강토가 그들의 더러운 발굽 아래 유린될 것이니 어찌할 것입니
까."[24]

그래서 안을 엮어 '밖을 물리쳐야' 한다. 척사위정斥邪衛正! 그리고
의병들의 봉기와 저항이 이 철학의 외적 행동으로 나타났다.

---

24) 고려대 민족문화연구원 한국사상연구소 엮음, 『자료와 해설 ― 한국의 철학사상』,
예문서원, 2001, 644쪽.

유리는 "이가 기를 지배한다理主氣賓"는 사고이다. 이는 나의 주체적 결단을 통해 '현실은 만들어진다'는 생각이다. 만일 이理가 무위無爲하다면, 우리는 서양의 제국주의적 침략 앞에 순순히 목을 내놓고, 그 굴욕을 참고 지내는 수밖에 없을 것이다. 이 귀결을 어떻게 참겠는가.

단재 신채호는 별다른 이기론을 내세우지 않았다. 그는 '이 문화' 자체를 혐오했다. 그는 척사위정의 시대를 산 것이 아니라 식민지 굴욕의 삶을 살았기 때문일 것이다. 더이상의 저항은 없었다. 단재는 "그렇게 큰소리를 치더니, 어째 나라 멸망한 이후, 오랑캐를 향해 화살 한 대 쏘는 놈이 없는가"라고 탄식했다. 그는 조선의 문치文治적 이상과 그 예교를 그렇게 싫어했다. "다 떨어진 멍석 깔아놓고 도道를 말하지 말고, 벌떡 일어나 칼을 휘두를 일이지……" 그는 진시황이 육경六經을 불 싸지른 것을 시원해하면서 그것을 다 태우지 못하고 왕조가 망한 것을 못내 아쉬워했다. 그는 '조선'에 절망하고 '상고사'에서 위안을 찾았으나 그건 '현실'이 아니었다. 세수를 하면서도 고개를 굽히기 싫다 하여 대얏물이 옷을 줄줄 적시도록 놔둔 그 강개지사 단재는 결국 무정부주의로 갔다.

개화(기학氣學의 지향) 세상이 바뀌었다는 것을 적극적으로 인지한 사람들. 주기의 전통적 질서가 더이상 유의미하지 않다는 것을 알고 새로운 사고, 새로운 문화, 새로운 활로를 모색해나간 사람들을 이 계열에 넣는다. 이들은 사상적으로는 실학의 아들들이다. 그래서 기학의 사고에 기울어 있다. 박규수 등이 연암의 손자라는 것도 우연이 아니다. 그들을 기학이라 보는 것은 '사회와 시대의 변화'에 열려 있다

는 점에서이고, '개인의 창조적 선택'을 고취했다는 점에서이다.[25]

이들 흐름은 재래문화를 지키기 위한 전술적 방책을 넘어서 보다 적극적으로 아예 조선을 서구적 형태로 재편해야 한다는 사람들도 나타났다. 그들은 이전과는 전혀 다른 나라를 건설하고픈 열망에 젖어 있었지만, 상황 파악이 미숙했고, 너무 대외 의존적이었으며, 조직력도 엉성해서, 이 실험들은 갑신정변 등의 정치적 격돌을 거치며 실패했다. 개화의 이념은 나중 일제의 식민 지배를 거치며 타자에 의해 강제되는 불운을 겪는다.

氣學	수용	생산	습득	실용주의	생산자, 경영자	최한기

실학을 제외한 위의 네 계열은 각자의 차이에도 불구하고 모두 이학의 범주에 속한다. 그런 점에서 지금 볼 마지막 기학의 관점에서 보면 '근친적 유형들'로 분류될 수 있다.

이학은 '개인'이 아닌 '공동체'를 우위에 둔다. 거기서 부분의 이해관계는 언제나 전체의 사회나 국가, 우주의 목적에 부응하는 것이어야 한다. "성인은 천하를 한가족으로 여기고, 중국을 한몸으로 여긴다"가 유교가 있는 곳이면 어디에서나 걸려 있는 표어였다. 이 점에서

---

25) 보수적 진영에서도 가령 이진상처럼, 「파리 장서」 등을 작성하여 "오랑캐들에게 도움을 요청하기도 하고", 이인재처럼 서방의 선진 학술과 문화를 익히는 등 다양한 대안적 모색을 해나갔다. 이들은 기학을 표방하기에는 '너무 전통적'이었지만, 적어도 주기와는 다른 진영에 있었기에 '또다른 문화'에 열려 있을 수 있었지 않았나 하고 생각한다.

주자학이나 양명학이 하등 다를 바 없다(양명의 주장 가운데 핵심이 만물일체萬物一體임을 기억하자. 이것은 주자학의 이일분수理一分殊와 통체적holistic 사고의 측면에서 근본을 공유하고 있다. 다만, 그 전체에 대한 책임의 수용과 발현 양상이 조금 다르다). 이학의 근본 사유는 인간 존재의 우주적 의미와 책임을 강조하며, 그 창조적 과정에 동참하기를 요구한다. 그 참여는 마음의 혼탁함을 지우고居敬, 자기 존재의 우주적 의미와 책임을 확인하며格物, 그것을 일상의 구체적 삶 속에서 지속적으로 실천해나가는力行 것에 다름 아니었다.

이 가르침은, 당연한 일이지만, 의義와 이利를 엄격하게 갈랐고, 이利의 사적 추구는 거의 죄악시되었다. 언필칭 도덕이 이 사고의 특징이다. 그래서 언제나 근엄하게, "너의 욕망과 취미를 다스리고 억압해라"라고 설교한다. 말을 안 들으면 이웃으로부터 지목指目, 손가락질을 당하고, 사회적 추방까지 감수해야 한다. 그것은 느슨해 보이지만 어느 점에서 법法보다 더욱 견고하고 촘촘한 통제 억압의 장치이다. 그 그물을 찢고 '개성'의 자유를 구가하거나, '또다른 길'을 엿보기는 정말 어렵다. 이런 마당에 언감생심, 자신의 부와 명예, 권력을 성취하기 위해 자기 개발에 솔직하게 나서는 근대적 '개인'과 '주체'는 아주 위태롭고 파렴치한 행태로 인지되었다(우리 사회가 튀는 사람을 경계하고, 또 도덕성에 엄격하며, 평등주의를 남다르게 선호하는 것도 이같은 전통적 관념과 깊은 연관이 있다).

그런데, 기학은 이 금지된 라인을 두려워하지 않고 밟고 나아간다.

기학은 말한다. "나는 사적 개인적 관심과 욕망을 통해 자연을 이용하고, 사람들과 관계를 맺는다." 기학은 인간을 우주적 유기적 전체의 관점에서 읽지 않고 분절된 몸의 욕망 위에 선 주체로서 읽는다. 기학과 더불어 기氣는 '개인의 독립'을 말하게 되었고, 그와 더불어 자연과 세계를 '분절적으로, 도구적으로' 읽는 지평을 열어나가게 되었다. 이것이 서구의 근대성과 깊이 연루되어 있음을 쉽게 알 수 있다.

이 인식은 점차 싹트고 있었다. 강고한 주기의 틀 밖에서 '개성'의 자유를 중시한―비록 그것이 예술적 자족적인 지향이라, 세속적 가치에 대한 인정과는 결을 달리하지만―유기가 있고, 외부적 규범보다 자기 내적 주체성을 더 중시한 주리를 예로 들 수 있다. 이 주리의 한 갈래에서 사적 관심과 인간의 생물학적 욕구를 정면으로 바라볼 필요가 있지 않겠느냐는 움직임이 조심스럽게 제기되고 진행되었다.[26]

---

26) 성호 이익은 기氣의 연속적 유기체적 통일성만 말할 것이 아니라, 그 동체同體 가운데 각각의 분절과 사私가 있음을 인정하자고 했다.(안영상, 「양명학과 천주교의 비교를 통해 본 성호 공동체론의 특징」, 성호학술대회 발표문, 2004) 그는 기와 기 사이에 분절이 있으며, 그 통합과 연속의 거리에 차등이 있음을 강조한다. "기의 일체감이 부모와 원수 사이에 같겠느냐." 물론, 성호는 성인이 이 거리를 공회로公喜怒를 통해 "온 세상을 한가족으로 여기고, 중국을 자신의 몸으로 여긴다"라는 원론을 재확인하기는 하지만, 형기形氣의 분절과 사적 갈등을 문제적 상황으로 적극 인지하게 된 것은 실학, 혹은 기학 쪽으로의 진일보라고 할 수 있다. 다산은 인간 내부에 도덕적 본성은 아주 적고, 사적 이기적 관심이 '주축'이라는 것을 확인했다. 그 결과가 그의 실학적 업적의 중심에 있는 사회 경제적 개혁안으로 나타났다. 재정, 인사, 행정, 군사, 국방의 제 개혁안들은 인간 내부의 사적 관심을 적극적으로 인지한 결과이다.

그런데, 이들 이학 계열의 접근은 사적 관심과 개인적 욕망을 인정한다고는 해도, 그것을 근본적으로는 '통제하고, 억압하고, 순화시켜야겠다'는 쪽으로 기우는 것을 어쩔 수 없었다. 이것이 기학과 다른 점이다. 기학은 이와는 달리, 그 사적 관심과 개인적 욕망을 원 없이 '실현시켜주겠다'는 쪽으로 나선다.

이것은 혁명적 전회이다. 조선 유학의 주류 가운데 누구도—심지어 실학자들조차도—이렇게 과감하게 나선 사람은 없다. 더구나, 그것을 전면적 철학의 재구성으로 천명한 사람은 없다. 단 한 사람 최한기가 그렇게 했다. 혜강의 기학은 이 발상을 공개적으로 선포함으로써 이학의 전 체계를 허물어뜨렸고, 그리고 자신의 대안적 건축물을 새로 세워놓았다.[27]

혜강 기학의 전복적 구상을 다음과 같이 조목별로 정리할 수 있다.

인간은 동물이다 즉, 다른 생물처럼 자신의 생명을 보존하고 욕망을

---

27) 혜강의 기학은 "이理를 체體로 삼고 기氣를 용用으로 본, 재래의 모든 학문에 대한 코페르니쿠스적 반전"이다.(김용옥, 『혜강 최한기와 유교』, 통나무, 2004, 98쪽) "蓋古之論說, 理爲主, 而氣爲用, 氣學論說, 氣爲體, 而理爲用."(『기학氣學』 권2:74) 김용옥 교수는 이 점에서도 다산과 혜강을 실학의 이름으로 같이 묶어서는 안 된다고 역설한다. "다산과 혜강은 비록 동시대를 살고 있었지만, 그들이 구상하고 있었던 문명의 레퍼런스는 완전히 다른 것이었다. 따라서 같은 19세기에 살고 있었지만, 다산과 혜강 사이에는 개벽의 주축 전환이라는 완전한 하나의 단절을 설정해야 하는 것이다. 따라서 다산의 학문과 혜강의 학문은, 푸코의 말을 빌리자면 '디스코스'가 다른 것이며 쿤의 말을 빌리자면 '패러다임'의 시프트가 일어난 것이다. 그리고 양자의 관계는 쿤의 말대로 불가공약적 incomensurable인 것이다."(같은 책, 175쪽)

구현하고자 한다. 여기 이학이 말하는 선험적 도덕 본성은 없다. 인간은 백지 상태로 태어난다. 그런데 눈을 떠보니 먹고살아야겠다는 생각이 든다. 삶의 관건은 재리財利이다(그는 이학이 한결같이 외면한 '재물을 지혜롭게 다루는 법', 즉 『재교財敎』라는 책을 썼다)! 먹고 입을 것을 챙기기 위해 인간은 노력하는 존재이다. 다들 이것을 위험하게 생각하는데, 근본적으로 우려할 것은 없다. 먹고살기 위해서는 남을 위해 자신의 힘과 서비스를 제공해야 하고, 이것이 교환되는 마당이 바로 사회이다.

지식은 다만 도구이다 지식이란 바로 이 생물학적 목적을 위해 봉사할 때 존재 이유를 갖는다. 그것은 환경의 순역順逆을 이해하고, 그것을 이 목적에 맞게 적절히 변통變通해나가는 과정에서의 유용한 도구이다. 여기 소용이 없으면 버리고, 소용에 닿으면 가져다 쓴다. 기원이 어디냐에 대해서는 묻지 않아도 좋다. "진실로 그 말이 옳으면 초동樵童의 말도 귀 기울여야 하고, 방금方今에 무익無益하면 성현의 말이라도 돌아볼 필요가 없다."

혜강은 산더미 같은 '재래의 지식'을 일거에 내버렸다. 타깃은 우선 그동안 심학으로 소중하게 알려진 것들이었다. 노장과 불교는 물론, 유교의 주자학과 양명학, 그리고 서양의 기독교까지 그의 손에 의해 허무학虛無學의 불명예스런 이름으로 내버려졌다. 그는 『사고전서四庫全書』를 뒤져 95퍼센트가 도무지 쓸모없다고 한탄했다.

예학을 버려라 예학의 고착성과 번쇄함, 그리고 현실 적응성에 대한 회의는 특히 주리 쪽에서 간간이 흘러나온 것이었다. 그러나, 혜강은 아예 이 체제 자체를 유효기간이 지났다면서 폐기했다.

이 바탕 위에서 그는 학문을 새로 구성했다. 오직 기氣의 '실제'만 으로, 이理의 환상이나 요청 없이 그가 구축한 학문의 얼개는 이렇다.

인간은 백지 상태로 태어난다 인간에게는 선험적 지식도 없고, 선험적 도덕도 없다. 다만, 감각을 통해 사물을 인지하고, 그것을 기억하며, 그들 사이의 연관을 정리하고 추론하는 추측推測의 능력만 갖추고 있 다. 자기 욕망을 충족시키고 문제를 해결하기 위해 인간은 각자 이 능 력을 '개발'하고 '축적'한다. 혜강은 이 '과정'과 '원리'부터 세워나 갔다. 그의 첫 저작인 『신기통神氣通』과 『추측록推測錄』이 바로 그것이 다. 이렇게 획득되고 축적되는 것은 '당위'의 도덕적 지식이 아니라 '문제 해결'을 위한 실용적 실무적 지식임은 두말할 나위도 없다.

과학적 기능적 지식의 축적으로서의 학문 그래서 그는 과학을 믿지만, 종교를 믿지 않으며, 천문학은 믿지만 점성술은 믿지 않는다. 그래서 그는 과학적 탐구가 더 나아가지 않는 곳에서는 멈추어야 한다고 말 한다. 이를테면 태극太極이라 불리는 우주의 기원이나 형이상학적 중 심, 그런 것은 알 수 없다. "왜 코가 이렇게 생겼는지, 눈이 이렇게 둘 인지 누가 알겠는가. 다만 우리는 그 기능을 통해 외계를 인식하고 지 식을 얻으며, 그것을 실제 목적에 활용할 뿐이다."

지식의 유통과 진화 과거의 재래의 지식을 거의 내버린 그의 새로운 지식은 어디서 얻고, 어떻게 형성했을까. 그는 사물의 지식으로 서양의 과학과 기술을 주목했다. 그는 최첨단에 서서 서양의 물리적, 수학적, 천문학적, 기술적 지식을 습득해나갔다. 그 많던 재산을 북경에서 새로 간행된 책을 사는 데 썼다고 할 정도이다. 한 번 보고 대강 외고는 다시 그 책을 헐값에 팔아치웠다고 한다. 생계 탓이었을 것이다. 그는 이들 지식이 현 단계에서 가장 객관적이고 진전된 것으로 보편적 의미를 갖고 있다고 믿었다.

그러나, '사물에 관한 지식' 밖에서 '인간과 정치에 대한 지식'은 그의 독창적 구상이다. 이 체계는 『인정人政』에 잘 나타나 있다.

각자 직업을 가져라 인간의 생존이 다른 사람의 재화와 용역에 의존하고 있다면, 각자가 사회에 기능적으로 협력하는 것이 개인의 성장 복지와 사회의 질서 안정을 위한 관건이 된다. 각자의 기능적 협력이 잘 이루어지도록 하는 것을 그는 통공역사通功易事라고 불렀다. 그래서 그는 제자들에게 사서삼경을 외거나 수신修身 공부를 강조하지 않고 직업 교육을 시켰다. 그 서재의 이름이 긍업재肯業齋, "네 직업에 철저하라"는 것이었고, 이들을 토대로 그의 당호인 기화당에 걸맞은, 즉 기능적 탁월성의 시너지로서의 개인적 사회적 건강과 평화가 이룩될 것이었다.

경영으로서의 정치 그의 기학은 이학가理學家들이 그토록 우려하는 이기적 동기를 오히려 존중한다. 자신의 욕망을 충족시켜야 하기 때문에 그는 남을 위해 행동할 수밖에 없다! 이것은 애덤 스미스의 빵가게 주인의 역설을 상기시킨다. 이기적 동기들은 보이지 않는 손에 의해 조화롭게 성취될 수 있다. 혜강은 물론, 이 과정을 순전히 자연으로 맡겨놓자고 말하지는 않는다. 그래서 '경영'이 필요하다. 정치가는 이 경영의 리더십을 발휘해야 하는데 여기 재래의 도학적 지식은 무용하거나 오히려 방해가 된다. 왜냐하면, 문제는 방금의 것인데, 도학적 지식은 과법過去의 것이기 때문이다.

혜강은 낡은 책을 진리로 삼은 사람들이 사태를 구체적으로 접근하고 실용적으로 해결하는 데 어떻게 방해가 되는지를 반복해서 경고한다. 그는 경전의 의리義理나 따지고, 도통道統의 적서嫡庶를 따지는 것은 말할 것도 없고, 고결한 인품을 자랑하거나, 에티켓의 말절만 따지는 것은 독득獨得의 자부일 뿐, 치민治民 안민安民의 학문이 아니라고 일축했다. 그는 상투常套와 구문에 젖어 있는 우유迂儒 속사俗士 들이 당위를 설교할 뿐, 사태를 객관적으로 이해하려는 노력은 늘 뒷전이라고 한탄했다.

학문은 "방금의 운화運化에 승순承順할 때", 즉 지금의 현실의 역동에 대한 존중과 주의에 철저할 때 비로소 실질을 얻는다. 그 실질이 쌓이고 범위가 커져가면 점점 처음에는 개별적 분산적이던 지식들이 점차 서로 연관되고 소통하면서 비판적 종합으로 나아간다. 식견이 높아지는 만큼 그 아래의 작은 일들의 허실은 쉽게 드러나고, 일을 주선하기도 힘들지 않게 된다. 식견이 낮으면 이해도 흐릿하고 주견도 서지 않아, 일을 만나면 중심이 없고, 남의 말에 쉽사리 흔들려 망치기 십상이다. 결국, 그 사람의 '학문'과 '식견'을 보려면, 일을 맡겨 처리해보라 하면 알 수 있다고 한다. 그렇지 않고 혼자 골방에서 고매를 자랑하고, 천하를 우려하는 것은 괜한 허세일 뿐이라고 했다.

글로벌 마인드와 세계시민적 구상 혜강은 말한다. '이익'에 충실하면, 자연히 개방적이고 유연해진다. 여기 개인적 편견이나 가문의 은원은 물론, 지리적 국지성이나 문화적 습속도 양보할 수 있어야 한다. 혜강은 당대 가장 개방적 자세로 외국의 사고와 경험, 그리고 문물을 배우고 참고해야 한다고 생각했다. 유용한 합리성의 지평이라면 기원과 출처와 조건을 묻지 않았다. 그는 오직 '유용성'의 기준 하나에 철저하면, 한 국가나 사회뿐만 아니라 전 지구적 평화와 질서를 조화롭게 구축할 수 있다고 자신했다. 조민유화兆民有和! 그는 조선 유학의 풍토에서 희귀하게도 글로벌 마인드를 갖고 있었던 세계시민이었다.

에필로그

위의 소론에서 최소한, 조선 유학의 역사가 보기보단 다양하고 다이내믹하다고 느꼈을 것이다. 그리고 이 유형들이 조선의 경우뿐만 아니라 개인의 성격, 문화 형태, 그리고 나아가 동서의 철학 유형들을 유형화하는 데도 쓸모가 있겠다고 생각하는 사람도 있을 것이다. 혹은 이 사고 유형들이 역사적 의미만 갖는 것이 아니라 현재적으로도 소중한 자원이 될 수 있겠다고 생각하는 사람도 있을 것이다.

아니, 그보다는 조선 유학의 다양한 그리고 모호한 사유들을 지나치게 단순화하고 무리하게 격자화시켰다는 비방과 물의가 분흥奮興할 것이 틀림없다. 그렇다. 살아 있는 개성들, 각자가 입체적 상황적 사고의 총체들인 그 활물活物들을 좁고 답답한 책상 위의 평면적 좌표 위에 위치지운다는 것이 분명 무모한 만용 아니면 부당한 폭력임을 인정해야겠다. 그러나, 그럼에도 그들이 서로 다르다면, 그 차이를 대체大體 대강大綱에 입각해 유형화해볼 수 있고, 그 실험은 또 긴급히 필요하다고 생각한다.

그동안 그 과감한 실험을 주저했던 데에는 여러 이유가 있다. 무엇보다 그들이 채택한 철학적 사고의 도구인 이기론이 개념이 포괄하는 층위가 너무 높고, 내용은 상황적으로 너무 유연했고, 그래서 분석과 담론에 필요한 적절한 구획과 분류에 너무 모호하고 미끄러웠다. 그래서 다들 이기라는 프레임워크로 그들의 사상을 이해하고, 그것을 통해 각각의 사유에 레테르를 붙이기를 포기하고 돌아섰다.

나는 남들이 내다버린 그 쪽지들을 끌어모아 얼기설기 붙여보았다. 가능하면 기존에 통용되던 이름들을 살리고자 했다. 물론, 나는 그것까지 무시하고, 완전히 새로운 개념적 프레임워크를 창안해낼 수도 있지만, 그것은 그러나 더 큰 오해를 불러일으킬 수 있고, 또 설득하기에 더 힘이 들 수 있다고 생각해서, "낡은 부대에 새 술을", 즉 오래

된 명명에 새로운 속살을 채워줌으로써 이 난관을 돌파하고자 했다.

나는 이 구상이 그동안 이 낡은 개념틀을 버리고자 한 사람들의 수많은 고민들을 상당히 — 욕심을 말하자면 '거의 대부분' — 해결해줄 수 있다는 턱없는 자만을 갖고 있다. 이어질 작업은 주기와 주리라는 이름을 비롯해 도무지 이기라는 이름으로는 어떤 유의미한 구분이나 특화도 불가능하다는 비판을 한 사람들의 주장들을 점검하고, 그들의 이해를 구하는 작업을 하고자 한다. 그러는 과정에서 위의 도표 안의 내용도 상당히 수정되고 보완될 것이다. 또 새로운 유형들이 보태질 수도 있고, 이 유형들 안에 서브 유형들이 다시금 분화될 수 있으며, 또 각 유형들 간의 유대와 길항의 실제도 더욱 풍부하게 알려질 것이라고 생각한다.

補 | 조선 유학의 지형도를 그리는 작업에 기존의 연구 성과들은 상당한 자극이 되었다. 그러나, 대부분의 작업들이 기존의 이기나 주기 주리의 개념틀을 사용하는 데 있어서의 문제점과 난점을 적기摘記하는 데 그쳐, 생산적이고 적극적인 대안을 내놓으려 하지 않았다.

나는 기존의 비판적 성찰을 염두에 두었지만, 실제 적극적 지형도 작업은 순전히 각 사상가들과의 직접적 대면과 대화를 통해 구성해나갔다. 나는 늘 '원전'을 통해 그들의 목소리를 깊이 주의 깊게 들으려고 애썼다. 그런 점에서 지금 그린 이 지형도는, 어느 편이냐 하면, 감히 성현을 빗댄다는 혐의가 있긴 하지만, 그들의 목소리를 정리한 것이지, 내 독창이라고는 생각하지 않는다.

나는 이 시안으로 하여 이제 비로소 '연구사'가 가능해졌다고 생각한다. 해석학에 의하면, '선이해'가 전제되지 않으면, 어떤 사물이나 대상, 사상이나 이념에 대한 '인식' 자체가 불가능하다. 나는 이 '시안'을 통해 '선이해'의 편견을 가짐으로써 비로소 기존의 연구들과 변증적 대화를 할 수 있는 바탕이 마련되었다고 생각한다.

위의 지도에서 제일 자신 없는 곳은 '정치적 성향'을 짚은 항목이다. 동서의 정치사상의 지형은 서로 워낙 다른데다, 알다시피 조선에서 이학의 정치사상의 변폭은 도표에서 예시한 것만큼 그렇게 크지 않다. 이 항목 분류는 천만 확정적이지 않고, 다만 '임시적'이며, 실제를 보여주기보다 '가능성'에 주목한 것이라고 변명해두고, 앞으로 그 내부를 재정위하는 데 주력하고자 한다. 이 작업을 위해서는 서양 정치사상의 전문적 안목으로부터 큰 도움을 받아야 한다.

'근대'는 기학氣學의 축 위에 서 있다. 도저한 근대화가 진척된 지금에도, 그러나 재래의 이학의 관성은 완강하다. 그 기억의 흔적이 기학의 철저화와 전면화로서의 지구촌화나 신자유주의의 이념을 제약하고 있다. 그 갈등은 지금 더욱 첨예해지고 있다.

서구에서는 이미 기학의 사고를 넘어 이학의 재발견이 한창이다. 2003년 하버드에서 열린 다산학 국제학술회의에서 뚜웨이밍은 유교적 가치의 제고에 있어, 피에르 아도Pierre Hadot가 앞장선 '그리스 로마의 지혜'의 재발견을 동반자로 여기고 있었다. 계몽적 이성 너머에서 매킨타이어A. Macintyre는 다시금 '덕을 요청' 하고 있고, 푸코는 스토아적 이성을 새롭게 제창했다. 소외와 생태를 둘러싼 담론이 무성하고, 근대의 위기가 운위될수록 한때 우리 손으로 추방한 이학에 대한 그리움은 깊어간다. 과연 그렇다. 목적 없는 삶, 소크라테스의 말을 빌리면, "음미되지 않는 삶"을 우리가 어떻게 견디겠는가. 일찍이 니체가 근대의 종말을 예언하며, "인간은 초극되어야 한다"고 외치는 것, 그리고 하이데거가 과학과 기술로 소외된 존재자를 구원할 '존재의 철학'을 숲 속에서 읊조린 것도 지구적 규모, 문명적 차원에서 일고 있는 '이학理學의 재발견', 그 르네상스의 다양한 목소리들이라고 할 수 있다. 나는 미래가 이들 이학의 공통 가치들이 대화하고 연대하면서, 그것을 기학의 현실주의와 접목한 새로운 문명을 만들어갈 것이라고 생각한다.

조선 유학의 메타meta적 성찰은 2003~2004년에 집중되어 있다. 각 장의 초본은 다음과 같다.

1장 「근대의 요청이 죽인 전통, 근대의 성취가 살린 전통」, 제12회 한국학국제학술회의 '전통문화와 21세기 한국'(한국정신문화연구원, 2003년 9월)에서 발제. 「조선은 왜 망했는가」, 『넥스트』 2003년 11, 12월호에 수정 기고.

2장 「리뷰 : 하버드에서의 다산학 국제학술대회」, 『다산학』 제5호, 다산학술문화재단, 2004.

3장 「다초점의 시대 ─ 한국에서의 유교와 유교 연구」, 한일사상사포럼 '18~19세기 동아시아 사상공간의 재발견 ─ 정다산 시대의 한국 일본 학술사'(센다이 도호쿠東北 대학, 2007년 8월 31일~9월 1일)에서 발제.

4장 「동양철학은 왜 이리 어려운가, 어디로 길을 뚫어야 할까」, 『정신문화연구』 91호, 한국정신문화연구원, 2003.

5-1장 「人類存在的宇宙意義與責任─'朱子的合理' 對 '老莊的自然' 和 '佛敎的超脫'」(東亞近世世界觀的形性 國際學術硏討會, 臺灣大學 東亞文明硏究中心, 2004년 8월 20~21일) 발제본의 한글 스크립트. 「주희朱熹와 정도전의 배불론排佛論」(『철학』 제61집, 한국철학회, 1999)과, 「주자의 형이상학, 그 과학과 신학 사이」(우리사상연구소 엮음, 『이 땅에서 철학하기』, 솔, 1999)에서 일부 원용.

5-2장 「주자 신학神學 논고 시론」, 『한국실학연구』 제8집, 한국실학학회, 2004.

6-1장 「유정幽貞, 혹은 유교적 은자의 길」, 『퇴계학보』 111권, 퇴계학연구원, 2002.

6-2장 「혜강 최한기의 괴격한 실용주의」, 『에머지Emerge』 2003년 4월호.

7장 「조선 유학의 지형도」, 『오늘의 동양사상』 제11호, 예문동양사상연구원, 2004.

지은이 **한형조**

동해안의 바닷가 영덕군 강구에서 태어나 자랐다. 홀어머님의 결단으로 부산으로 유학, 그 희생으로 경남고
등학교와 서울대학교 철학과를 졸업했다. 대학 초년, 산에서 잠깐 지낸 적이 있다. 불교가 가르치는 무의미의
기술에 지금도 혹해 있다. 졸업할 무렵부터 사회적 관계와 책임을 묻는 유학 공부를 시작했다. 한국정신문화
연구원(현 한국학중앙연구원)의 한국학대학원에서 학비 걱정 없이 공부할 수 있었다.

처음, 주자학을 허물고 자신의 사유를 건립하는 다산 정약용의 현란한 솜씨에 취했다. 스톡홀름 증후군? 그
러다가 주자학에 납치 혹은 중독되었다. 내 화두는 주자학이 과연 지금도 여전히 '삶의 기술ars vitae' 로서 유
효한가이다. 그러다보니, 왜 역사적 경험으로서의 주자학을 도외시하느냐는 힐난을 많이 받는다. 어쩌겠는
가. 지성사는 2차적 관심인 것을…… 최근 이 기획이 주자학 혼자만의 것이 아니고, 동서고금에 여러 동지와
응원을 갖고 있다는 사실에 고무되어 있다. 그들이 시공을 넘어 한테이블에 둘러앉아 펼치는 천일의 이야기
들. 그 향연을 듣고 즐기는 법을 목하 연습중이다.

현재 한국학중앙연구원 교수로 재직중이고, 전공은 고전한학과 철학이다. 지은 책으로『조선 유학의 거장들』
『왜 동양철학인가』『무문관 혹은 너는 누구냐』『주희에서 정약용으로』『중고생을 위한 고사성어 강의』등이
있고,『한글 세대를 위한 불교』『화엄의 사상』을 우리말로 옮겼다.

문학동네 교양선

왜 조선 유학인가

ⓒ 한형조 2008

1판 1쇄 │ 2008년 10월 2일
1판 4쇄 │ 2017년 11월 3일

지은이 한형조
펴낸이 염현숙

펴낸곳 (주)문학동네
출판등록 1993년 10월 22일 제406-2003-000045호
주소 10881 경기도 파주시 회동길 210
전자우편 editor@munhak.com │ 전화번호 031)955-8888 │ 팩스 031)955-8855
문의전화 031)955-8889(마케팅), 031)955-2671(편집)
문학동네 카페 http://cafe.naver.com/mhdn

ISBN 978-89-546-0668-4 03150

＊ 이 책의 판권은 지은이와 문학동네에 있습니다.
   이 책 내용의 전부 또는 일부를 재사용하려면 반드시 양측의 서면 동의를 받아야 합니다.
＊ 이 도서의 국립중앙도서관 출판시도서목록(CIP)은 e-CIP 홈페이지(http://www.nl.go.kr/cip.php)에서
   이용하실 수 있습니다.(CIP제어번호: CIP2008002792)

www.munhak.com